HISTOIRE ILLUSTRÉE DES GRANDS VOYAGES

VOYAGES

AUX

RÉGIONS ARCTIQUES

ET

EN AFRIQUE

AU XIXᵉ SIÈCLE

FRANKLIN, MAC-CLURE, BELLOT, KANE,
MAC-CLINTOCK, BARTH, BAKER, SCHWEINFURTH
et STANLEY.

ROUEN

MÉGARD ET Cⁱᵉ, LIBRAIRES-ÉDITEURS

BIBLIOTHÈQUE MORALE

DE

LA JEUNESSE

—

1ʳᵉ SÉRIE GR. IN-8ᵉ JÉSUS

VOYAGES

AUX

RÉGIONS ARCTIQUES

ET

EN AFRIQUE

AU XIXᵉ SIÈCLE

FRANKLIN, MAC-CLURE, BELLOT, KANE,
MAC-CLINTOCK, BARTH, BAKER, SCHWEINFURTH
et STANLEY.

ROUEN

MÉGARD ET Cⁱᵉ, LIBRAIRES-ÉDITEURS

1880

AVIS DES ÉDITEURS.

Malgré les sacrifices que nous avons eus à nous imposer, nous n'avons pas hésité à faire l'acquisition de l'*HISTOIRE ILLUSTRÉE DES GRANDS VOYAGES*, persuadés que cet ouvrage sera lu avec un vif intérêt par nos jeunes lecteurs et les initiera à toutes les intéressantes explorations et à tous les dangers qu'ont dû affronter tous ces illustres voyageurs dont le courage a fait faire de si grands pas dans la voie des découvertes tant dans les régions arctiques que dans l'intérieur de l'Afrique.

L'importance de cet ouvrage nous a forcés à le diviser en trois parties, formant chacune un volume distinct et complétement séparé des deux autres. Les trois volumes composent un ouvrage sérieux, pouvant prendre une place avantageuse dans toutes les bibliothèques utiles et instructives.

Le premier volume est consacré aux voyages de Ross, de Parry, de Back, de Francklin et de Hayes aux régions arctiques, ainsi qu'aux voyages de Paul du Chaillu, du capitaine Speke et du lieutenant Cameron à travers l'Afrique. Il donne aussi la relation de divers voyageurs sur le Soudan et l'Afrique septentrionale et équatoriale.

Le second volume contient l'histoire des voyages de Dumont d'Urville en Océanie, de Jacquemont dans l'Inde, et de Mungo Park, René Caillié, Livingstone et Stanley dans l'intérieur de l'Afrique.

Enfin, le troisième et dernier volume, ayant pour titre : *Voyages aux régions arctiques et en Afrique au XIXe siècle*, a trait plus particulièrement aux voyages de Franklin et de ceux qui ont été à sa recherche. Il s'occupe avec détail des voyages de Henri Barth, de Baker et de Schweinfurth en Afrique, du voyage du *Challenger* autour du monde, des expéditions polaires, et se termine par la relation du voyage de Stanley aux grands lacs de l'Afrique.

LETTRE PRÉFACE.

Mon cher monsieur Mégard,

Vous m'avez prié d'examiner un ouvrage ayant pour titre : *Histoire illustrée des grands Voyages au XIXe siècle*, et destiné à être donné en prix dans les écoles primaires. J'ai lu cet ouvrage avec la plus grande attention, et je n'hésite pas à déclarer que je le trouve aussi instructif qu'intéressant. Si les trois volumes dont il se compose forment un tout aussi complet que possible, qu'il serait utile de mettre entre les mains de nos jeunes écoliers, chacun d'eux contient un abrégé suffisamment long de quelques-uns des grands voyages effectués depuis le commencement du xixe siècle jusqu'à nos jours, et peut, sans aucun inconvénient, être lu séparément.

Le lecteur y trouvera un récit émouvant des efforts tentés par de hardis marins de toutes les nations, pour explorer les régions boréales de l'Amérique et pénétrer jusqu'à ce pôle nord qui a été l'objet de tant d'hypothèses plus ou moins vraisemblables. Il apprendra à connaître,

avec Dumont d'Urville, l'Océanie et ses îles madréporiques ;
avec Jacquemont, l'Inde et ses trésors ; avec les savants
du *Challenger*, les merveilles de l'Océan ; avec Mungo
Park, Barth, du Chaillu, Burton, Schweinfurth,
Livingstone, Compiègne, Marche, Cameron et Stanley,
ce *continent mystérieux* de l'Afrique qui renferme tant
de richesses, et particulièrement le Sénégal et le Soudan,
dont notre collègue, M. Soleillet, faisait connaître tout
récemment l'étonnante fertilité et la luxuriante végétation
à la Société normande de Géographie.

En lisant les pages consacrées à ces deux dernières
contrées, nos compatriotes de tout âge comprendront
combien il serait glorieux pour notre belle France et
avantageux pour notre pays de les rattacher à l'Algérie
au moyen d'un chemin de fer à travers le Sahara, chemin
de fer dont personne ne nie aujourd'hui la possibilité, et
de nouer avec les populations qui les habitent des
relations dont nos commerçants tireraient le plus grand
profit.

Voilà, mon cher monsieur Mégard, ce que je pense de
cet ouvrage. Ai-je besoin d'ajouter, après cela, que je lui
souhaite tout le succès qu'il me paraît mériter ?

Bien à vous.

J. TRIBOUILLARD,

Officier d'Académie, professeur au lycée Corneille,
secrétaire général de la Société normande de Géographie.

Rouen, le 27 août 1879.

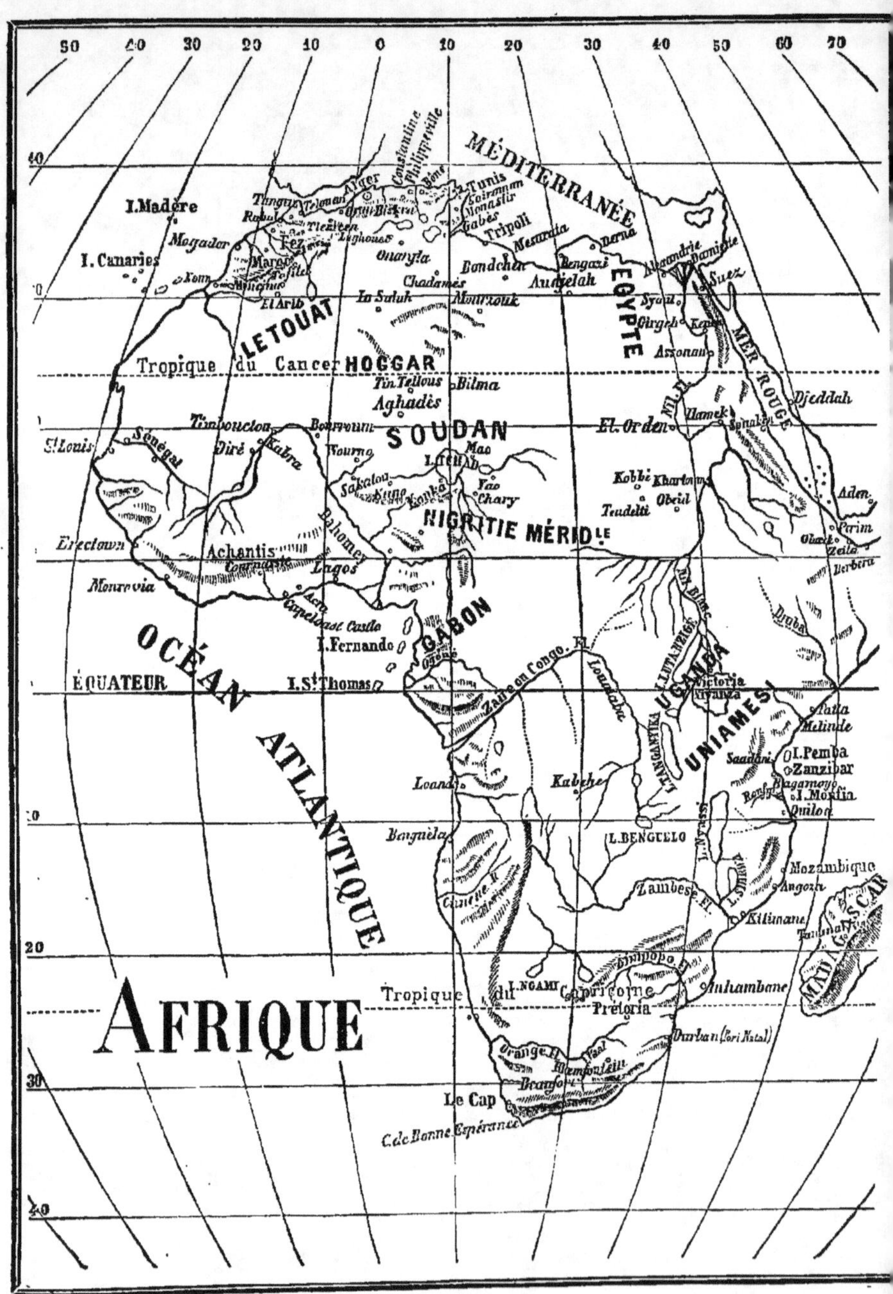

50 40 30 20 10 0 10 20 30 40 50 60 70
40
MÉDITERRANÉE
I. Madère
Tanger Tetouan Alger Constantine Philippeville Bône Tunis Kairouan Monastir Gabès Tripoli Mesrata Derna
Rabat Blidah
Mogador Tlemcen Laghouat
I. Canaries Fez Maroc Ouargla Bondjem Bengazi Alexandrie Damiette
Miliana Tafilet Chadamès Audjelah Suez
Kenn El Arib La Saluh Mourzouk Syout ÉGYPTE
Girgeh Kenn
Assouan MER ROUGE
LETOUAT
Tropique du Cancer HOGGAR Djeddah
Tin Tellous Bilma
Aghadès El Orden Hamek Sonakin
Timbouctou Bourroum SOUDAN
St Louis Sénégal Diré Kabra Kourna Mao Kobbi Khartoum Aden
Sakalou Kouka L'Fchad Yao Teudelti Obeid Perim
Sino Kanka Chary Obok Zeila
Eretown Bahomer NIGRITIE MÉRID^le Berbera
Achantis Yournaste
Monrovia Lagos Rn. Blanc
Acn GABON Ousa Duba
Capelast Castle UGANDA Victoria
I. Fernando Zaïre ou Congo. Fl. Nyanza
ÉQUATEUR OCÉAN I. St Thomas Ogoue Loualabe Tanganyika Utiutanyige Nyanza Melinde UNIAMESI
Matta
Saadani I. Pemba Zanzibar
Loanda Kabebe Bagamoyo I. Morfin
ATLANTIQUE Quiloa
Benguela L. BENGUELO
Mozambique
Cunene Fl. Zambese Fl. Angoza
Kilimane
20 Limpopo Tamatave
Tropique du L. NGAMI Capricorne Inhambane
Pretoria MADAGASCAR
AFRIQUE Orange Fl. Durban (Port Natal)
30 Vaal Blemfontein
Brangort
Le Cap
C. de Bonne Espérance
40

VOYAGES

AUX RÉGIONS ARCTIQUES

ET

EN AFRIQUE

AU XIXe SIECLE

CHAPITRE Ier

PREMIERS VOYAGES DE FRANKLIN AUX RÉGIONS ARCTIQUES

(1819-1825)

Sir John Franklin. — Ses débuts dans la carrière maritime. — Premier voyage aux régions arctiques. — Insuccès de l'expédition. — Voyage par terre. — Instructions officielles. — Premières difficultés. — Cumberland-House. — Les Indiens Crees. — Un sorcier. — Le fort Chepawyan. — Le fort Providence. — Akaitcho, chef des Indiens Cuivres. — Le lac Winter. — Hivernage au fort Entreprise. — Disette. — Reprise du voyage. — L'océan polaire. — Retraite. — Horribles souffrances. — Famine. — Le guide Michel. — Assassinat. — Une exécution. — Akaitcho envoie des secours. — Dépêches d'Angleterre. — Réunion des débris de l'expédition. — Générosité d'Akaitcho. — Retour. — Résultats du voyage. — Second voyage par terre. — Le vœu d'une mourante. — Arrivée au lac du Grand-Ours. — Installation des quartiers d'hiver. — Le fort Franklin. — Descente du fleuve Mackensie. — Rencontre d'Esquimaux féroces. — Combat. — L'île Garry. — Navigation sur la mer polaire. — Retour au fort Franklin. — Second hivernage. — Arrivée à Londres. — Voyage de Beechey. — Le détroit de Behring. — L'île Chamisso. — Exploration de la côte américaine. — Naufrage de l'allége. — Les Esquimaux. — Retour en Angleterre.

Le nom de Franklin tient une place si importante dans les annales des voyages, que nous croyons devoir indiquer sommairement les principales phases de la vie maritime de ce grand navigateur. Ce résumé est d'ailleurs le préambule naturel de ses expéditions scientifiques aux régions arctiques, et ne peut que justifier le zèle persévérant avec lequel l'Angleterre a poursuivi le secret de cette destinée ensevelie au milieu des glaces polaires.

Sir John Franklin naquit en 1786, à Spilsby, dans le Lincolnshire. Il fit de très-bonne heure preuve d'un esprit courageux et porté aux entreprises ainsi qu'aux aventures périlleuses. Son père, qui ne voyait pas sans un vif déplaisir se développer sa prédilection pour la vie de marin, espéra l'en guérir radicalement en l'envoyant faire un tour à Lisbonne à bord d'un vaisseau marchand. Mais le remède eut un effet contraire à celui qu'il en attendait.

En 1800, c'est-à-dire à l'âge de quatorze ans, le jeune Franklin fit partie, comme mousse, de l'équipage du *Polyphème*, commandé par le capitaine Lawford, et, pour son début, assista, le 2 avril 1801, au combat de Copenhague. Du *Polyphème*, il passa sur l'*Investigator*, sous les ordres du capitaine Flinder, et fit à la Nouvelle-Hollande un premier voyage d'exploration scientifique qui fut signalé par un naufrage. Le 21 octobre 1805, il combattit à Trafalgar avec le grade de lieutenant de pavillon. Nommé lieutenant de vaisseau en 1806, il escorta la famille royale de Portugal de Lisbonne au Brésil, et resta quelque temps dans l'Amérique du Sud, où il prit part à l'expédition dirigée en 1815 contre la Nouvelle-Orléans. Il fut légèrement blessé, et par sa belle conduite se recommanda tout spécialement à l'attention de ses chefs.

La juste récompense de tant d'activité et de dévouement ne se fit pas longtemps attendre. Vers 1816, une débâcle extraordinaire des glaces du pôle ayant ramené tout à coup le monde savant aux idées d'explorations dans les mers arctiques, oubliées depuis trente ans, la question d'un passage septentrional conduisant des côtes de l'Europe à celles de la Chine fut de nouveau fortement agitée. Un simple baleinier, William Scoresby (1), homme d'une audace originale et d'un esprit sérieux, publia sur ce fait important, et dont la cause n'a pas encore été suffisamment expliquée, un long et remarquable mémoire, à la suite duquel l'Amirauté anglaise résolut d'organiser une grande expédition. Quatre navires furent équipés : l'*Isabelle*, l'*Alexandre*, le *Trent* et la *Dorothée*. Les deux premiers furent confiés à John Ross, qui eut pour lieutenant Edward Parry, les deux autres à David Buchan.

Franklin, alors âgé de trente-deux ans, fut adjoint à Buchan, et reçut le commandement du navire *le Trent*. C'est par cette marque de confiance que les lords de l'Amirauté récompensèrent les nombreux services du jeune officier, et lui fournirent l'occasion de donner la mesure de son sang-froid et de sa puissance morale.

Au commencement de 1818, Ross et Buchan prirent la mer. Nous avons parlé, dans le deuxième volume de l'*Histoire illustrée des grands Voyages*, du voyage de Ross, qui se dirigea vers la mer de Baffin; quant à Buchan et à Franklin, ils parcoururent les parages du Spitzberg.

L'expédition n'eut aucun succès ; elle dut revenir en Angleterre sans avoir fait faire un seul pas à la question du passage septentrional.

Cependant l'Amirauté anglaise ne put refuser son admiration aux efforts de Buchan et de Franklin. Aussi, lorsque, l'année suivante, en présence de la réussite partielle de l'expédition de John Ross, elle résolut de confier à Parry la suite de l'entreprise

---

(1) Ce marin, déçu dans son espoir bien légitime de prendre part aux expéditions dont il fut en réalité le promoteur, abandonna la carrière maritime et entra dans les ordres.

et l'exploration des parages au delà du détroit de Lancastre, et qu'elle voulut seconder cette tentative par une expédition à travers le continent américain, elle n'hésita pas à s'adresser au jeune commandant du *Trent*. Suivant les instructions officielles qui lui furent données, Franklin devait se diriger par terre des bords de la baie d'Hudson vers les parties les plus septentrionales de l'Amérique, déterminer diverses latitudes et longitudes et reconnaître les côtes situées à l'est de la rivière Copper-Mine. Il devait aussi, si cela était possible, donner son concours à l'expédition maritime commandée par le capitaine Parry, et dont la mission consistait à pénétrer dans le détroit de Lancastre, pour y reprendre la recherche du passage nord-ouest au point où Ross l'avait abandonnée en 1818. Disons tout de suite que cette dernière partie des instructions ne put être exécutée, ni même tentée, à cause des difficultés insurmontables qui abrégèrent le voyage de Franklin.

Le 23 mai 1819, Franklin s'embarqua, à Gravesend, à bord du *Prince-de-Galles*, navire appartenant à la grande Compagnie de pelleteries de la baie d'Hudson. Il était accompagné du docteur Richardson et de deux enseignes de la marine royale, Georges Back, qui avait déjà fait, l'année précédente, la navigation des mers polaires sur le *Trent*, et Robert Hood. Après une traversée de trois mois, rendue très-pénible par la rencontre de bancs de glace dont quelques-uns ne mesuraient pas moins de cent cinquante pieds de haut, ils arrivèrent au fort York. Là, ils eurent un avant-goût des difficultés sans nombre qui les attendaient. Loin de recevoir des agents de la Compagnie d'Hudson l'assistance qu'on leur en avait fait espérer avant leur départ, ils furent à peine écoutés. Ces agents étaient alors en guerre ouverte avec ceux d'une autre compagnie désignée sous le nom de Compagnie

du Nord-Ouest, à propos de la possession des terres septentrionales de l'Amérique. Le 9 septembre, le capitaine Franklin quitta
le fort York pour se rendre, par la voie des rivières et des lacs,
à Cumberland-House, autre poste de la Compagnie d'Hudson. On
ne saurait imaginer la quantité de rapides, de rochers et de bas-
fonds qu'il lui fallut franchir durant les quarante-quatre jours
qu'il mit à faire ce trajet, long de plus de deux cents lieues.

Pendant son séjour à Cumberland-House, Franklin put se faire
une idée du caractère, des mœurs, usages et opinions des Indiens
Crees, qui habitent le district dont ce poste fait partie. Ces Indiens
sont clair-semés sur une étendue de pays immense. Peu d'entre
eux ont plusieurs femmes, quelques-uns sont célibataires. Les
femmes se marient fort jeunes et allaitent leurs enfants pendant
plusieurs années; leur condition est des plus tristes. Ce petit peuple
est vain, léger, indolent, imprévoyant, peu scrupuleux entre la
vérité et le mensonge, pourtant observateur sévère des droits de
propriété, susceptible d'amitié et d'autres affections tendres,
très-hospitalier et décidément porté à la paix. Tout Cree redoute
la puissance magique et médicale de son voisin, en même temps
qu'il exalte sa propre habileté dans l'un et l'autre de ces deux
arts. Un sac de médicaments, dans lequel se trouve un petit morceau de vitriol bleu, d'indigo ou de vermillon, devient, entre les
mains d'un Indien habile, une source de grande terreur pour le
reste de la tribu, et le met à même de s'engraisser à son aise des
travaux d'hommes ignorants et superstitieux.

Le capitaine Franklin rapporte à ce sujet une assez plaisante
anecdote. Un de ces sorciers fut amené un jour à Cumberland-
House. Il débuta aussitôt par un pompeux exposé de son savoir-
faire, prétendant, entre autres choses, que si on voulait lui lier
les mains et le mettre dans une enceinte magique, il se dégagerait

par le seul secours de deux ou trois esprits familiers qui étaient à ses ordres. On le prit au mot et on lui promit une capote pour récompense, en cas de succès. Dûment garrotté avec une corde de quelques brasses qui entourait plusieurs fois son corps et ses membres, le prétendu *dieu* fut placé tout nu dans l'enceinte magique, formée, suivant l'usage, de quatre saules enfoncés en terre et recouverts d'une peau de daim. Il se mit alors à chanter, d'un ton très-monotone, une espèce d'hymne que les autres Indiens, rangés autour de l'enceinte, répétèrent religieusement. Rien de remarquable n'arriva pendant une heure et demie environ, et l'attention des voyageurs commençait à se lasser, lorsqu'une violente secousse ébranla tout à coup l'enceinte magique. Aussitôt les Indiens chuchotèrent entre eux qu'un démon venait de s'y glisser; on fit alors le plus grand silence et on entendit comme un claquement de dents : c'était le malheureux sorcier qui grelottait de tous ses membres et qui finit par demander grâce. On le tira de dessous la tente, et il fut bien constaté que les nœuds qui lui liaient les mains étaient restés intacts. Cette épreuve fit naturellement tomber tout son crédit ; aussi n'eut-il rien de plus pressé que de prendre la fuite.

L'expédition se rendit de Cumberland-House au fort Chepawyan. Le voyage offrit une alternative de circonstances heureuses et malheureuses ; au nombre de ces dernières fut la nécessité de marcher avec des *raquettes*, sorte de patins formés de deux morceaux de bois parallèles, réunis aux extrémités par d'autres morceaux en travers et garnis dans le milieu de courroies entrelacées. Franklin espérait trouver des provisions au fort Chepawyan ; mais telle est la pénurie de ces régions et l'incertitude des arrivages, qu'il n'y avait dans les magasins que quelques sacs de *pemmican*. Le pemmican est un composé de viande de bison réduite en poudre et de graisse fondue.

Du fort Chepawyan, l'expédition partit pour le fort Providence, dernier établissement des trafiquants situé sur les bords du grand lac de l'Esclave, où elle arriva le 29 juillet. Peu après, Franklin eut une entrevue avec Akaitcho, chef renommé et très-influent des Indiens Cuivres, qui devait fournir des guides. Ce personnage fut reçu avec le plus grand cérémonial; il fuma son calumet, but un verre de grog avec recueillement, et prit enfin la parole avec cet air de dignité grave qu'affectent tous ses pareils, sous quelque latitude qu'ils exercent leur autorité.

« Il était charmé, dit-il, de voir de si grands chefs sur ses terres; sa tribu était pauvre, mais elle aimait les Visages-Pâles, dont elle n'avait reçu que des bienfaits. Après des compliments particuliers pour chacun des officiers présents, et surtout pour le docteur Richardson, *le grand chef de la médecine*, il s'informa du but de l'expédition, demanda des nouvelles des vaisseaux du capitaine Parry, dont il avait entendu parler, et fit plusieurs autres questions très-sensées auxquelles Franklin répondit avec la plus grande franchise, sachant que l'Européen convaincu du moindre mensonge perd à jamais la confiance de l'Indien. Il fut arrêté, *devant le feu de ce conseil*, qu'Akaitcho, avec neuf des siens, deux guides et sept chasseurs, accompagnerait l'expédition jusqu'aux rivages de la mer polaire; qu'il s'ingénierait de tout son pouvoir pour lui procurer des vivres pendant le trajet, et qu'enfin, conformément aux désirs du chef souverain des Visages-Pâles, qui regardait tous les hommes comme ses enfants, les Indiens Cuivres s'abstiendraient de toute hostilité à l'égard de leurs ennemis héréditaires, les Esquimaux.... »

Les dispositions furent prises aussitôt pour l'excursion vers la Copper-Mine. La troupe se composait, outre les officiers, de l'agent de la Compagnie du Nord-Ouest, Wentzel, du matelot Hepburn, de dix-sept chasseurs canadiens, parmi lesquels se trouvait un Iroquois nommé Michel, de trois interprètes indiens, et enfin de trois femmes des guides, emmenées pour faire des vêtements et des souliers pendant l'hivernage.

On se mit en marche le 2 août, à travers un pays que n'avait encore visité aucun Européen, et le 20 août on arriva aux abords d'un lac. Le trajet total, depuis le fort Chepawyan, était déjà de deux cent vingt lieues environ. Le capitaine Franklin voulut descendre, sans s'arrêter, la rivière Copper-Mine et aller hiverner sur le rivage même de la mer; mais Akaitcho l'en dissuada, en insistant fortement sur les dangers imminents qu'offrirait un pareil voyage aux approches de la mauvaise saison. Franklin renonça à son projet et se détermina à prendre ses quartiers d'hiver sur les bords du lac où il se trouvait, et qui reçut le nom de lac Winter. L'endroit présentait d'ailleurs tous les avantages qu'on pouvait désirer; un bois de pins situé à quelque distance fournit les premiers matériaux de l'établissement et assura du combustible pour longtemps. La nouvelle résidence fut appelée le *fort Entreprise.*

Pendant les dix mois que dura la saison d'hiver, l'expédition dut vivre en grande partie des ressources que fournirent la chasse et la pêche des Indiens. Tout d'abord on trouva des rennes en abondance sur les bords de la Copper-Mine, et, avant le milieu d'octobre, une centaine de carcasses de ces animaux, mille livres de graisse et une certaine quantité de viande fumée purent être mises en réserve dans le magasin d'approvisionnement. Le 18 octobre, Back et Wentzel, accompagnés de deux voyageurs canadiens et de deux Indiens, et munis de dépêches indiquant les progrès de l'expédition, partirent pour le fort Providence, afin d'y prendre les dispositions nécessaires au transport des vivres qu'on attendait de Cumberland-House.

A la fin du mois, Akaitcho et une partie de ses Indiens arrivèrent : c'était une augmentation considérable de consommation,
alors que les vivres diminuaient. Aussi, en présence des nécessités
de la situation et des renseignements décourageants fournis par
un messager de Back au sujet des provisions attendues, Franklin
se décida à renvoyer plusieurs Canadiens au fort Providence et
invita Akaitcho et ses Indiens à s'éloigner, en leur faisant observer
l'impossibilité où il se trouvait de les nourrir ; il ne consentit à
garder que la mère d'Akaitcho, deux femmes et un vieux guide
avec sa femme et sa fille : celle-ci était désignée sous le nom de la
Belle aux bas verts, à cause de cette partie de son costume, et
passait pour une beauté merveilleuse dans sa tribu.

Pendant les mois de janvier et de février 1821, les hommes envoyés à la recherche de provisions revinrent par petites troupes,
n'apportant qu'une bien faible partie de ce qu'on attendait. Back
n'arriva que le 27 mars, après une absence de cinq mois, durant
lesquels il avait fait à pied plus de onze cents milles. La disette
devint grande au fort Entreprise ; on en fut réduit à un peu de
viande pilée et à un poisson par jour. Les malheureux Indiens
établis autour de l'habitation, et parmi lesquels ne se trouvaient
presque que des malades, des femmes infirmes et des enfants,
souffrirent encore de plus dures privations : ils enlevèrent la
neige sur l'emplacement de leur campement d'automne pour
chercher des os de daim, des morceaux de peau et d'autres
débris.

« Lorsque nous les voyions, dit Franklin dans la relation de
son voyage, mâcher ces fragments de cuir, piler les os pour en
extraire quelque nourriture en les faisant bouillir, nous déplorions
notre impuissance à les assister ; mais nous ne pensions guère que
nous serions amenés nous-mêmes à la nécessité de ramasser une

seconde fois, et avec empressement, ces os sur des tas d'ordures pour y chercher notre subsistance.... »

Le 4 juin 1821, une première troupe put quitter le fort Entreprise pour se rendre à la rivière Copper-Mine, sous la conduite du docteur Richardson. Franklin se mit à son tour en route. Akaitcho et ses Indiens l'abandonnèrent bientôt et retournèrent dans leur pays, pour ne pas se trouver en présence des Esquimaux, leurs ennemis héréditaires. Enfin, le 15 juillet, l'expédition arriva en vue de l'océan polaire. Les explorations le long du rivage, complétement libre de glaces, commencèrent le 21 et durèrent presque jusque vers le milieu du mois d'août. Après avoir touché au cap *Turnagain*, le capitaine Franklin, n'ayant plus de vivres que pour un jour ou deux, jugea prudent de revenir en arrière. Son premier projet avait été de reprendre le même chemin; mais la longueur du voyage et le manque de provisions le décidèrent à suivre la voie de terre.

Le 5 septembre, les voyageurs n'eurent plus rien à manger; ne pouvant, en outre, faire du feu, ils restèrent couchés toute la journée. Un fort ouragan survint; la neige tomba en telle abondance, qu'elle pénétra dans les tentes et couvrait les malheureux d'une couche de plusieurs pouces d'épaisseur. Jusqu'au 10 septembre, ils n'eurent pas d'autre aliment qu'une espèce de lichen gélatineux connu sous le nom de *tripe de roche*. La capture d'un bœuf musqué leur procura enfin un repas plus substantiel : dépecer l'animal fut l'affaire de quelques minutes. Ils mangèrent d'abord les viscères de l'estomac, puis les intestins crus, qui furent déclarés excellents, même par les plus délicats. On reprit alors le voyage; mais chacun, harassé par la souffrance et la fatigue, marchait avec une sorte de morne indifférence, négligeant toute précaution et ne se préoccupant nullement des conditions

Franklin et ses compagnons dans les neiges.

les plus essentielles de sécurité. Bientôt les atteintes de la famine reparurent plus pressantes que jamais, et il fallut revenir à la tripe de roche, à laquelle on joignait quelques débris de cuir grillé. On s'estimait très-heureux quand on pouvait y ajouter des ossements de daims que les loups avaient dévorés au printemps précédent ; ces os étaient d'abord réduits en poussière, puis mélangés avec de vieux souliers.

Le 26 septembre, Franklin arriva ainsi à un embranchement de la Copper-Mine ; mais le canot ayant été laissé sur le chemin par les porteurs, on se trouvait sans aucun moyen de transport pour franchir les lacs et les rivières. Le jour même, la carcasse d'un daim fut découverte dans le creux d'un rocher ; bien qu'elle fût à demi gâtée, inconvénient secondaire pour des gens affamés, cette triste proie fournit un déjeuner inattendu. « Après avoir mangé la moelle, si âcre qu'elle écorchait les lèvres, dit Franklin, nous fîmes brûler les os et nous les mangeâmes. »

Tout le monde commençait à être à bout de forces : Franklin éprouvait une faiblesse effrayante ; Hood était passé à l'état d'ombre, et sa situation s'aggravait de cruelles douleurs d'entrailles que lui causaient les tripes de roches ; Back était tellement épuisé, qu'il ne pouvait marcher qu'à l'aide d'un bâton, et le docteur Richardson, blessé par une course si difficile, boitait avec de vives douleurs. Ce dernier proposa alors de demeurer avec Hood et quelques autres voyageurs, tandis que Franklin et le reste de la troupe pousseraient jusqu'au fort Entreprise pour y chercher du secours. Cette proposition fut acceptée ; mais, arrivé au fort Entreprise, Franklin trouva l'habitation complétement déserte : il n'y avait ni dépôt de vivres, ni trace d'Indiens, ni lettre de Wentzel pour donner quelques renseignements.

« Il est impossible, rapporte Franklin, de dire nos sensations en pénétrant dans cette misérable demeure, et en reconnaissant à quel point on nous avait délaissés ; chacun sentit couler ses larmes, bien moins sur son propre sort que sur celui des amis que nous avions laissés en arrière, et dont le salut dépendait entièrement des secours que nous devions leur envoyer de ce lieu. »

Back partit à la recherche des Indiens, se proposant , s'il ne parvenait pas à les rencontrer, d'aller jusqu'au fort Providence , afin d'y réclamer de l'aide. Le 13 octobre, un Canadien apporta une note annonçant que Back n'avait pu retrouver les traces des Indiens. Franklin prit aussitôt son parti : il laissa trois de ses hommes épuisés au fort Entreprise, et, avec les autres, il se dirigea vers le fort Providence. Mais, le second jour du voyage, il fit une chute qui, l'empêchant de continuer du même pas que ses compagnons, le mit dans la nécessité, après quelques efforts inutiles, de retourner à l'habitation. Il retrouva ceux qu'il avait laissés complétement abattus; leur bouche était devenue si douloureuse, qu'ils avaient renoncé à leur espèce de bouillon de gélatine et se contentaient de faire bouillir des peaux, qui leur paraissaient ainsi moins mauvaises que grillées. « Un troupeau de daims, dit Franklin, vint se jouer sur les bords de la rivière, à un demi-mille de notre demeure; mais aucun de nous ne se sentit assez fort pour les poursuivre ni même pour tirer avec succès un coup de fusil. »

Un soir que tout le monde était réuni autour du feu, causant des secours si impatiemment attendus, un bruit de voix se fit entendre; on se leva joyeusement, croyant à l'arrivée des Indiens; ce n'était pas eux, et on vit seulement apparaître à la porte les figures sinistres du docteur Richardson et du matelot Hepburn. Ces deux malheureux avaient survécu seuls d'une troupe d'affamés qui s'étaient entre-dévorés. Malgré ce désappointement, ils furent reçus avec une sincère cordialité. Le matelot Hepburn apportait une perdrix : elle fut divisée en six parts et dévorée en un instant. Ce repas, si modeste qu'il fût, releva un peu le courage de la petite troupe.

« Toute mon occupation, dit Franklin en parlant de cette période de son voyage, était de rechercher les peaux enfouies dans la neige, car c'était la seule ressource sur laquelle nous pussions compter immédiatement; malheureusement, ce travail même dépassait mes forces; cependant, grâce à l'aide du docteur, j'en amassai vingt-six dans un périmètre de dix-huit mètres environ autour du poste; et encore étaient-elles dans un état de putréfaction qui les rendait à peine mangeables, même pour des hommes réduits aux dernières extrémités de la faim. »

Après le souper habituel, composé de peau et d'os bouillis, le docteur Richardson raconta les événements qui avaient signalé son excursion. Le guide iroquois, Michel, parti un jour avec deux Canadiens pour faire une course d'exploration, rejoignit seul, peu de temps après, le docteur et Hood; depuis, on n'avait plus eu de nouvelles de ses compagnons. Les voyageurs s'étant remis en marche, Michel s'absenta de nouveau toute une journée. A son retour, il dit qu'il était allé chasser le daim, mais qu'il n'en avait pu atteindre aucun; cependant il prétendit avoir tué un loup, dont il rapportait quelques morceaux. On le crut d'abord, mais divers faits de détail firent bientôt soupçonner que c'était une partie du corps de l'un des deux hommes disparus. Dès ce moment, la conduite ambiguë de Michel, ses explications embarrassées, ses insolences, éveillèrent la plus grande méfiance; il s'absenta plusieurs fois et ne voulut plus obéir aux ordres du docteur.

Un matin, Michel refusa d'aller à la chasse et s'étendit près du feu, sous prétexte de nettoyer son fusil. Le docteur Richardson fut alors obligé d'aller lui-même à la recherche de quelques tripes de roches, laissant Hood en compagnie de l'Iroquois, tandis que le matelot Hepburn s'occupait de fendre du bois. Le traître Michel, profitant de ce qu'il était seul avec Hood, le tua d'un coup de fusil à bout portant dans la tête. Il soutint après que le malheureux s'était frappé lui-même ; mais l'inspection de la blessure prouva que le coup avait été tiré par derrière et que la balle, traversant la tête, était sortie par le front. Néanmoins Michel protesta encore de son innocence, et le docteur et Hepburn, se voyant à la merci de ce misérable, n'osèrent plus lui reprocher ouvertement son crime. Le jour suivant, ils poussèrent tout droit vers le fort Entreprise.

« L'hostilité déclarée que nous révélait Michel, dit le docteur dans le récit de ce triste épisode, me détermina à le prier de nous quitter et de se diriger lui-même vers le sud. Cette proposition accrut encore sa malveillance ; il parla à mots couverts de s'affranchir de toute contrainte, et je le surpris murmurant d'affreuses menaces contre Hepburn, qu'il accusait de l'avoir calomnié. Il prit aussi pour la première fois, vis-à-vis de moi, un ton de supériorité qui montrait qu'il nous considérait comme entièrement en son pouvoir, et il proféra plusieurs paroles de haine contre les blancs, dont quelques-uns, disait-il, avaient tué et mangé son oncle et deux de ses parents. En un mot, en appréciant tous les faits, j'en vins à cette conclusion que Michel saisirait la première occasion qui s'offrirait pour se défaire de nous ; s'il avait hésité jusque-là, c'est parce qu'il ignorait le chemin du fort Entreprise ; mais il n'était pas douteux qu'il ne consentirait jamais à ce que nous y arrivassions avec lui. Ni Hepburn ni moi n'étions en état de résister à une attaque ouverte, et nous ne voyions aucun moyen de lui échapper. Nos forces réunies étaient inférieures aux siennes, et, en outre, il était armé d'un fusil, de deux pistolets, d'une baïonnette indienne et d'un couteau de chasse. Dans l'après-midi, nous rencontrâmes un rocher sur lequel se trouvait un peu de tripes de roches ; Michel s'arrêta en nous disant qu'il allait en ramasser, tandis que nous continuerions notre route, et qu'il nous aurait bientot rattrapés.

« Hepburn et moi restâmes seuls ensemble pour la première fois depuis la mort de Hood, et le brave marin me révéla alors plusieurs incidents qui me confirmèrent dans l'opinion qu'il n'y avait de sécurité pour nous que dans la mort de Michel. Il m'offrit d'accomplir l'acte fatal; mais, convaincu de la nécessité de cette cruelle exécution, j'en voulus prendre toute la responsabilité, ét, aussitôt que Michel fut de retour, je mis fin à sa vie en lui tirant un coup de pistolet dans la tête. Si ma vie seule avait été en question, j'eusse certainement reculé devant cette extrémité; mais je considérai que je devais toute protection à mon compagnon, à qui je m'étais tellement attaché pour son humanité et son dévouement, que j'éprouvais pour sa sécurité autant de sollicitude que pour la mienne propre. Du reste, Michel n'avait recueilli aucune tripe de roches, et il nous fut bien démontré qu'il n'avait fait halte que pour mettre son fusil en état, dans l'intention de nous attaquer, probablement lorsque nous aurions été occupés des soins du campement. »

Après la mort de Michel, les deux infortunés voyageurs poursuivirent leur route aussi rapidement que le leur permettaient les ouragans de neige et leurs membres affaiblis, et, dans la soirée du 29 octobre, ils atteignirent le fort Entreprise et eurent la consolation d'embrasser Franklin. « Aucune expression, dit le docteur Richardson, ne saurait donner une idée du dénûment affreux, de l'abandon qui régnaient dans cette demeure désolée. Notre propre misère était venue par degrés, et nous nous y étions insensiblement accoutumés, pour ainsi dire, jour par jour; mais cet air de spectre, ces yeux dilatés, cette voix sépulcrale du capitaine Franklin et de ses compagnons présentaient un tableau qu'on pouvait à peine envisager. »

Ces longues et cruelles épreuves cessèrent enfin le 7 novembre;
trois Indiens, envoyés par Back, qui avait pu retrouver le campement d'Akaitcho, apportèrent un approvisionnement de viande
séchée, de graisse et de langues fumées; ils soignèrent les malades, nettoyèrent l'habitation, amassèrent du bois pour alimenter
le feu, et s'efforcèrent, par tous les moyens en leur pouvoir, de
ramener quelque bien-être dans la demeure. Un mois après, deux
autres messagers arrivèrent avec de nouveaux secours et des dépêches d'Angleterre. Ces dépêches annonçaient l'heureuse issue
du voyage du capitaine Parry et les promotions de sir John Franklin au grade de capitaine de vaisseau, et de Back et du malheureux Hood à celui de lieutenants de vaisseau.

Vers le milieu de décembre, les débris de l'expédition se trouvèrent réunis au fort Providence : douze hommes avaient péri, et
les huit qui restaient étaient dans l'état le plus déplorable. L'arrivée de Back avait précédé celle de Franklin. On se rappelle que
ce lieutenant s'était séparé du capitaine, dans les premiers jours
d'octobre, pour aller à la recherche des Indiens; dans son voyage,
il n'avait pas eu à subir de moins pénibles hasards que Franklin;
comme celui-ci, il avait eu à lutter chaque jour contre la faim,
cette ennemie impitoyable, sans cesse présente dans tout le cours
de cette expédition.

« Privés de l'assistance des Indiens, dit-il, dépourvus de toute
ressource, notre situation était des plus misérables, et nous en
ressentions davantage l'amertume par la pensée de celle de nos
infortunés compagnons. Toutefois la faim, il faut bien l'avouer,
l'emportait sur toute autre préoccupation; nous tâchions, sinon
de la satisfaire, du moins de l'apaiser, en mâchant, sans même
prendre le temps de les faire griller, quelques morceaux de
viande pourrie ou de peau épars sur le sol.... Ce n'était pas sans

beaucoup de difficultés que j'empêchais mes hommes de dévorer tout ce qu'ils pouvaient recueillir ; en vain leur conseillais-je plus de réserve, s'ils voulaient atteindre le but de notre voyage ; ils ne savaient pas résister à la tentation, et, dès que j'avais le dos tourné, ils ne manquaient pas de s'emparer de tout ce qui était à leur portée, que ce fût cru ou cuit. »

Les voyageurs se reposèrent pendant plusieurs mois de leurs fatigues surhumaines avant de prendre le chemin du retour. Au moment de quitter le fidèle Akaitcho, Franklin lui avoua que sa détresse le mettait dans l'impossibilité, pour le présent, de reconnaître ses services. Le bon Indien ne démentit pas son caractère de générosité chevaleresque. « Que voulez-vous, dit-il avec bonhomie, les moments sont durs ; nous sommes pauvres, vous aussi. Puisque vos marchandises ne sont pas arrivées, nous ne pouvons pas les avoir. Je n'ai aucun regret de ce que je vous ai fourni ; jamais un Indien Cuivre ne souffrira que les Visages-Pâles aient faim sur ses terres de chasse. Pour la première fois , nous serons vos créanciers. Je sais que vous notez sur vos livres tout ce qui vous arrive : si vous y avez porté tout ce que nous avons pu faire de mal, n'oubliez pas non plus ce que nous avons fait de bien. »

Le 14 juillet 1822, Franklin et ses quelques compagnons arrivèrent à la factorerie d'York, d'où ils étaient partis trois ans auparavant ; ils venaient de faire par terre et par eau plus de deux mille cinq cents lieues. Enfin, le 15 octobre, ils arrivèrent à Londres.

Malgré les difficultés toujours renouvelées de sa situation , le capitaine Franklin n'avait pas perdu de vue, pendant son voyage, la mission scientifique qui lui avait été confiée. Il releva, en effet, une grande partie de la côte septentrionale, encore peu connue, qui s'étend à l'est de l'embouchure de la rivière Copper-Mine ; il signala deux caps remarquables, qu'il nomma *caps Hearne* et *Mackensie ;* il reconnut une rivière qui se jette dans la mer à l'ouest de la Copper-Mine, et qui reçut le nom de son compagnon, le docteur Richardson ; s'étant embarqué sur deux canots dans le but de longer la côte nord-ouest, il doubla un cap escarpé, qu'il appela *cap Barrow,* découvrit l'embouchure d'une rivière nommée *rivière Back,* et toucha au *cap Turnagain* ou *du Retour.*

En 1825, les services rendus par Franklin le désignèrent pour concourir, avec les capitaines Parry et Beechey, à une nouvelle expédition polaire. Tandis que ceux-ci devaient diriger les explorations maritimes, le premier par les détroits de Lancastre et du Prince-Régent, le second par le détroit de Behring, le capitaine Franklin devait, avec son intrépide compagnon, le docteur Richardson, descendre le fleuve Mackensie, lequel se jette dans la mer polaire, puis, se séparant à l'embouchure, explorer dans des directions opposées la côte septentrionale de l'Amérique aussi loin qu'il serait possible.

En quittant l'Angleterre, Franklin eut à lutter contre des devoirs poignants et sacrés : il laissait, après deux ans de mariage, sa femme atteinte d'une maladie mortelle et déjà près de l'agonie. Cette femme, Maria-Eléonore Porden, comptait à peine trente ans, et avait déjà conquis parmi les poëtes anglais une place éclatante. Avec un courage héroïque, elle conjura son mari de ne pas différer d'un seul jour son départ, et, dans un adieu suprême, elle lui remit un pavillon de soie brodé de sa main, en lui recommandant de ne le déployer que sur une terre encore inexplorée. Franklin promit d'accomplir le vœu de la mourante, et le lendemain il mit à la voile pour l'Amérique, en compagnie du docteur Richardson, du lieutenant Back et des naturalistes Kendall et Drummond.

La Compagnie d'Hudson avait reçu l'ordre de diriger vers le lac du Grand-Ours trois bateaux faits en acajou, au lieu d'écorce de bouleau, et aussi légers, mais plus forts que ceux des sauvages. Le 29 juin, les voyageurs rencontrèrent ces bateaux sur la rivière de Méthye, à douze milles de la baie d'Hudson, dans l'intérieur des terres; ils furent joyeusement reçus par l'équipage, et poursuivirent leur route jusqu'au fort Norman, situé sur le fleuve Mackensie, à quatre journées du lac du Grand-Ours. Arrivé à la pointe sud-ouest de ce lac, Franklin trouva l'endroit propice pour y installer les quartiers d'hiver; il chargea le lieutenant Back de prendre à cet égard toutes les mesures nécessaires; et comme il restait encore cinq à six semaines d'été, il en profita pour descendre, avec quelques hommes seulement, jusqu'aux bords de la mer, et jalonner prudemment sa route de l'année suivante.

Au mois de septembre, il revint au lac du Grand-Ours, où tous les membres de l'expédition se trouvèrent réunis. L'établissement pour l'hiver était terminé et avait reçu le nom de *fort Franklin*. Mais comme la troupe se composait de soixante personnes, dont la subsistance devait dépendre principalement de la pêche, il fut jugé prudent de se diviser. Deux maisons furent élevées, l'une à quatre milles, l'autre à sept milles de distance, et vingt hommes furent envoyés dans chacune, avec tout ce qu'il fallait pour pêcher. Alors commença un hivernage de huit mois.

L'expérience si cruellement acquise naguère épargna cette fois aux voyageurs les extrêmes souffrances du premier voyage. Des filets, constamment tendus dans le lac et confiés aux soins d'un habile pêcheur, fournirent journellement de trois cents à huit cents poissons, principalement des harengs, des saumons, des truites, des carpes, et un poisson blanc nommé *listameg*, d'une très-grande délicatesse. La chasse du renne fut laissée aux Indiens, mais elle n'eut que peu de succès. Franklin eut soin de tenir ses hommes sans cesse occupés ; il installa en conséquence une école où les officiers enseignèrent à lire et à écrire à plusieurs de leurs compagnons. Vers le milieu d'octobre, la neige tomba en abondance ; en décembre, les jours ne furent plus que de cinq heures, mais les nuits furent égayées par de brillants clairs de lune et par de fréquentes aurores boréales.

La glace ne commença à fondre qu'au mois de mai 1826. Les préparatifs de voyage furent aussitôt faits, et le 24 juin toute l'expédition s'embarqua sur les eaux du fleuve Mackensie. Huit jours après, le docteur Richardson, avec dix hommes, se sépara de la troupe pour suivre jusqu'à la mer une branche orientale du fleuve, et explorer ensuite les côtes jusqu'à la rivière Copper-Mine. Quant à Franklin, il continua sa route à l'ouest. Le 7 juillet, il atteignit l'embouchure du Mackensie, où il faillit périr victime de la brutalité d'une tribu d'Esquimaux, qui pilla ses embarcations. Cette tribu féroce vivait sur une des îles du delta qui termine le fleuve ; à l'arrivée de Franklin, une centaine de kayaks, portant près de trois cents hommes, se détacha du rivage et entoura rapidement le *Lion* et la *Reliance* (ainsi les Anglais avaient baptisé leurs canots).

Les naturels manifestèrent d'abord une grande joie à la vue des présents qu'on leur destinait et en recevant la promesse d'un commerce lucratif de la bouche d'un de leurs congénères du Labrador, nommé Auguste, et qui servait d'interprète à Franklin ; mais un accident impossible à prévoir vint promptement changer en suites fâcheuses un début aussi heureux. Un kayak fut renversé par les avirons du *Lion*, et le sauvage qui le montait faillit se noyer. Bien qu'on s'empressât de le secourir et de le recueillir à bord de l'embarcation, de lui prêter même la capote d'Auguste pour se couvrir, il était excessivement irrité, et il fallut essayer des cadeaux pour le calmer ; mais, de mauvaise composition, il demandait tout ce qu'il voyait, et entrait en fureur au moindre refus.

Pendant qu'il occupait ainsi l'attention de l'équipage du *Lion*, ses camarades s'efforçaient d'envahir et de tirer à terre la *Reliance*. Un matelot s'aperçut que l'Esquimau sauvé de la noyade cachait sous ses vêtements un pistolet qu'il venait de dérober au lieutenant Back. Le voleur, se voyant découvert, se jeta à la mer, emportant avec lui la capote d'Auguste. Trois sauvages des plus vigoureux de la bande, sautant alors dans l'embarcation de Franklin, saisirent celui-ci corps à corps et s'efforcèrent de le capturer. Pendant ce temps, le gros de la troupe envahissait la *Reliance* et commençait à la piller. Il fallut repousser la force par la force ; aux couteaux que brandissaient les Esquimaux, les Anglais opposèrent d'abord les crosses de leurs mousquets ; mais voyant que, pour en finir, il fallait avoir recours à des moyens plus énergiques, Franklin ordonna aux équipages des deux bateaux de coucher en joue les assaillants. Ceux-ci, comprenant le péril, se hâtèrent de regagner le rivage, où ils s'abritèrent derrière leurs kayaks, entassés en manière de barricades.

Après avoir enfin remis ses canots à flot et s'être débarrassé de ses déplaisants visiteurs, Franklin, poursuivant sa route, vint atterrir à une île du large, qui fut nommée *île Garry*. Ce fut sur cette terre sauvage, environnée de récifs, qu'il eut le solennel bonheur d'arborer le pavillon que sa femme mourante lui avait remis. De là il longea la côte à l'ouest, reconnut une ligne de terres hautes, et allait toucher à l'embouchure de la rivière Colville, en pleine Amérique russe, quand l'état de la mer le

Franklin ordonna aux équipages des deux bateaux de coucher en joue
les assaillants.

força de revenir sur ses pas. Il remonta donc le fleuve Mackensie
et arriva, le 11 septembre, au fort Franklin. Le docteur Richardson
était déjà de retour de son excursion vers la rivière Copper-Mine;
il avait été jusqu'au *cap Bathurst*.

Un second hivernage commença. Malgré un froid qui fit descendre le thermomètre à 40° au-dessous de zéro, les voyageurs, bien approvisionnés cette fois de nourriture et enfermés dans une demeure bien close, conservèrent assez de liberté d'esprit pour écouter des cours de minéralogie, de zoologie et de botanique, que leur firent le docteur Richardson et le naturaliste Drummond.

En 1827, Franklin revit enfin l'Angleterre ; il fut accueilli avec la sympathie la plus méritée, et reçut de la Société géographique de Paris la grande médaille d'or destinée à récompenser, chaque année, l'auteur de la plus importante découverte.

Dans le temps même où Franklin descendait le fleuve Mackensie, le capitaine Beechey, avec la frégate de guerre *le Blossom*, portant seize canons et cent hommes d'équipage, traversait le détroit de Behring ; il avait ordre d'attendre dans ces parages l'arrivée de l'expédition de Parry, et principalement celle de Franklin, et de leur fournir le moyen de revenir en Europe. Le 25 juillet 1826, Beechey atteignit l'île de Chamisso, située dans le golfe de Kotzebue, dix jours plus tard qu'il n'avait été convenu avec Franklin ; mais, par le fait, il se trouvait en avance, puisque ce dernier n'avait pas encore paru. D'après ses instructions, il devait rester à cet ancrage ; il jugea cependant plus utile de continuer de s'avancer vers le nord, longeant la terre d'assez près pour découvrir l'expédition de Franklin. Une allége fut disposée en conséquence ; elle suivit la côte jusqu'à une langue de terre qui fut nommée *pointe Barrow* ; là elle se trouva chassée vers le rivage avec une telle violence, qu'elle demeura plusieurs jours sur le flanc, dans une situation très-critique ; un changement subit du vent lui permit de se dégager et de rejoindre le navire. Après le retour de l'allége, Beechey repassa le détroit de Behring, pour aller hiverner à San-Francisco.

L'année suivante, le *Blossom* revint dans les mêmes eaux, et l'allége fut de nouveau envoyée le long des côtes septentrionales de l'Amérique, sous le commandement du lieutenant Belcher.

« Le délai fixé pour le retour de cette expédition étant expiré depuis plusieurs jours, je ramenai, dit Beechey, le navire dans le golfe de Kotzebue. Nous fûmes très-surpris de ne pas voir l'allége au mouillage de l'île de Chamisso. En examinant minutieusement le rivage avec nos télescopes, nous vîmes flotter un pavillon sur la pointe sud-est de la péninsule de Choris, et deux hommes agiter un mouchoir blanc pour attirer notre attention. Une vive émotion s'empara aussitôt de nos cœurs, partagés entre l'espérance et la crainte. Ces hommes que nous apercevions faisaient-ils partie de l'expédition de Franklin attendue depuis si longtemps, ou appartenaient-ils à l'équipage de l'allége, brisée au milieu des glaces, ou jetée sur la côte par les tempêtes des jours précédents? L'idée que c'étaient le capitaine Franklin et ses compagnons, arrivés sains et saufs au terme de leur glorieuse entreprise, fut accueillie la première ; car elle flattait le plus cher de nos vœux. Mais elle ne tarda pas à s'évanouir devant un examen plus attentif du pavillon arboré sur la presqu'île Choris : c'était l'enseigne de l'allége, et elle flottait en berne, en signe de détresse. Bientôt nous eûmes la douleur d'apprendre que cette embarcation avait fait naufrage dans le golfe même de Kotzebue, et que trois hommes avaient péri avec elle. Lors du sinistre, le lieutenant Belcher n'avait pu tirer aucun secours des Esquimaux du voisinage, accourus en grand nombre. Ils considérèrent ce déplorable spectacle avec la plus froide indifférence, s'abstenant, à l'égard des naufragés, de toute autre assistance que de celle de leurs incantations et de leurs momeries superstitieuses. A la vue des cadavres jetés à la côte et de l'état de dénûment des survivants, ils ne songèrent qu'à piller. »

On essaya de remettre l'allége à flot, mais ce fut en vain : elle était entièrement brisée et remplie de sable.

Vers le milieu de septembre, Beechey commença ses préparatifs de départ, et, le 6 octobre 1827, il leva l'ancre. « Ayant ainsi quitté le détroit de Behring, dit-il, le principal objet de notre expédition dans les mers polaires était manqué, et le sort du capitaine Franklin excitait en nous la plus vive inquiétude. Désappointés de n'avoir pu opérer avec lui la jonction projetée, nous nous consolions cependant en pensant que si de fâcheux événements avaient entravé sa marche, nous avions, de notre côté, si bien réussi à nous maintenir pendant deux ans au poste assigné, qu'à aucune époque du temps fixé pour notre réunion il n'aurait pu manquer l'allége ou le navire, ni arriver dans le détroit de Kotzebue sans y trouver des secours.... »

Pendant son séjour dans les mers polaires, le capitaine Beechey eut de fréquents rapports avec les peuplades qui habitent la côte nord-ouest de l'Amérique. C'étaient de bonnes et paisibles gens, ayant tous les traits caractéristiques de leur race : de larges et grosses figures rondes, les pommettes saillantes, les yeux petits, bruns et obliques, et la bouche grande. Ils ne différaient des autres Esquimaux que par leur usage d'insérer dans la lèvre inférieure un ornement taillé en ivoire, en pierre ou en verre, et muni d'une double tête, comme un bouton de manchette. Ils s'entendaient merveilleusement à trafiquer, et ne se retiraient généralement que lorsqu'ils avaient écoulé toutes leurs marchandises.

Beechey vit quelques femmes plutôt jolies que laides ; l'une d'elles, de vingt-trois ans et mariée, avait consenti à ce qu'on fît son portrait, et s'était d'abord soumise patiemment à l'indispensable examen de l'artiste ; mais tout à coup elle se voila la tête avec une certaine grâce pudique qui aurait fait honneur à une beauté plus civilisée. Quand le dessinateur voulut découvrir sa figure, elle jeta un regard interrogateur à son mari ; et celui-ci ayant approuvé ses scrupules, le portrait resta inachevé.

Le 12 octobre 1828, Beechey fut de retour en Angleterre. Le capitaine Franklin l'avait précédé. Il s'en était fallu d'une cinquantaine de lieues seulement que ces deux explorateurs se rejoignissent sur les côtes de l'Amérique : c'est en effet la distance qui sépare les points les plus avancés de leurs découvertes respectives.

CHAPITRE II

L'Angleterre charge James Richardson d'une mission dans le Soudan. — Henri Barth et son ami Overweg se joignent aux voyageurs. — Départ de Tripoli. — Mort de Richardson et d'Overweg. — Barth continue son voyage. — Arrivée à Kano. — Aspect de la ville. — Les habitants. — De Kano à Kouka. — Un collectionneur original. — Aspect de la population de Kouka. — Visite au lac Tchad. — Caractère de ce lac. — Excursion dans le Baghirmi. — Mésaventures. — La population du Baghirmi. — En route pour le Niger. — Arrivée à Say. — De Say à Tombouctou. — Séjour dans cette ville. — Sus au chrétien! — Retour à Kouka. — Nouvelle traversée du désert. — Retour à Londres.

Après la mort de Richard Lander, arrivée au commencement de l'année 1834, les expéditions européennes dans la région du Niger se ralentirent. En 1841, les Anglais chargèrent le capitaine Trotter, avec trois navires, de remonter la rivière Chadda, affluent du grand fleuve; mais l'entreprise eut une fin désastreuse. Trois hommes seulement échappèrent à la fièvre, et le capitaine Trotter, qui avait le bonheur d'être de ce nombre, dut se hâter de revenir à Londres pour rétablir sa santé. Le résultat de cette tentative fut la conclusion de quelques traités de commerce avec les populations qui habitent les rives du fleuve.

Cependant, malgré la funeste issue de tant de courageuses entreprises, l'Angleterre décida, en 1849, le départ de James Richardson, chargé d'une mission qui intéressait en même temps la science et l'humanité : il s'agissait d'ouvrir le Soudan au commerce européen et de substituer au trafic des hommes celui des richesses naturelles .de l'Afrique. Le gouvernement britannique permettait à un Allemand de se joindre à cette expédition.

Le docteur Henri Barth, né à Hambourg, qui, dans un premier voyage, avait exploré le nord de l'Afrique, une partie du désert,

LE DOCTEUR HENRI BARTH.

visité l'Egypte et vu Constantinople, après avoir traversé l'Asie-Mineure, s'offrit avec joie pour accompagner Richardson. Son père se désola de cette résolution, et ses supplications furent si pressantes, que Henri Barth écrivit pour se désister de sa demande ; mais il était trop tard, on avait compté sur sa parole, et il dut partir avec son ami Overweg, qui voulait partager ses travaux et ses fatigues.

Les voyageurs quittèrent Tripoli au mois de mars 1850 : Mourzouk, Ghât, Tintellust et Tagelad furent les stations de leur itinéraire jusqu'à l'entrée du Soudan. Ils se séparèrent alors pour multiplier les résultats de leurs travaux : Richardson se dirigea par Zinder et Gurai vers le lac Tchad ; en ce lieu, la fièvre le prit ; il continua néanmoins sa route jusqu'à Ungurutua, où il arriva tellement faible, qu'il lui fut impossible d'aller plus loin.

Malgré les soins dont le gouverneur du district l'entoura, il expira dans la nuit même de son arrivée. Barth s'empressa d'accourir pour rendre à son compagnon les derniers devoirs. Le corps de Richardson, enveloppé d'un linceul et couvert d'un tapis, fut mis dans une fosse, à l'ombre d'un grand arbre, tout près du village. Les principaux cheiks et le peuple du district assistèrent à cette cérémonie, et le sultan de Bournou envoya l'ordre de respecter la tombe du voyageur.

De son côté, Overweg visita dans l'est les villes de Mariadi et de Gouber. A la nouvelle de la mort de Richardson, il était venu à Kouka dans l'espoir d'y trouver le docteur Barth ; ce fut là que les fièvres le prirent pendant la saison pluvieuse de 1852, et qu'il rendit·le dernier soupir le 27 septembre, à l'âge de trente ans seulement.

Pendant que Richardson et Overweg accomplissaient ainsi leur dernier itinéraire, le docteur Barth était parti pour Kano.

Cette ville, rapporte le voyageur, avec ses habitations variées, ses pâturages verdoyants où paissent des bœufs, des chevaux, des chameaux, des ânes et des chèvres, ses étangs couverts de plantes, ses arbres magnifiques, sa population aux costumes si divers, depuis l'étroit tablier de l'esclave jusqu'aux draperies flottantes de l'Arabe, forme le tableau animé d'un monde complet en lui-même, tout différent à l'extérieur de ce qu'on voit en Europe, mais exactement pareil au fond.

Ici, une file de magasins remplis de marchandises étrangères et indigènes, des acheteurs, des vendeurs de toutes les nuances qui s'efforcent de gagner le plus possible et de se tromper mutuellement ; là-bas, des parcs où sont entassés des esclaves demi-nus, mourant de faim, dont le regard désespéré cherche à découvrir le maître auquel ils vont échoir.

Ailleurs, tout ce qui est nécessaire à l'existence : le riche prenant ce qu'il y a de plus délicat ; le pauvre se baissant, les yeux avides, au-dessus d'une poignée de grains. Puis un haut dignitaire, monté sur un cheval de race au riche harnais, suivi d'un cortége insolent, effleure un pauvre aveugle qui risque à chaque pas d'être foulé aux pieds.

Dans cette rue est un charmant cottage, au fond d'une cour entourée d'une palissade de roseaux ; des dattiers protégent cette retraite contre la chaleur du jour. La maîtresse du logis, vêtue d'une robe noire serrée autour de la taille, les cheveux soigneusement retroussés, file du coton en surveillant la mouture du millet. Des enfants nus et joyeux se roulent dans le sable ou courent à la poursuite d'une chèvre. A l'intérieur, des vases en terre, des sébiles de bois, luisants de propreté, sont rangés en bon ordre.

Plus loin, sur une terrasse découverte, un atelier de teinture avec ses nombreux ouvriers. A deux pas, un forgeron qui finit une lame dont le tranchant surprendrait le plaisant qui voudrait rire des outils grossiers de celui qui la termine. Dans une ruelle peu fréquentée, des femmes qui étendent des écheveaux de coton sur une haie.

Dans la foule bigarrée, tous les types, toutes les nuances :

l'Arabe olivâtre ; l'habitant de Kano, la peau foncée, aux larges narines ; le Foullah aux traits fins, à la taille souple, aux membres dégagés ; le Mandingue à la figure aplatie ; la virago de Moupé ; la jolie femme du Haoussa, élégante et bien faite. Partout la vie humaine sous ses aspects les plus divers, sous ses formes les plus sombres et les plus riantes.

Il était difficile au docteur Barth de s'éloigner de Kano : personne avec qui faire le voyage, une route infestée de voleurs, un seul domestique sur lequel il pût compter, et la fièvre tellement forte, qu'il pouvait à peine se tenir debout. Cependant il était plein d'espoir, et c'est avec joie qu'il se mit en route, le 17 mars au matin, vers la capitale du Bournou.

Le trajet n'offrit rien de bien remarquable. Aux environs de Chefoua, grande ville entourée de murs, de nombreux troupeaux animaient la campagne ; à Ouelleri, où la petite caravane faillit manquer d'eau, l'aspect de la contrée devint plus riant. On traversa des pâturages, un pays bien boisé, et on atteignit une bourgade complétement déserte. L'état des lieux indiquait une récente catastrophe ; il n'est, en effet, si mince gouverneur qui, aussitôt qu'il a des dettes, ne fasse une razzia chez ses voisins, quand il ne trouve pas plus court de vendre ses propres sujets.

Bientôt apparut la muraille d'argile blanche qui entoure Kouka et qui, de loin, se distingue à peine du sol qui l'avoisine. Barth franchit la porte et surprit vivement des individus qui s'y trouvaient rassemblés, en leur demandant le chemin de la résidence du cheik ; il traversa un petit marché, où il y avait foule, et arriva droit au palais : une mosquée insignifiante et les maisons des hauts fonctionnaires entouraient l'édifice.

Ce fut le vizir, premier ministre du cheik, qui reçut le voyageur. Ce haut personnage, d'une intelligence supérieure, d'un esprit cultivé, se montra d'une grande bienveillance. Depuis un voyage qu'il avait fait à la Mecque, il envisageait le monde sous un nouveau jour et mettait tous ses soins à rassembler, au point de vue de la science, disait-il, le plus grand nombre de femmes possible ; il en avait déjà quatre cents environ. Si, par hasard, on venait à parler d'une tribu dont il ignorait le nom, il donnait immédiatement des ordres pour qu'on lui trouvât un échantillon féminin de l'espèce qui lui manquait. Lorsqu'il mourut, il laissa après lui soixante-treize fils vivants, sans compter les filles.

Kouka, rapporte le docteur Barth, est composée de deux villes, entourées de murailles distinctes : l'une, habitée par les gens riches, est bien construite et renferme de vastes demeures ; l'autre est formée de ruelles étroites où s'entassent de petites maisons. Un espace de huit cents mètres, qui sépare les deux cités, est traversé, dans toute sa longueur, par une grande artère faisant communiquer entre elles les deux parties de la ville. Cet endroit, très-populeux, offre à l'œil un mélange intéressant de grands édifices et de cases au toit de chaume, d'épaisses murailles en terre et de palissades de roseaux, variant, suivant leur âge, depuis le jaune éclatant jusqu'au noir le plus foncé.

Dans la banlieue, de petits villages, des hameaux, des cabanes, des fermes détachées, entourées de murs. Une foire se tient chaque lundi entre deux de ces bourgades, où l'habitant des provinces de l'Est apporte, à dos de bœuf ou de chameau, son beurre et ses grains, surmontés de sa femme qui est perchée sur les sacs.

A l'exception de ce jour de marché, la ville est d'un calme plat ; aucune industrie, pas de ces ateliers de teinture que l'on voit à Kano, pas de travail.

Les femmes y sont affreuses : une grosse tête, la face courte et carrée, le nez aplati, les narines tombantes, ornées d'une perle rouge ou d'un grain de corail ; ce qui n'empêche pas ces créatures d'avoir autant de coquetterie que les plus jolies femmes du Haoussa, de vaguer dans les rues en traînant derrière elles la queue de leur robe, les épaules négligemment couvertes d'un fichu aux couleurs voyantes, dont elles retiennent les deux cornes du bout des doigts, en agitant les bras. Ce qu'il y a de mieux dans toute leur personne est l'ornement d'argent qu'elles portent derrière la tête, et qui, lorsque les cheveux sont relevés en casque, ne manque pas d'élégance. Mais toutes les femmes n'ont pas le moyen d'avoir cet ornement, et plus d'une sacrifie ses intérêts les plus précieux au désir de se le procurer.

Toute l'animation de la ville se porte vers le Dendal, espèce de grand boulevard qui, traversant les deux cités, conduit aux deux palais, et qui se retrouve, sur une plus ou moins grande échelle, dans toutes les villes du pays. On y voit chaque jour une foule considérable : cavaliers et piétons, esclaves et hommes libres, étrangers et indigènes, qui vont faire leur cour au cheik ou au vizir, s'acquitter d'un message, leur demander justice, solliciter une place ou leur porter des présents.

Le docteur Barth était depuis trois semaines à Kouka, lorsqu'il trouva l'occasion de faire une excursion vers les bords du lac Tchad. Il se réjouissait de la perspective sans doute magnifique qui allait s'offrir à ses yeux ; mais, au lieu du lac, il vit une plaine immense, dépourvue d'arbres, s'étendre au loin. L'herbe était épaisse et haute ; un bas-fond marécageux, décrivant une courbe tantôt saillante, tantôt rentrante, gênait de plus en plus la marche, et, après avoir lutté pendant longtemps pour sortir de cette fondrière, cherchant en vain, à l'horizon, une surface miroitante, Barth revint sur ses pas, barbottant dans la fange, et se disant, pour se consoler, qu'il avait au moins vu l'indice de l'élément humide. Le caractère du Tchad est celui d'une immense lagune dont les bords changent tous les mois, et dont il est impossible par conséquent de dresser la carte exacte. Cependant, poursuivant vers le nord-est, Barth arriva au bord d'une belle nappe d'eau entourée de papyrus et de roseaux. L'eau était très-chaude et remplie de matières végétales.

Le 29 mars 1851, le docteur Barth partit pour le sud dans l'intention d'explorer l'Adamarra. Ce pays, dit le voyageur, témoigne à chaque pas des malheurs qu'il a subis : des traces d'ancienne culture, des huttes en ruine, se rencontrent çà et là, et des jungles, où l'herbe domine cheval et cavalier, recouvrent la place où fut la demeure de l'homme.

Bien qu'ils aient embrassé l'islamisme, les indigènes n'ont pour tout vêtement qu'une lanière de cuir passée entre les jambes et qui, le plus souvent, leur semble superflue ; leurs formes sont harmonieuses, et leurs traits réguliers, que ne déforme aucun tatouage, n'offrent rien du type nègre.

Barth avait établi son quartier général à Kouka; c'était dans cette ville qu'il venait se reposer après ses excursions dans les pays voisins. De retour de l'Adamarra, il fit aussitôt ses préparatifs pour se rendre dans le Baghirmi.

Ce voyage ne se passa pas sans encombre. Après avoir marché durant quatre jours à travers une forêt épaisse, ne sortant de la vase que pour souffrir de la soif, notre intrépide voyageur arriva à Mélé, où des émissaires du chef de la province l'attendaient avec la mission de lui interdire le passage.

Toutes les paroles de Barth furent inutiles ; les gens du chef le saisirent brusquement, et on lui mit les fers aux pieds. On s'empara de ses armes, de ses bagages, on prit sa montre, ses papiers, sa boussole, son cheval, et on le porta sous un hangar, où furent placées deux sentinelles. « Ce n'était pas assez, dit Barth ; il me fallut subir les homélies de ces fatalistes qui m'exhortaient à la résignation, sous prétexte que tout vient de Dieu. J'avais lu par bonheur le premier voyage de Mungo Park, et l'exemple de cet homme illustre m'aida puissamment à supporter cette épreuve. »

Le soir du quatrième jour de sa détention, Barth fut heureusement délivré et put gagner Maséna, capitale du Baghirmi. Le gouverneur était alors absent, et, son départ ayant entraîné celui de la cour, la ville était presque déserte. Barth attendit, donnant des consultations aux uns, s'entretenant avec les autres des mœurs et du caractère des habitants de cette région.

Les femmes du Baghirmi, rapporte le voyageur, sont généralement belles ; moins élancées que les femmes foullahs, elles ont plus de noblesse, les membres mieux faits, et des yeux dont l'éclat est célèbre dans toute la contrée. Quant à leurs mœurs domestiques, il n'eut pas le temps de s'en instruire ; il apprit seulement que le divorce était commun dans le pays et que les duels en matière d'amour y étaient nombreux. Le fils du lieutenant-gouverneur, lui-même, était en prison à l'époque, pour avoir blessé dangereusement l'un de ses rivaux. Les maris, de leur côté, n'étaient pas toujours contents : les uns se plaignaient du peu d'économie de leurs femmes, les autres de leur caractère difficile.

Enfin le sultan, de retour d'une expédition guerrière, apparut sous les murs de sa capitale, escorté de huit cents hommes de cavalerie ; il était vêtu d'un burnous jaune. Quarante-cinq favorites, montées sur de magnifiques chevaux drapés de noir, placées en file et chacune entre deux esclaves, suivaient leur seigneur et maître. Sept chefs des vaincus, menés en triomphe, ajoutaient à l'effet du défilé ; l'un d'eux, d'une taille majestueuse, éveillait

entre tous la sympathie des spectateurs par son air calme et sou-
riant. On savait dans la foule que la coutume est de tuer les
chefs prisonniers, ou pis encore, de les mutiler d'une manière
infâme.

Le docteur Barth revint à Kouka avec l'intention de retourner
plus tard dans le Baghirmi : mais la mort de son compagnon
Overweg, arrivée à la fin de septembre 1852, changea ses plans.
Il se tourna alors vers le Niger, afin de visiter la région encore
inconnue qui s'étendait entre la route de Caillié et la zone où
Clapperton et Lander avaient fait leurs découvertes.

Notre voyageur atteignit le fleuve à Say. « C'est avec une émotion profonde, écrit-il, que je franchis cette eau dont la recherche
a été payée de tant de nobles vies, » Jusqu'ici, Barth avait conservé sa qualité de chrétien ; mais au moment d'entrer dans la
province de Dalla, soumise à un chef fanatique qui n'aurait jamais
permis à un mécréant de franchir son territoire, il se fit passer
pour un chérif arabe.

Le 1er septembre 1853, Barth s'embarqua sur l'un des canaux
du Niger et vogua enfin vers Tombouctou. « La nappe d'eau qui
nous porte, dit-il, a environ cent mètres de large ; elle est tellement remplie d'herbes, que nous paraissons glisser sur une
prairie. Au bout de quatre à cinq kilomètres, nous entrons dans
une eau découverte, et les bateliers nous promènent, de détours
en détours, entre des rives couvertes de tamarins, de genêts,
d'herbe que paissent tantôt des gazelles, tantôt du bétail. Des
alligators annoncent une eau plus étendue, et le canal où nous
débouchons n'a pas moins de deux cents mètres de large : des
hommes et des chevaux sur le bord, des pélicans sans nombre ; le
voyage est délicieux.

« Les zigzags se multiplient, les rives se dessinent d'une façon plus régulière. Des feux nous attirent, et nous nous arrêtons au fond d'une crique où s'éparpille un village. Un bouquet d'arbres, chargé d'oiseaux, surgit de la rive ; nous revoyons le fleuve. Ses flots majestueux resplendissant tout à coup sous la lune, qui se lève dans un ciel noir tout sillonné d'éclairs, inspirent aux gens de l'escorte un respect mêlé de crainte.

« A peine le soleil commence-t-il à paraître, qu'ayant traversé le Niger, nous entrons dans un petit canal qui nous conduit à Cabra, ville qui sert de havre à Tombouctou. Le lendemain, nous franchissons les dunes qui séparent Cabra de Tombouctou. »

Barth avait atteint son but ; mais l'inquiétude et la fatigue l'avaient épuisé, et la fièvre le saisit immédiatement. Cependant l'énergie et le sang-froid étaient plus nécessaires que jamais, car le bruit courait déjà qu'un chrétien se trouvait dans la ville. Notre voyageur avait l'entier appui du cheik ; mais le conflit des pouvoirs qui s'exerçaient à Tombouctou devait neutraliser l'influence de cet homme généreux et menacer les jours de Barth.

Quelque temps après son arrivée, il fut, en effet, obligé de quitter la ville ; il y rentra cependant deux jours après. Mais les discordes civiles redoublèrent de furie, et sa position devint chaque jour plus périlleuse. Les Foullahs, ne pouvant l'arracher de force au cheik, essayèrent de la ruse, voulant l'expulser à tout prix.

« Le 17 mars dans la nuit, rapporte Barth, le frère aîné du cheik fait battre le tambour, monte à cheval et me dit de le suivre avec deux de mes serviteurs, pendant que des Touaregs, qui nous soutiennent, frappent leurs boucliers et répètent leur cri de guerre. Nous trouvons le cheik à la tête d'une troupe nombreuse. Je le supplie de ne pas faire couler le sang à cause de moi. Il promet aux mécontents de me garder hors de la ville, et nous allons camper à quelque distance. »

Un mois après, Barth s'éloigna de Tombouctou. Accompagné d'une escorte composée d'une vingtaine de personnes, il descendit le Niger jusqu'à Say. Le 17 octobre 1854, il fut de retour à Kano. C'était là qu'il devait payer ses serviteurs, acquitter ses dettes, rembourser ses créances échues depuis longtemps. Il engagea tout ce qui lui restait, y compris son revolver. Sa santé déjà mauvaise s'altéra davantage, ses chameaux, ses chevaux tombèrent malades, et il perdit entre autres le noble animal qui, depuis trois ans, avait partagé toutes ses fatigues.

L'énergie du voyageur triompha encore une fois de ces difficultés. Le 24 novembre, il partit pour Kouka, où il fut obligé de séjourner pendant quatre mois, et reprit ensuite la route du Fezzan. Arrivé à Tripoli à la fin d'août, il s'y arrêta quatre jours, s'embarqua pour Malte, de là pour Marseille, traversa Paris et entra dans Londres le 6 septembre 1855.

Le voyage du docteur Barth a eu d'importants résultats au point de vue géographique. Complétant au nord, à l'est et au sud du Bournou les découvertes de Denham, Oudney et Clapperton, reliant à l'ouest les travaux de Caillié à ceux de Lander, il a comblé d'immenses lacunes et tracé sur la carte d'Afrique des itinéraires qui s'élèvent à plusieurs milliers de lieues.

CHAPITRE III

Les deux navires *le Herald* et *le Plover*, sous les ordres des
capitaines Kellett et Moore, stationnaient depuis près de deux
ans dans les eaux du détroit de Behring, lorsqu'ils furent rejoints, en 1850, par le navire *l'Investigator*, confié au commandant Mac-Clure.

Cet officier, un vrai héros, animé par le succès d'une traversée extrêmement rapide, et voulant profiter de la bonne saison, n'attendit pas l'arrivée du capitaine Collinson, qui le suivait avec l'*Entreprise*, et continua sa route, sans perdre de temps, et sous sa propre responsabilité, vers l'archipel de Parry, but que lui assignaient ses instructions. Il déclara au capitaine Kellett qu'il découvrirait Franklin ou le passage septentrional. Son voyage était calculé avec une admirable résolution : il voulait avancer dans la glace aussi loin qu'il le pourrait, et, s'il se trouvait arrêté, gagner à pied la terre de Melville.

« Rien ne m'a jamais frappé, dit le capitaine Kellett, comme l'air de confiance qui animait Mac-Clure. Je suis convaincu qu'il réussira à atteindre l'île de Melville, au moins avec son équipage, si ce n'est avec son navire. »

Le commencement du voyage de Mac-Clure n'offrit rien de particulier. L'*Investigator*, poussé par un bon vent de sud-ouest, partit le 5 août du détroit de Behring et se dirigea à l'est. Arrivé à la hauteur du cap Barrow, il voulut remonter vers le nord, mais une énorme banquise l'arrêta, et il dut se contenter de suivre le rivage du continent américain.

Après cinq jours de navigation, Mac-Clure envoya plusieurs de ses hommes à terre pour y déposer un avis de leur passage. Ils rencontrèrent trois indigènes, qui d'abord se montrèrent très-timides ; mais on leur fit des signes d'amitié, qui consistent à lever trois fois les bras au-dessus de la tête, et alors ils s'approchèrent du canot. L'interprète, nommé Miertsching, entra aussitôt en conversation avec eux et apprit qu'ils appartenaient à une tribu nomade composée de six tentes. Ils avaient aperçu le bâtiment la veille ; mais, ne pouvant comprendre comment les grands arbres, c'est-à-dire les mâts, pouvaient marcher, ils s'étaient retirés en laissant trois des leurs en vigie ; ils appelaient le navire l'*île flottante*. L'interprète leur expliqua que les hommes blancs étaient à la recherche de frères perdus, et que, s'ils en rencontraient, ils eussent à les traiter humainement. Les Esquimaux promirent qu'ils leur donneraient de la chair de daim en abondance.

L'*Investigator*, continuant sa route, arriva le 11 août à l'île de Jones, d'où une trentaine d'indigènes vinrent encore le visiter. Pour prouver leur bonne volonté, ils se livrèrent avec une cordialité redoublée à la cérémonie du frottement des nez. « Ceux-là, dit Mac-Clure, étaient très-propres, de sorte que l'opération ne fut pas aussi désagréable qu'elle aurait pu l'être. » L'interprète s'assura que c'était pour la première fois qu'ils voyaient des hommes blancs ; il leur fit promettre de bien traiter ceux qui pourraient aborder chez eux, et à cette condition on leur fit présent d'un pavillon. La magnificence du cadeau parut les étonner ; ils n'osèrent d'abord y toucher, puis, sur les encouragements de l'interprète, le chef saisit le drapeau dans ses bras et l'emporta au milieu des cris de joie de sa tribu.

Le lendemain, les Esquimaux revinrent, amenant avec eux leurs femmes qu'ils avaient cachées le premier jour. Ils apportèrent des provisions de poisson et de la venaison, mais si faisandée, qu'il fut impossible d'y toucher. Malgré la surveillance exercée sur eux, ils dérobèrent plusieurs objets avec une dextérité remarquable. Ceux qui furent pris en flagrant délit furent punis en étant exceptés de la distribution des cadeaux.

Quelques jours après, Mac-Clure, poursuivant sa route, trouva une autre tribu ; mais celle-là le reçut avec des démonstrations fort peu pacifiques. Les indigènes avaient des arcs et des couteaux et poussaient des cris féroces ; on eut beau lever les bras en l'air, ils ne s'apaisèrent pas. Alors l'interprète, qui avait apporté avec lui un costume complet d'Esquimau, s'habilla en grand chef et alla parlementer avec eux. La paix fut enfin conclue, et on s'examina mutuellement. Un des indigènes portait, suspendu au cou, un vieux bouton de cuivre : c'était le chef ; il dit que sa tribu avait cessé de faire le commerce avec les hommes blancs, parce que ceux-ci avaient donné aux Esquimaux de l'eau-de-feu qui les rendait fous. Mais il fut impossible d'obtenir d'eux aucun renseignement sur le sort de Franklin ; ils n'avaient point de dates, et mêlaient tellement leurs légendes traditionnelles avec leur propre histoire, qu'on ne savait jamais s'ils parlaient d'eux-mêmes ou de leurs ancêtres.

Le 30 août 1850, Mac-Clure arriva au cap Bathurst. Il se rendit à terre, en compagnie du médecin et de l'interprète, et y fut reçu par deux femmes qui lui firent très-bon accueil ; le reste de la tribu était allé pêcher la baleine à quelque distance de là. Le commandant et ses compagnons se dirigèrent aussitôt, sous la conduite des deux femmes, vers le lieu de pêche ; ils trouvèrent un village d'environ trente tentes et une peuplade de trois cents indigènes qui les reçurent sur la défensive, armés d'arcs et de couteaux. Les Anglais levèrent les bras au-dessus de leur tête en signe d'amitié ; mais les Esquimaux se contentèrent de remettre leurs flèches dans leurs carquois de peau et gardèrent leurs couteaux. Ils dirent à l'interprète : « Laissez vos armes, nous laisserons nos couteaux. » Alors, en témoignage de paix, les uns et les autres se dépouillèrent.

L'interprète entra sur-le-champ en conversation très-animée avec le chef de la tribu ; il lui proposa de porter les dépêches de l'expédition jusqu'aux postes anglais situés sur le fleuve Mackensie, et lui promit pour récompense un fusil et des munitions. Le chef répondit qu'il ne communiquait pas directement avec la

Compagnie de la baie d'Hudson, mais avec des tribus intermédiaires, « de sorte, dit Mac-Clure, que nos dépêches ont à passer par trois tribus de sauvages avant d'arriver en des mains civilisées; » toutefois, l'interprète, d'après la connaissance qu'il avait de ces peuplades, crut que le chef lui-même les porterait jusqu'à destination.

Mac-Clure informait l'Amirauté que jusque-là il avait rencontré une température assez douce, le thermomètre étant rarement descendu au-dessous de glace; il ajoutait que jusque-là aussi il était resté dans des parages explorés par les navigateurs et déjà tracés sur les cartes, mais que bientôt il allait entrer dans la région de l'inconnu.

Ce qui émerveilla surtout les Esquimaux avec lesquels Mac-Clure se trouvait alors en relation, ce fut la facilité de parler leur propre langue montrée par l'interprète. Ils voulurent le garder avec eux; pour le décider, un des chefs de la tribu lui présenta sa fille, une jeune beauté de quinze ans, qu'il lui offrit pour femme, avec des tentes et des provisions. Pendant cet échange de civilités, une centaine d'indigènes, hommes et femmes, finirent par entourer les Européens. Le commandant fit alors tracer une ligne de démarcation sur le sable, et, dès que les Esquimaux eurent compris qu'il ne fallait pas la dépasser, la distribution des présents commença.

« Nous parvînmes bien, pendant quelque temps, à maintenir l'ordre, dit Mac-Clure; mais le beau sexe ne tarda pas à devenir si bruyant et si empressé, que la ligne fut rompue, et que, pour ne pas être poussés jusque dans la mer, nous dûmes regagner au plus vite notre chaloupe, échouée à une vingtaine de pas de là, sur un haut-fond. Nous échappâmes ainsi à tous ceux des assistants qui n'étaient pas munis de leurs grandes bottes de cuir imperméable. Il en vint cependant assez pour entourer l'embarcation, et bien que l'équipage les empêchât de monter à bord,

La distribution des présents aux Esquimaux.

les femmes déployaient tant d'ardeur et d'opiniâtreté, que plusieurs d'entre elles se laissaient soulever en l'air avec les objets qu'elles avaient dérobés, plutôt que de lâcher prise. On eut la plus grande peine à forcer l'une d'elles à restituer notre boussole, qu'elle était parvenue à soustraire et à cacher sous ses vêtements. Avec un peu de fermeté, nous finîmes pourtant par calmer tout ce monde sauvage ; la distribution des présents s'acheva à la satisfaction générale. L'aide vigoureuse des Esquimaux ne nous fut pas inutile pour pousser la chaloupe à flot, et dix-sept kayaks nous accompagnèrent jusqu'au navire, qu'ils atteignirent un quart d'heure avant nous, à l'exception toutefois d'un seul qui, s'étant aventuré un peu trop loin du rivage, fut chaviré par la houle et la brise. Nous diminuâmes de voiles pour repêcher la frêle embarcation et celui qui la montait ; et, comme il était tout mouillé et transi, nous lui offrîmes de l'eau-de-vie, qu'il avala à pleines gorgées, ignorant la force du breuvage. Quoique les larmes lui en vinssent aux yeux, la sensation que lui fit éprouver cette liqueur ne parut pas lui déplaire, et il se contenta de demander un peu d'eau. »

Le jour suivant, les Esquimaux revinrent à bord. Ils dirent à l'interprète qu'ils avaient passé la nuit à préparer un festin pour leurs hôtes, et invitèrent les Européens à les visiter dans leur camp. Mais le mauvais temps empêcha cette visite. Alors toute la tribu arriva dans ses canots, que l'on hissa à bord avec les hommes et les femmes. Voyant leurs canots en sûreté, les indigènes se répandirent avec une avide curiosité dans le navire ; les miroirs et les peintures qui étaient dans les cabines des officiers firent surtout leur admiration. Les femmes se mirent à danser avec les matelots, et ce fut avec peine que, dans la soirée, on parvint à les renvoyer à terre.

L'*Investigator* prit définitivement congé des Esquimaux, et commença un pénible trajet à travers les glaces. Le commandant

Mac-Clure se dirigea vers le nord, espérant rejoindre la terre de Banks, découverte en 1819 par le capitaine Parry. A son grand étonnement, il rencontra, le 6 septembre 1850, une terre ferme, à laquelle il donna le nom de *terre de Baring*; il continua sa route vers l'est, et bientôt il découvrit, de ce côté aussi, une terre nouvelle, qu'il baptisa du nom de **Prince-Albert**. Cette terre forme sur la carte le rivage septentrional du pays appelé terre de Wollaston et de Victoria. Mac-Clure, ayant touché la terre à gauche et à droite, se trouvait désormais dans un canal; il le nomma *détroit du Prince-de-Galles*. La glace impénétrable barrant le passage, le commandant prit la résolution d'hiverner au sein même de sa conquête. Il enclava son bâtiment dans un énorme glaçon, qui devint dès ce moment son lit, et qu'il ne devait plus quitter de tout l'hiver. Par mesure de précaution, et dans le cas où on serait obligé de quitter le navire, Mac-Clure fit monter sur le pont des vivres pour un an, et distribua à chaque homme des couvertures et des bottes. « Ceci fait, dit-il, et notre glace paraissant décidément cimentée par sept degrés au-dessous de zéro, nous complétons nos arrangements de ménage et nos préparatifs pour tout l'hiver. »

Une fois bien établis, bien casés, bien calfeutrés dans leurs quartiers, une fois sûrs de retrouver le navire à sa place, le commandant et quelques hommes allèrent à pied aborder la terre du Prince-Albert; ils y plantèrent un mât et un drapeau, et en prirent possession au nom de la reine. Ils firent une excursion dans l'intérieur, où ils rencontrèrent de grands ravins et de grands lacs; puis, quand ils revinrent au rivage, ils trouvèrent que la glace s'était séparée de la terre d'environ cent mètres. La nuit les empêchant de chercher un passage, ils firent feu pour attirer l'attention du navire; heureusement la flamme de leurs fusils fut aperçue, et on vint les chercher dans de petits canots en caoutchouc.

Cette première expédition ne découragea pas Mac-Clure. Le 21 octobre, il se mit en route avec un traîneau, dans l'intention de découvrir l'issue du canal, et, le 26 octobre, il put planter sa tente sur le rivage du détroit de Barrow. Le fameux passage était trouvé! Le lendemain, Mac-Clure reprit la route du navire, où il n'arriva que le 31, à travers mille dangers.

« Je ne te raconterai point mon voyage, dit-il dans une lettre intime écrite à sa sœur; je te dirai seulement que nous sommes parvenus à découvrir ce passage du Nord-Ouest si longtemps cherché, et qui avait déjoué les efforts de l'Europe maritime pendant quatre cents ans. Nous avons ainsi ajouté un laurier à la couronne de la vieille Angleterre et un événement mémorable au règne de notre chère petite reine.... La découverte a été faite par une expédition de six hommes, un officier et moi, avec un traîneau. Notre excursion a été courte : nous n'avons mis que dix jours pour faire 180 milles sur la glace. La fin a failli mal tourner pour moi.

« Le dernier jour, je quittai le traîneau pour arriver un peu avant les autres au bâtiment et faire préparer quelques ravitaillements pour eux. J'avais encore environ 15 milles à faire. Peu de temps après avoir quitté mes compagnons, j'entrai dans un épais brouillard et je perdis mon chemin. Bientôt je fus obligé de m'arrêter, étant très-épuisé, car je n'avais rien pris qu'un maigre déjeuner le matin. Je me fis un lit dans la neige et je tombai aussitôt dans un sommeil lourd. Vers minuit, je fus éveillé par un brillant météore traversant le ciel; je me levai, et je trouvai une nuit étincelante d'étoiles avec une brillante aurore. Je me dirigeai alors du côté du navire; mais, ayant épuisé toutes mes munitions, je ne pouvais attirer l'attention du bord. J'errai jusqu'au jour, et j'eus l'extrême satisfaction de découvrir que j'avais passé le bâtiment d'environ 4 milles. J'arrivai enfin sain et sauf, quoiqu'il y eût quinze degrés au-dessous de zéro et que je fusse resté vingt-cinq heures sans rien prendre.... »

A la fin de l'hiver, au mois d'avril 1851, Mac-Clure et ses compagnons sortirent de leur lit de glace et de neige, et firent leurs préparatifs pour la campagne du printemps. Ils commencèrent par déposer dans un des îlots du canal une grande chaloupe baleinière avec des provisions pour trois mois, afin d'assurer une dernière ressource à l'équipage dans le cas où le bâtiment serait brisé et dispersé par le choc des glaçons. Ils transportèrent ensuite une autre chaloupe et un canot en caoutchouc sur le rivage de la terre ferme, pour que les détachements envoyés en excursion ou à la chasse eussent les moyens de se rembarquer dans le cas où la débâcle des glaces les aurait séparés du bâtiment. Ces préparatifs terminés, Mac-Clure fit partir, au milieu d'avril, trois expéditions sous les ordres du lieutenant Haswell, du lieutenant Cresswell et du second Wynniatt.

Le premier explora la terre de Wollaston, afin de vérifier si elle faisait partie et n'était que la pointe du continent américain et non pas une île. Il resta quarante-deux jours en route, et rapporta qu'il avait rencontré une tribu d'Esquimaux, mais n'avait pu se faire comprendre d'eux. Le lieutenant Cresswell, de son côté, marcha le long de la terre à laquelle on avait donné le nom de Baring, et s'assura, en allant jusqu'au bout, c'est-à-dire jusqu'à la baie de Melville, qu'elle n'était en effet que la continuation de la terre de Banks. Il fut obligé de revenir parce que deux de ses hommes étaient presque gelés. Ils avaient tué un ours dont ils firent l'autopsie, et ils trouvèrent dans son estomac

un mélange d'aliments hétéroclites qui les intrigua beaucoup :
c'était un véritable *arlequin* composé de raisin, de tabac, de
porc, et enfin de toile cirée. Ils crurent d'abord qu'un autre détachement était aussi dans ces parages; ils firent donc des recherches, et quelques jours après ils eurent l'explication de l'é-
trange repas qu'avait fait l'ours, en trouvant une caisse de
viandes conservées pareilles à celles qu'ils avaient découvertes
dans son estomac.

Le lieutenant revint à bord le 24 mai. Nous citons la date,
parce que c'était le jour de la fête de la reine, jour que les Anglais n'oublient nulle part. Perdus dans cette solitude infinie, les
fidèles sujets de la couronne d'Angleterre déployèrent les couleurs nationales, et des salves d'artillerie éveillèrent, sans doute
pour la première fois, les échos des terres polaires.

Quant au second Wynniatt, il revint, après avoir passé cinquante jours sous la tente. Il avait poussé ses recherches dans la
terre nouvellement nommée du Prince-Albert, qui est la continuation de la terre de Wollaston. C'est lui qui était allé le plus
avant du côté du détroit de Barrow. Il était au point extrême de
sa route le 24 mai 1851; et par une curieuse coïncidence, la
veille même, 23 mai, un autre officier, le lieutenant Osborne,
qui faisait partie de l'expédition envoyée du côté opposé, par le
détroit de Davis, poussait aussi une reconnaissance dans la terre
de Wollaston, et se trouvait, sans le savoir, seulement à 20 milles
de distance des marins de l'*Investigator*. Quelques heures de plus
ou de moins, ils se rencontraient.

Au retour du lieutenant Haswell, le commandant était parti
avec son inappréciable interprète, comme il l'appelle toujours,
pour tâcher d'obtenir des informations de la tribu d'Esquimaux
rencontrée sur la terre de Wollaston. Ceux-ci répondirent sans

difficulté à toutes les questions ; ils tracèrent une carte de la côte et parlèrent d'une grande terre vis-à-vis celle de Wollaston, qui devait signifier l'Amérique. Mais ces Esquimaux ne la connaissaient que par d'autres tribus du sud-est avec lesquelles ils faisaient le commerce ; ils n'y étaient jamais allés eux-mêmes. Ils n'avaient chez eux aucun article de manufacture européenne ; l'usage du fer leur était complétement inconnu, et ils ne se servaient que de cuivre indigène. C'était une race de mœurs douces, simples et pastorales ; quand on leur montra des présents, ils ne manifestèrent aucune avidité et demandèrent même ce qu'ils devaient donner en échange. De son expédition, Mac-Clure rapporta la conviction que la terre du Prince-Albert faisait partie du continent américain ; que les anses nombreuses et profondes qui découpent ses rives faisaient croire à l'existence de canaux et de détroits qui en réalité n'existaient pas. Ce qui le confirma aussi dans cette opinion, c'est que les Esquimaux de cette côte parlaient la langue de ceux du détroit d'Hudson, tandis que ceux du cap Bathurst, qu'il avait d'abord rencontrés, parlaient un langage très-corrompu.

Cependant la saison avançait et la glace commençait à n'être plus aussi sûre. « Nous attendons maintenant avec une certaine anxiété, dit Mac-Clure, la rupture de ces formidables masses qui nous étreignent, et les suites de cette débâcle que nous ne pouvons envisager qu'avec une profonde appréhension.... » Cette appréhension était bien permise. Au commencement de juillet, la glace commença à remuer ; puis un beau jour elle s'ouvrit soudainement et silencieusement autour du navire, et le laissa nageant dans un étroit espace. Un peu de vent le poussa vers le nord-est.

Pendant plus d'un mois, il marcha lentement, laborieusement, tantôt avec ses voiles, tantôt à force de bras. Il n'était plus qu'à une faible distance de l'embouchure du canal, il touchait presque au but, lorsque le courant fatal qui charrie les glaces vint sur lui et lui fit rebrousser chemin. Mac-Clure essaya de se frayer un passage au moyen de la mine. Au centre d'un bloc de onze pieds d'épaisseur et de quatre cents mètres de circonférence, il fit placer trente-six livres de poudre. La glace éclata de tous côtés, et le navire gagna la côte le long de laquelle l'eau était libre et fut traîné pendant quelque temps par l'équipage pour remonter le courant. Vains efforts! Un beau matin le brouillard se dissipa, et, du haut des mâts, on n'aperçut plus qu'une vaste et infranchissable barrière.

Mac-Clure revint alors sur ses pas, comptant trouver un canal qui communiquât avec le détroit de Barrow, en faisant le tour de la terre de Baring et en passant par la pointe de Banks. La route fut d'abord facile; mais, arrivé dans la mer polaire, il rencontra des montagnes flottantes qui menaçaient à chaque instant de briser le navire. Il chercha à naviguer le long de la côte, et, ne pouvant y réussir, il prit la résolution de passer l'hiver au point où il se trouvait. On était alors en septembre. Cependant, redevenu libre grâce à un changement subit de la température, il continua sa laborieuse navigation, se tenant toujours le long de la côte; il dut s'arrêter de nouveau quelques jours après, et fit alors entrer son bâtiment dans une petite baie, qui paraissait un asile sûr.

« Ce soir-là, dit-il (24 septembre 1851), nous nous trouvâmes solidement gelés dans le petit port auquel nous donnâmes le nom de baie de la Mercy, en souvenir reconnaissant de tous les dangers auxquels nous avions échappé pendant notre traversée de cette mer polaire. »

Ici se termina la campagne de mer de l'*Investigator* et de son courageux équipage. Pendant ce nouvel hiver de 1851 à 1852, des chasses, régulièrement organisées, procurèrent le précieux secours de trois distributions de viande fraîche par quinzaine. A quel prix, néanmoins, s'acquéraient ces provisions ? Le fait suivant, rapporté par Mac-Clure, peut en donner une idée :

« Un homme de l'équipage, mulâtre de naissance, en poursuivant un daim qu'il avait blessé, s'égara sur sa piste, juste au moment où s'élevait une tempête de neige. La température était très-basse ; il se sentait à bout de force, et devant les dangers de sa situation il perdit tout à fait la tête et s'éloigna de plus en plus de la baie de la Mercy. Heureusement, un hasard favorable amena de son côté le sergent Woon, un des meilleurs chasseurs du bord, qui se livrait alors même à son utile exercice favori. Il trouva le mulâtre en proie au paroxysme de l'égarement et de l'horreur. En vain chercha-t-il à le rendre à lui-même en lui promettant de le ramener sain et sauf au navire, ses sages conseils échouaient devant les attaques de nerfs qui se succédaient chez le pauvre égaré. Enfin, après de longues prières, le sergent le décida à cheminer quelque temps avec lui ; mais vers deux heures, alors que le jour éphémère de cette période de l'année touche à son terme, l'infortuné se laissa tomber sur le sol, perdant le sang par le nez et par la bouche et se tordant dans d'atroces convulsions. Le sergent comprit alors qu'il n'y avait plus à espérer de lui le moindre effort personnel pour son salut, et que l'abandonner où il était, à plusieurs milles du navire, c'était le livrer à une mort certaine.

« Un seul moyen restait, c'était de le traîner jusqu'au navire. Le sergent Woon se mit courageusement à la besogne. Ayant fixé solidement son mousquet et celui de son camarade sur ses épaules, il passa les bras du moribond autour de son cou, et s'achemina, en le traînant, du côté de l'*Investigator*. Le labeur

Woon passa les bras du moribond autour de son cou et s'achemina du côté
de l'*Investigator*.

était excessif, et le seul allégement que le sergent y trouvât était de faire rouler le long des déclivités du terrain le corps inerte qu'il tirait péniblement dans les montées. Ce procédé était un peu dur pour un moribond; mais il avait le mérite d'arracher quelque peu celui-ci à sa léthargie.

« Vers les onze heures du soir, le brave marin était parvenu charrier son homme à moins d'un mille du navire; mais là, épuisé par dix heures d'efforts à travers les tourbillons de neige et une température mortelle, il fléchit à son tour. Il se sent incapable de traîner son fardeau, et, comme dernière ressource, il supplie son malheureux compagnon de tenter un suprême effort, et cherche à le ranimer en lui montrant dans l'espace les sillons lumineux tracés par les fusées que, dans ce moment, inquiet de leur absence, je faisais tirer pour leur servir de guides. Remontrances et prières échouent devant l'insensibilité physique du pauvre mulâtre, qui ne peut que murmurer : « Va-t'en! Laisse-« moi mourir en paix! »

« Le sergent se décide enfin à le laisser gisant sur sa couche de neige et à courir au vaisseau pour y chercher des secours. Sur sa route, il rencontre des camarades envoyés à sa recherche; il retourne auprès du mulâtre, et tous ensemble arrivent encore à temps. Ils le trouvèrent les bras tendus vers le ciel et roides comme ceux d'une statue, les yeux démesurément ouverts et la bouche si hermétiquement fermée, qu'ils durent employer la force pour faire glisser quelques gouttes de cordial à travers ses lèvres. La peau de ses mains, de ses pieds et de sa face était profondément corrodée par la gelée; mais il survécut, néanmoins, à cette terrible épreuve, et c'est par son témoignage que l'on eut connaissance de tout ce que son sauveur avait déployé de courage et de dévouement.... »

On se souvient que le commandant Mac-Clure avait déclaré, au début de son voyage, qu'il irait en avant aussi loin que possible, et que, s'il était arrêté par la glace, il continuerait sa route à pied jusqu'à la terre de Melville. En effet, après avoir passé l'hiver de 1851-1852 dans la baie de la Mercy, dès que le printemps lui permit de s'aventurer sur la glace, il se mit en route avec sept de ses compagnons, sur des traîneaux.

Le 28 avril, il arriva dans l'île Melville, à l'endroit où Parry avait autrefois planté sa tente. Il y trouva une pierre portant cette inscription :

*Les navires de Sa Majesté Britannique l'*Hécla *et le* Griper, *commandants Parry et Lyddoon, ont hiverné dans ce port de* 1819 *à* 1820.

A son tour, sur cette place déjà consacrée par l'empreinte de ses héroïques camarades, il laissa un cylindre contenant un abrégé succinct de son journal depuis le commencement de l'expédition. Il ajoutait que son intention était de retourner en Angleterre par le port Léopold, c'est-à-dire en continuant le passage ; qu'on lui laissât des provisions à l'île Melville, et que, si l'on n'entendait plus parler de lui, c'est qu'il aurait été entraîné dans la pleine mer polaire, et que, dans ce cas, il était inutile de lui envoyer des secours, car aucun navire entré dans cet abîme n'en pouvait ressortir. Le tout se terminait par ces mots :

« Cet avis a été déposé en avril 1852, par une expédition composée du commandant Mac-Clure, etc. (suivent les six autres noms). Quiconque le trouvera est prié de le faire parvenir au secrétaire de l'Amirauté. Daté du navire de Sa Majesté Britannique l'*Investigator*, gelé dans la baie de la Mercy, le 12 avril 1852. »

Le commandant Mac-Clure retourna à son navire. Il espérait

que l'été amènerait le dégel et lui permettrait de continuer son voyage. Mais il attendit en vain ; le printemps se passa, l'été le suivit, et la glace resta immobile. A la fin du mois d'août 1852, il fallut se résigner à recommencer un troisième hivernage ; on pouvait parcourir d'un pied sûr toute la surface de la baie, la terre se couvrait déjà de neige, les oiseaux sauvages avaient pris leur vol, et le peu de fleurs qui égayaient ces rives désolées avaient disparu.

« Cette saison, dit Mac-Clure, peut être appelée un long jour sans soleil, car, depuis la fin de mai, c'est à peine si cet astre a été visible ou si son influence s'est fait sentir sur les masses de glaces qui bloquent le détroit complétement d'un bord à l'autre. Je ne crois pas que la mer polaire se soit brisée cette année, car nous n'avons pas vu une goutte d'eau dans cette direction. »

Quand Mac-Clure vit qu'il devait passer encore un hiver dans la glace, il rassembla ses hommes et leur annonça ses intentions. Son projet était de renvoyer au mois d'avril suivant la moitié de l'équipage en Angleterre par la voie de la mer de Baffin et celle du fleuve Mackensie. L'autre moitié devait rester avec lui, dans l'espoir que le navire pourrait se délivrer de sa prison dans l'été de 1853 ; sinon, il s'en irait en 1854 rejoindre avec des traîneaux le port Léopold. La rareté des provisions rendait cette mesure nécessaire ; la part de chaque homme avait déjà été réduite d'un tiers depuis un an, et on avait encore dix-huit mois d'isolement en perspective.

La résolution annoncée par le commandant fut bien reçue par l'équipage, et on se prépara à hiverner à l'intérieur du navire.

Le 25 décembre, la fête de Noël, fête domestique et populaire des Anglais, fut célébrée joyeusement.

« Comme c'était, dit Mac-Clure, le dernier jour de Noël que

nous devions passer ensemble, l'équipage résolut de le célébrer d'une manière mémorable. Chaque table fut gaîment illuminée et décorée par des peintures de nos artistes de l'entrepont, qui représentaient le navire dans toutes ses périlleuses positions. Mais l'ornement principal fut d'énormes *plum-puddings*, pesant vingt-cinq livres, avec des daims et des lièvres rôtis, et de plantureuses soupes de gibier. Jamais, je pense, un tel luxe avec une telle profusion ne brilla dans un entrepont ; un étranger qui aurait été témoin de cette scène n'aurait jamais imaginé qu'il voyait un équipage qui avait passé plus de deux ans dans ces régions abandonnées, entièrement livré à ses-propres ressources, et cependant jouissant d'une excellente santé. »

Après quatre mois passés dans l'intérieur du navire, il fallut songer à la séparation projetée. On arrêta ainsi l'itinéraire : le lieutenant Haswell, avec une partie de l'équipage, devait s'en aller par le détroit de Barrow rejoindre l'île de Beechey, à l'entrée du canal de Wellington, où l'on savait, par un avis déposé l'année précédente dans l'île Melville, qu'il y avait un dépôt de provisions ; là il pourrait prendre passage sur les baleiniers et s'en retourner par la mer de Baffin. D'un autre côté, le lieutenant Cresswell devait aller à travers terre jusqu'à l'endroit où ils avaient hiverné en 1850, et chercher ensuite, par le fleuve Mackensie, à rejoindre la baie d'Hudson. Quant au commandant Mac-Clure, avec les hommes de bonne volonté, il devait rester encore un an sur le navire, et, si l'été ne les délivrait pas, s'en aller à pied joindre le port Léopold, dans le détroit de Barrow.

On fut bientôt au jour des adieux, d'adieux peut-être éternels. Mais un événement extraordinaire, inattendu, un coup de théâtre, vint changer toutes les dispositions. On se rappelle qu'au printemps de 1852 le commandant Mac-Clure était allé de la baie de la Mercy, à travers la glace, jusqu'à l'île Melville, et y avait déposé le journal de son voyage et l'avis de sa situation dans l'île de Banks. Ces signaux avaient été trouvés par le capitaine Kellett, qui faisait partie de la grande expédition commandée par Belcher, et était venu, dans une excursion en traîneau, passer l'hiver de 1852-1853 à l'île Melville. Ce capitaine Kellett était celui qui avait été vu le dernier, en 1850, par le commandant Mac-Clure, avant que celui-ci s'engageât dans le détroit de Behring. Ce fut lui aussi qui eut la singulière fortune de le retrouver le premier, et c'est par lui que nous allons apprendre comment la rencontre eut lieu.

« Le 19 avril 1853, dit-il, sera marqué à l'encre rouge dans notre voyage, et sera célébré comme un jour de fête par nos héritiers et nos successeurs à tout jamais. Ce matin, notre vigie signala un détachement qui arrivait du côté de l'ouest ; tout le monde sortit pour aller à sa rencontre. On signala aussitôt une seconde troupe. Le docteur Domville fut le premier à qui je parlai. Je ne puis rendre ce que j'éprouvai quand il me dit que le commandant Mac-Clure était dans la seconde troupe. Je ne fus pas long à le rejoindre, et je lui donnai plus d'une cordiale poignée de main. Jamais il n'en fut échangé de plus sincères et de plus pures en ce monde. Mac-Clure avait bonne mine ; mais il avait très-faim. Son récit de sa rencontre avec Pim dans la baie de la Mercy aurait fait un beau sujet pour le capitaine Marryatt, s'il vivait encore.

« Il parait que Mac-Clure et son premier lieutenant se promenaient sur la glace. Voyant quelqu'un qui venait très-vite de leur côté, ils crurent que c'était un homme poursuivi par un ours. Ils allèrent à sa rencontre, et, arrivés à une centaine de pas, ils virent que ce n'était pas un des leurs. Pim se mit à pousser des

cris et agiter les bras (il a la figure noire comme mon chapeau),
et alors le commandant et le lieutenant s'arrêtèrent, car ils
étaient encore trop loin pour l'entendre. A la fin, Pim les rejoignit, tout hors de lui-même, et comme Mac-Clure lui criait :
« Qui êtes-vous ? d'où venez-vous ? » il répondit tout haletant :
« Lieutenant Pim, du *Herald*, capitaine Kellett. » Mac-Clure
n'y comprenait rien, car j'avais été le dernier avec qui il avait
échangé une poignée de main au détroit de Behring. Il découvrit
enfin que cet étrange solitaire était un véritable Anglais, un ange
de lumière, comme il dit. On l'aperçut bientôt du navire ; et
comme il n'y avait qu'une écoutille ouverte, l'équipage s'y trouva
complétement entassé, tous voulant passer à la fois. Les malades
sautèrent hors de leur hamac, et tout changea de face à bord en
un clin d'œil. »

Les projets de Mac-Clure se trouvèrent naturellement changés,
et les hommes qu'il devait renvoyer en deux expéditions séparées
furent tous mis en marche vers les navires du capitaine Kellett.
Le lieutenant Cresswell fut chargé de les conduire ; ils arrivèrent
à bord le 2 mai. Quelques jours après, le lieutenant Cresswell se
remit en route pour l'île Beechey, où stationnait le *North-Star* ;
il emportait les dépêches de Mac-Clure, qui était retourné à bord
de son navire, dans la baie de la Mercy. Au mois de juillet,
Cresswell prit passage sur le *Phénix*, que le capitaine Inglefield
ramenait en Angleterre, et le 7 octobre 1853 il arriva à Londres,
ayant eu le premier l'insigne honneur d'avoir accompli entièrement le passage de la mer polaire, d'un côté à l'autre du continent
américain.

Quant à Mac-Clure, redoutant, pour les hommes restés avec
lui, les effets d'un quatrième hivernage à bord de l'*Investigator*,
il abandonna son navire dans la baie de la Mercy, et vint, avec

tout son monde, rejoindre le *Herald* et la *Résolue*, stationnés à l'île Melville. Il regagna l'Angleterre dans l'automne de 1854.

Le voyage de Mac-Clure est d'un grand intérêt comme découverte géographique ; mais il fait voir qu'il ne faut guère espérer trouver une communication praticable pour les relations commerciales à travers cette partie de l'océan Glacial qu'il a si courageusement explorée. Les glaces empêcheront toujours une traversée régulière dans ces parages. Cependant il faut remarquer que le froid, les dangers des glaçons et toutes les horreurs de la navigation arctique paraissent être plus pénibles entre 60 et 66 degrés de latitude qu'entre 71 et 74 degrés ; dans cette dernière latitude se trouvent aussi plus de ressources qu'on ne pourrait le supposer. Ainsi l'équipage de l'*Investigator*, pendant les trois hivers qu'il a passés au sud-ouest de l'île Melville, a rencontré des rennes et des lièvres nombreux et a pu se procurer plus de quatre mille livres de viande fraîche.

Ces considérations font penser que le pôle nord est, en réalité, moins froid et moins difficile à aborder que les parages voisins de l'Amérique.

CHAPITRE IV

Les lieutenants de vaisseau Emile de Bray et René Bellot furent les premiers officiers de notre marine militaire qui participèrent aux dangers et aux travaux d'une expédition aux régions arctiques. Nous avons parlé, dans un autre chapitre, du premier, engagé comme volontaire à bord du navire *la Résolue*, sous le commandement de sir Edward Belcher. Il nous reste à dire la vie et l'histoire du second, dont le nom est connu de tout le monde, et qui périt, à vingt-sept ans, victime de son courage et de son dévouement.

Joseph-René Bellot naquit à Paris, le 18 mars 1826, ce qui ne l'a pas empêché de se dire toujours enfant de la ville de Rochefort, qu'il ne commença pourtant à habiter qu'à l'âge de cinq ans, en 1831, lorsque sa famille alla s'y fixer. Après qu'il eut fait ses études élémentaires, la municipalité lui accorda une demi-bourse au collége de Rochefort. Ardent et assidu au travail, il se distingua bientôt entre tous, jusqu'au moment où, à l'âge de quinze ans et demi, il se trouva apte à subir l'examen d'entrée à l'Ecole navale. Reçu avec le numéro 20, il y fut placé avec l'assistance de la ville de Rochefort, qui, satisfaite des premiers résultats de son œuvre, ne voulut pas la laisser inachevée, et fit là encore les frais d'une demi-bourse. Pendant ce temps, il mérita les encouragements et les éloges des chefs et des professeurs, si bien qu'il sortit de l'école avec le numéro 5 ; il avait à cette époque dix-sept ans et demi.

Du vaisseau-école *le Borda*, Bellot fut embarqué successivement, dans le port de Brest, sur le *Suffren* et sur le *Friedland*. Il obtint la faveur de faire sa première campagne sur la corvette *le Berceau*, et partit le 23 juin 1844 pour l'île Bourbon. Il eut sa première affaire à Madagascar, et voici en quels termes il annonça à sa famille, dans une lettre du 1ᵉʳ juillet 1845, qu'il avait été blessé dans l'expédition dirigée contre Tamatave :

« Je viens encore, mes bons amis, de passer par une nouvelle épreuve, dont je me suis tiré avec beaucoup de bonheur. J'ai enfin reçu le baptême du feu. Hâtez-vous de vous rassurer, et rappelez-vous que j'ai une bonne étoile qui ne m'abandonne pas. J'ai seulement payé une légère partie de ma dette au pays, en arrosant de quelques gouttes de sang la terre ennemie de Mada-

gascar. Oui, mes bons amis, j'ai été blessé, mais trop légèrement
pour que vous puissiez concevoir les moindres craintes ; j'ai reçu
une balle dans la cuisse. Je n'en parle que pour mémoire ; car le
jour même de la bataille l'extraction a pu avoir lieu, et dans
quelques jours tout au plus je chercherai peut-être la cicatrice de
ma blessure. »

Sur la proposition de ses chefs, Bellot fut promu élève de première classe le 1er novembre 1845, et nommé chevalier de la
Legion d'honneur le 2 décembre de la même année ; il n'avait pas
encore vingt ans. Il quitta le *Berceau*, pour passer à bord de la
frégate *la Belle-Poule*. En 1847, il fut promu au grade d'enseigne
de vaisseau, et s'embarqua en cette qualité d'abord sur la *Pan-
dore*, pendant quelques semaines, puis sur la corvette *la Triom-
phante*, qui, le 23 juillet 1848, appareilla pour la Plata et
l'Océanie. Il opéra son retour à Rochefort le 25 août 1850, et fut
attaché à la compagnie de dépôt.

Le capitaine de frégate Sochet écrivit à cette époque au ministre : « Bellot travaille toutes les matières qui se rapportent à
la marine. Il a une intelligence qui fait espérer dès aujourd'hui un
officier distingué.... »

Depuis son débarquement jusqu'à son premier départ pour les
mers polaires, Bellot n'eut qu'une seule occasion de naviguer ; il
fut chargé de conduire des troupes à Cherbourg, sur un petit bâtiment de transport qu'il commanda pendant un mois.

Au mois de mars 1851, il écrivit au capitaine de frégate
Sochet, son ancien commandant, pour le prier de solliciter en sa
faveur, du ministre de la marine, l'autorisation de faire partie de
l'expédition nouvelle que lady Franklin se préparait à envoyer,
vers cette époque, à la recherche de son mari. Ce ne fut point,
comme on pourrait le croire, une sorte de coup de tête que fit

Bellot, en prenant la détermination d'aller, après avoir fait ses premières armes nautiques dans des contrées voisines de l'équateur, explorer les mers glaciales sur une petite goëlette anglaise. Sa correspondance établit d'une manière bien positive que cette pensée d'excursion hyperboréenne, loin d'être une improvisation subite, avait dû mûrir dans son cerveau.

Plusieurs motifs se réunirent pour le décider à prendre ce parti. Certes, le sentiment de la gloire, une légitime ambition, une sorte de conscience de sa valeur, exposée à être méconnue s'il se bornait à rester à son rang et à faire simplement son service comme un officier ordinaire ; enfin cet attrait, cette espèce de fascination qu'exercent les dangers sur certaines âmes fortement trempées, pour lesquelles tout péril semble une sorte de défi porté à l'homme par la nature et par les éléments ; certes, tous ces sentiments eurent une grande part dans sa détermination. Mais si l'on considère la position et le caractère du jeune officier, on reconnaîtra que la nécessité de venir en aide d'une façon plus efficace à une famille nombreuse et tendrement chérie, et l'impossibilité presque absolue de s'endormir dans la vie sédentaire d'une ville de province, contribuèrent surtout à le jeter dans cette périlleuse entreprise. D'ailleurs Bellot était né essentiellement, *passionnellement* voyageur, suivant les expressions de Toussenel. On comprend, dès lors, que son imagination se soit exaltée à l'idée des écueils et des périls dont est semée la navigation aux mers polaires, que son cœur ait été profondément touché au récit de l'admirable dévouement de lady Franklin.

Aussitôt que cette femme vraiment héroïque eut vu Bellot, l'estime se confondit avec l'amitié ; elle éprouva pour lui une sorte d'affection maternelle, qu'il lui paya bientôt en tendresse toute filiale.

« Je trouve à l'Amirauté, comme chez lady Franklin, l'empressement le plus cordial, dit Bellot dans une lettre à un de ses amis ; on ne comptait pas sur moi, et l'on me croyait bien certainement découragé par l'exposition du peu de confortable qu'offre le *Prince-Albert*. Eussé-je éprouvé la moindre hésitation, et vous savez combien j'en étais éloigné, que l'entrevue avec lady Franklin m'eût irrévocablement déterminé à partir. Cette noble douleur, si courageusement supportée, cette infatigable ardeur dans la poursuite de projets que beaucoup regardent comme désespérés, la chaleur enfin des remercîments et des sympathies dont je suis l'objet, viennent redoubler mon enthousiasme et mon dévouement à cette sainte entreprise. »

Si nous avons insisté sur ces détails intimes, c'est que nous avons voulu faire connaître l'homme autant que l'officier intrépide et savant. Bellot avait le caractère réfléchi et l'esprit gai. S'il pensait et agissait comme un Anglais, s'il étudiait, rêvait et sentait comme un Allemand, il parlait, riait et se passionnait pour le danger comme un Français.

Le ministre de la marine ayant donné son autorisation, Bellot se rendit immédiatement en Angleterre. « Me voici enfin, écrit-il, au comble de mes souhaits, plus heureux et plus favorisé par les circonstances que je n'aurais osé l'espérer. Toutes les difficultés se sont aplanies ; et, sans excès d'orgueil, je puis mettre mon succès sur le compte de l'activité, de la résolution que j'ai déployées, et de l'abnégation que j'ai mise à partir sans être en rien préparé. »

Ce fut sur le *Prince-Albert*, excellente goëlette de quatre-vingt-dix tonneaux, à laquelle, suivant l'expression de son commandant, le capitaine Kennedy, « il ne manquait que la parole, » que Bellot prit passage en qualité de second. Le 22 mai 1851, l'expédition partit d'Aberdeen, en Écosse, et arriva le 25 en rade de Stromness, où elle se trouva retenue, pendant quelques jours, par les vents contraires du nord-ouest. Enfin, le 3 juin, on leva l'ancre, et le navire se dirigea vers Uppernawick, dernier établissement des Danois sur la côte du Groënland.

« Le *Prince-Albert*, dit Bellot dans son journal, se remue d'une façon épouvantable, et fera bien certainement des avaries à la mer ; léger comme l'oiseau des tempêtes, comme lui il se roule au sommet des vagues, et plus la comparaison devient exacte, plus je me sens troublé. Je me promène sur le pont, mais je suis violemment rejeté contre le bord ; hélas ! je cherche en vain à me le cacher à moi-même, j'ai le mal de mer. O honte ! ô désespoir ! je regarde autour de moi pour voir quels sont les témoins de mon déshonneur, je n'ai heureusement que des complices : MM. Leask et Hepburn, les seuls qu'épargne ce mal fatal, ne sont pas là. Je m'épuise en efforts, je ne puis lire ni écrire. J'aurais cependant bien besoin de travailler ; néant de notre humaine nature ! Soyez l'homme le plus remarquable, le plus savant, soyez Arago, Lamartine, mettez les pieds à bord d'un navire : plus rien, pas une idée ! Du plus grand des humains voilà ce qui vous reste ! une ombre incapable de prononcer autre chose que des sons inarticulés. L'idée païenne d'une invocation à la mer me survient. Je fais à Neptune un sacrifice qu'il ne peut manquer d'apprécier à sa valeur : je coupe une barbe superbe, et son courroux s'apaise. *Quos ego....* je puis enfin admirer tranquillement les côtes du nord de l'Écosse et les montagnes aux fronts neigeux sur lesquels viennent se refléter les rayons du soleil.... »

La vie à bord fut partagée entre l'étude, le travail matériel et la prière, car le capitaine Kennedy était un puritain dans toute la sévérité du terme. Dans les calmes forcés, on se raconta des histoires et des relations de voyages. Le marin Hepburn, dont Bellot parle souvent, avait accompagné Franklin dans son voyage à la rivière Copper-Mine ; ses récits pleins d'intérêt occupèrent les longues veilles dans la cabine. « Le capitaine Kennedy parle le français que l'on parle au Canada, c'est-à-dire du français de plus d'un siècle de date, dit Bellot, et je suis heureux d'entendre de temps en temps de ces vieilles expressions qui ont un parfum tout particulier. Je nage en plein Topffer quand je l'écoute. »

Les voyageurs rencontrèrent bientôt des courants de glace, qui se reconnaissent par une ligne blanche peu épaisse, mais d'une couleur éclatante et qui tranche avec le vert tendre de la mer et le bleu plus ou moins gris du ciel. Ils eurent aussi à lutter contre de nombreuses montagnes de glace flottante ou *icebergs*.

« Je cherche dans l'examen de ces différents glaçons quelque analogie de structure, écrit Bellot ; mais c'est en vain : la variété des formes défie la comparaison, le groupement. Tantôt c'est une table régulière ou un pain de sucre, tantôt une île véritable avec ses anses, ses baies, ses promontoires. Une autre fois, c'est une immense tente de laquelle il semble qu'on s'attende à voir sortir un habitant qui vous souhaite la bienvenue, ou l'entrée d'un souterrain ouvert par de vastes galeries, ou bien encore une caverne précédée de splendides travaux d'art. Ce sont aussi de perpendiculaires falaises, des roches à pic, aux cavités profondes, où la vague se roule et se tord en mugissant, ou des blocs informes aux flancs déchirés que la mer remplit d'écume. »

Le 22 juin, ils se trouvèrent en vue de la côte du Groënland et du cap Farewell. Au commencement de juillet, après avoir franchi le cercle polaire, ils aperçurent au loin les deux navires américains *l'Advance* et *la Rescue*, commandés par de Haven et Griffin, qui revenaient de leur expédition. Enfin, le 10 juillet, ils

arrivèrent à Uppernawick et furent reçus par le gouverneur.
Cet établissement comportait un aumônier et quelques Euro-

Vue d'Uppernawick (Groënland).

péens. Le reste de la population était Esquimau ou le produit du
croisement des races. Trois maisons en bois, une chapelle, une

école, quelques magasins, composaient la ville haute, le quartier aristocratique. Les autres employés et les matelots blancs habitaient pour la plupart des huttes qui ne différaient à l'extérieur de celles des naturels que par l'emploi de portes et de fenêtres. La maison du gouverneur était assez confortable. Un véritable râtelier de pipes aux longs tuyaux dénonçait l'habitation allemande.

Pour un mouchoir, Bellot obtint de faire poser deux femmes d'Esquimaux. Le type était pour les deux sexes le même que celui observé dans l'Amérique du Sud : yeux bridés, cheveux noirs, longs et plats; les femmes les portaient retroussés en chignon sur le sommet de la tête, comme les Chinois, mais sans tresse derrière ; de doubles cottes en peau de phoque, disposées de façon que les côtés sans poil se touchent et puissent être graissés, des culottes et une casaque avec un capuchon, le tout également en peau de phoque, formaient l'accoutrement des deux sexes. La casaque des femmes différait seulement par une queue retombant devant et derrière, et leurs bottes étaient, pour les élégantes du moins, en cuir tanné et teint en couleurs éclatantes avec bigarrures de peaux de différentes couleurs. Elles portaient leurs enfants sur le dos dans une poche ménagée dans la casaque.

Bellot demanda s'il pouvait entrer dans la hutte d'un des indigènes. Ayant reçu une réponse affirmative, il chercha vainement la porte. *Chiamo ! chiamo !* lui criait-on du dedans. Il lui fallut l'aide d'un des assistants pour deviner qu'une ouverture haute de deux pieds à peine et recouverte d'une peau était l'entrée. Des bouffées chaudes et chargées de fétides émanations lui arrivant en pleine figure, il sentit son courage s'ébranler ; mais enfin il pénétra dans l'intérieur, après avoir rampé, sur une longueur de deux mètres, dans une sorte d'égout aux murailles humides et plein d'une boue détrempée de sang, d'eau, d'huile et de graisse. Une enceinte rectangulaire de pierres recouvertes à l'extérieur d'une épaisse couche de terre, et à l'intérieur de trois ou quatre planches, formait la carcasse, la charpente de la hutte ; de chaque côté de la porte et au fond, une sorte de treillage à un pied du sol et de trois à quatre pieds de large, recouvert de peaux et servant de lit et de table. Dans l'espace du milieu, qui avait à peu près trois pieds, une moitié de phoque dont la graisse a été enlevée, mais dont les chairs saignantes sont foulées aux pieds, et qui est là à portée des appétits des hôtes de la hutte.

Sur un des côtés, une vieille femme presque aveugle, aux jambes et aux bras nus, aux mèches grisonnantes, cousait des peaux qu'elle remuait avec ses pieds et ses mains. Ses paupières rouges ressortaient sur la couleur bistrée par cette maigreur qu'on ne trouve que chez les individus de cette race. On aurait dit d'une vieille sorcière de *Macbeth*. Près d'elle était couché son fils, le maître de la maison, qui se mit sur son séant pour faire les honneurs de chez lui. Au fond, une jeune femme, presque nue, allaitait un enfant nu qu'elle tenait d'une main, tandis que de l'autre elle rassemblait à la hâte quelques peaux qui formaient ses vêtements. Deux lampes, où brûlait une huile fétide, remplissaient le double rôle d'éclairer et de chauffer la demeure. Des harpons, quelques lances, des rouleaux de peaux, étaient appendus aux murs ou posés verticalement, la partie inférieure plantée au milieu de détritus de toutes sortes.

Comme le plongeur qui se prépare à un long effort, Bellot chercha à voir le plus possible, en retenant sa respiration ; mais il ne put prolonger bien longtemps sa visite ; il fit de légers présents à ses hôtes et se retira à moitié suffoqué.

Après avoir embarqué plusieurs chiens, le *Prince-Albert* quitta

Uppernawick et reprit sa route vers le nord ; il rencontra près des îles de Baffin toute une flotte de baleiniers arrêtés par les glaces. Quant aux navires américains aperçus quelques jours auparavant, ils se trouvaient toujours au nord ; l'un d'eux était échoué sur un glaçon.

« La scène est on ne peut plus animée, dit Bellot ; dix navires manœuvrant dans un espace assez resserré pour éviter les glaces et ne pas s'aborder, jettent du mouvement et de la vie autour d'eux ; on dirait une ruche dont les abeilles courent de côté et d'autre. La plupart ont cinquante hommes d'équipage et un chirurgien ; ils naviguent presque toujours deux par deux dans la région des glaces, en cas d'accident. L'un des hommes placés en vigie à la tête du mât signale une baleine : vite, vite, armez les embarcations ! et les rapides pirogues, toujours prêtes sur les côtés du navire, sont mises à la mer ; elles ont d'avance leurs harpons, leurs lignes de pêche soigneusement préparés. Hardis rameurs, que vos bras vigoureux ne se ralentissent point, car la victoire est à celui qui le premier a pu harponner le cétacé ; et le canot, comme un coursier intelligent, semble animé de l'ardeur commune ; il fend l'onde et laisse derrière lui un long sillon d'écume ; le patron sur qui repose toute la manœuvre, armé d'un long aviron, le guide avec adresse ; debout à l'avant est le harponneur, épiant le moment où l'animal lui présente une partie quelconque de son corps ; le harpon est lancé ; une large nappe rougeâtre couvre la surface de l'onde. Hourra ! bien touché !

« L'inoffensif blessé plonge dans l'abîme, et, poussé par la douleur, il poursuit avec une effrayante vitesse une course frénétique vers des régions où il croit éviter son ennemi. De temps en temps il remonte à la surface pour respirer, et fait jaillir des flots d'écume et de sang ; de nouveaux harpons le forcent à replonger

et à reprendre sa course ; à chaque blessure un nouvel ennemi
s'attache à ses flancs, et il n'est pas rare de voir une baleine
traîner ainsi trois, quatre, cinq embarcations, pour lesquelles ce
moment est plein de dangers ; car la rapidité avec laquelle elles
volent sur la mer est telle, que les lignes des harpons prennent
souvent feu et qu'on est obligé de les arroser constamment. Enfin,
épuisée par ses efforts, la baleine meurt et elle est amenée le long
du bâtiment. »

Le 16 juillet, le *Prince-Albert* arriva à la limite de l'espace
libre, et fut amarré à un iceberg. Ce même jour, le docteur
Kane, qui faisait partie de l'expédition américaine, vint visiter le
capitaine Kennedy et son équipage. « J'ai vu, dit-il au lieutenant
Bellot, bien des choses qui m'ont étonné ici ; mais ce à quoi je
m'attendais le moins, c'est bien à y trouver un officier français. »
Jusque vers le milieu du mois d'août, le *Prince-Albert* dut rester
stationnaire. Dans l'intervalle, les Anglais et les Américains
échangèrent de nombreuses visites et firent ensemble quelques
excursions sur la glace. Le 23 juillet, on fit partir deux pigeons
avec la notice suivante sur les plumes des ailes : *Traces authen-*
tiques de sir John Franklin, cap Riley ; et l'on attacha à chaque
patte l'avis suivant :

« *Prince-Albert*, 23 juillet 51. — Au large du *Pouce-du-*
Diable, tous bien ; en compagnie avec les Américains : ils ont été
jetés par les courants de glace du canal Wellington jusqu'au cap
Walsingham ; maintenant on retourne sur les terrains des recherches. L'escadre entière a passé l'hiver à l'île Griffith. Des
traces authentiques du navire de Franklin ont été trouvées au cap
Riley ; ses premiers quartiers d'hiver ont été à l'île Beechey : trois
tombes de marins, avec trois noms. — A Lady Franklin, place
Belfort, 21, Londres. — W. Kennedy, commandant ; R. Bellot. »

Le 16 août, les voyageurs perdirent enfin de vue le *Pouce-du-Diable*, et le 24 ils arrivèrent à la baie de Pond, non loin de l'entrée du détroit de Lancastre. Le courant les porta à terre. Vers onze heures du soir, ils entendirent crier à quelque distance, et, à leur grande surprise, ils virent arriver une pirogue que l'obscurité et la houle leur avaient cachée. Le cri de reconnaissance fut répété par l'équipage, et bientôt un, puis deux, trois et quatre canots montés par des Esquimaux vinrent le long du bord. On amena une embarcation pour leur permettre de grimper sur le navire. La première question qu'on leur adressa fut, naturellement, s'ils avaient vu des vaisseaux ; ils répondirent affirmativement : la veille, ils avaient aperçu deux bâtiments.

L'un d'eux dessina avec un morceau de craie deux trois-mâts, qu'il fit la tête en bas, paraissant assez satisfait de son œuvre, et y mettant, du reste, de la conscience. Interrogé si c'étaient des baleiniers, il répondit que non ; comme c'était une circonstance importante à vérifier, on revint à la charge, mais sous une forme différente ; on demanda si les navires en question avaient pris beaucoup de baleines ; il répondit d'un air vexé que non.

Ne pouvant rien tirer de plus des Esquimaux, l'équipage du *Prince-Albert* se mit à examiner à loisir ces sujets, sans le savoir, de la Grande-Bretagne. Plus petits et plus trapus que ceux d'Uppernawick, ils ne dépassaient pas quatre pieds dix pouces à cinq pieds ; ils avaient la face ronde, les joues rebondies, le front bas, de grands cheveux plats et d'un noir de corbeau, noués ou coupés sur le devant de la tête, et retombant sur les épaules de chaque côté, peu ou point de barbe, les pieds et les mains remarquablement petits.

Le don de quelques vases de fer-blanc porta leur joie à son

comble.. L'un d'eux, voyant le capitaine Kennedy prendre du tabac, en demanda et s'en bourra le nez ; puis, comprenant qu'il fallait se moucher, il le fit avec ses doigs de la façon la plus consciencieuse. On leur donna à chacun un morceau de sucre ; après l'avoir goûté, tous dirent : « Kouna ! » faisant entendre qu'ils le gardaient pour leurs femmes et leurs enfants, qui dormaient là-bas ; du moins, on interpréta ainsi leur pantomime de la tête placée sur la main, pantomime commune à tous les peuples.

Le lendemain, l'attention de l'équipage du *Prince-Albert* fut de nouveau éveillée par un bruit de rames, et, à l'aide de longues-vues, on distingua trois canots qui se dirigeaient vers le navire ; c'étaient encore les Esquimaux. On renouvela les questions sur les navires qu'ils prétendaient avoir vus, mais ils se contentèrent de faire les mêmes réponses que précédemment.

Après les avoir bourrés de biscuit, on leur fit les honneurs de l'orgue ; l'un d'eux, ivre de joie, se livra aux hurlements les plus frénétiques ; il sauta, se tordit, fit les plus hideuses contorsions, et se laissa retomber comme épuisé par l'excès du plaisir. Le violon, qu'ils avaient entendu sans doute à bord de quelque baleinier, les étonna et les ravit beaucoup moins. Un fusil qu'on leur prêta fut déchargé plusieurs fois sans trouble, et avec une justesse qui prouvait que leur coup d'œil était aiguisé par la nécessité de ne pas perdre leurs flèches. La vue d'un miroir, d'une poupée, leur arracha un gros rire si naïf, si franc et si stupide, qu'il se communiqua à tous sur le pont. *Kouna ! kouna ! kablounak !* (femme de blanc), crièrent-ils aussitôt. Ils proposèrent de venir avec le *Prince-Albert ;* mais, dans la nuit, le vent s'éleva, et on les renvoya les mains pleines de cadeaux.

Le 5 septembre, les voyageurs arrivèrent enfin près du port

Léopold, situé à l'entrée du détroit du Prince-Régent. Dans leur tentative pour s'y rendre, le capitaine Kennedy et cinq hommes se virent enlevés par la glace, tandis que le navire était entraîné rapidement vers le sud. Bellot se dévoua aussitôt pour retrouver son supérieur et son ami, et partit avec trois hommes accoutumés aux durs voyages de la baie d'Hudson.

Il est impossible de se faire une idée des peines, des fatigues et des privations qu'ils endurèrent. Dès le lendemain de leur départ, la neige soulevée par le vent du nord forma de tels tourbillons, qu'ils furent obligés de battre en retraite. « Nous enfoncions dans ce terrain mouvant quelquefois d'un pied ou un pied et demi, dit Bellot ; la sueur qui ruisselait sur nos visages était immédiatement congelée, et après quatorze heures de marche nous nous trouvâmes avoir fait cinq milles. » Cet insuccès ne découragea en rien Bellot, qui tenta aussitôt à travers les glaçons une expédition par mer. Mais la glace opposa un obstacle infranchissable.

Ce ne fut que le 12 octobre, plus d'un mois après la séparation, que l'entreprise put être renouvelée. On arriva enfin au port Léopold.

« Vers trois heures, dit Bellot, nous atteignîmes le cap Seppings, et nous vîmes devant nous la pointe Whaler avec la tente érigée pour sir John Franklin. Nous déchargeâmes nos armes plusieurs fois à de courts intervalles, dans l'espérance que les échos porteraient ces détonations au campement de ceux que nous cherchions. La neige, qui augmentait toujours, nous dérobait la vue des terres placées devant nous. Nos yeux interrogeaient vainement la glace pour y trouver quelque empreinte annonçant le voisinage de l'homme ; mais la glace était muette ainsi que l'air ; toute conversation avait cessé, et le bruit monotone de nos pas troublait seul la solitude.... A un mille de la tente, la terre s'éclairait un peu, et avec ma lorgnette nous distinguions une masse noire près de la chaloupe. Il nous sembla que cela remuait ; je n'y pus tenir plus longtemps, et, courant à toute haleine, je partis en promettant à mes compagnons de leur faire connaître bientôt ce que nous devions penser. Quelques instants après, mes hurrahs leur annonçaient que nos amis étaient devant nous. Ils avançaient rapidement de leur côté, et bientôt nous nous embrassâmes avec toute la joie d'amis qui ont cru ne plus se revoir. »

Quant au navire, il avait réussi à atteindre un autre mouillage, la baie de Batty, dans laquelle il se trouva aussitôt non-seulement bloqué, mais absolument enveloppé dans les glaces. Durant la longue saison d'hiver, les intrépides voyageurs imaginèrent de tenter un voyage à pied, malgré les ténèbres, les tourmentes continuelles de vent et de neige, et par un froid de plus de 40° au-dessous de zéro.

Le 5 janvier 1852, le capitaine Kennedy, Bellot et plusieurs hommes firent une première excursion qui les conduisit à la pointe de la Fury. Ils trouvèrent les provisions laissées en cet endroit par le capitaine Parry en 1825 complétement gelées ; néanmoins elles avaient encore un goût parfait.

Aguerris par cet essai, les voyageurs firent leurs préparatifs pour un plus long voyage. Le 4 mars, ils quittèrent de nouveau le navire, n'emportant que le strict nécessaire dans des traîneaux tirés par des chiens et par eux-mêmes. Ils descendirent d'abord dans le sud du canal du Prince-Régent, et prirent ensuite la direction de l'ouest. Arrivés au fond de la baie de Brentford, ils découvrirent un détroit séparant la terre de North-Sommerset de la presqu'île de Boothia. Ce détroit reçut le nom de détroit de Bellot. De là ils remontèrent vers le nord.

L'obligation de construire chaque jour une nouvelle maison ne fut pas un des moindres embarras de cet étonnant voyage. « Un Esquimau, écrit Bellot, sourirait peut-être à la vue de nos chefs-d'œuvre ; mais comme ils nous abritent suffisamment, c'est tout ce que nous pouvons désirer.... Tout travail porte avec lui sa récompense. Nous sommes bien fatigués, certes, lorsque, après une journée de marche, il nous faut songer à l'opération encore plus fatigante de bâtir, de porter ou de scier cette neige dure et pesante comme de la pierre de taille. Mais on ne peut s'imaginer quelles sensations de plaisir et de confort nous éprouvons lorsqu'il nous est donné enfin de fermer notre porte et de nous allonger sur nos sacs.... » Cependant il n'était pas toujours permis de jouir comme on l'aurait voulu de ces délices de la hutte de neige. Il fallait marcher toutes les fois qu'il n'y avait pas impossibilité absolue, car les vivres commençaient à s'épuiser.

Dans les premiers jours du mois de mai, ils atteignirent la côte, non loin du cap Walker. La pointe sur laquelle ils se trouvaient fut appelée cap Bellot. De là ils reprirent leur marche dans la direction de l'est, et, grâce à un vigoureux coup de collier, ils touchèrent enfin à la baie Léopold, où se trouvait un dépôt de provisions laissées en 1849 par James Ross. « Nous passons trois jours, écrit Bellot, à manger, boire et dormir ; boire, dormir et manger ; dormir, manger et boire, insouciants des conséquences.... Nous sommes tous munis de béquilles et ressemblons assez à un détachement d'invalides ; mais nous tâchons d'entretenir parmi nous la gaîté et surtout l'activité. C'est le mouvement et l'exercice qui sont les principaux remèdes contre le scorbut ; et tous les moyens d'excitation doivent être employés contre ceux qui s'obstinent à rester couchés. »

Avant de quitter la baie Léopold, ils déposèrent sous un tas de pierres la note suivante :

« La présente a pour but de faire connaître que le petit navire de lady Franklin, le *Prince-Albert*, a passé l'hiver de 51 à 52 à la baie de Batty. En janvier, un détachement du navire a visité la pointe de la Fury sans découvrir aucune trace de sir John Franklin ou de ses hommes ; les provisions qui s'y trouvaient étaient encore en bon état. Dans le mois de février 1852, quatorze personnes ont de nouveau laissé le navire pour la pointe de la Fury, d'où, après quelques préparatifs pour un long voyage au sud, elles partirent enfin le 29 mars. Leur intention était de se rendre d'abord à la baie de Brentford , et là de traverser à l'ouest, dans le but d'atteindre la mer que sir James Ross y a placée, et alors de suivre la côte jusqu'au pôle magnétique. Après avoir fait cependant cent milles dans l'intérieur et à l'ouest, les explorateurs n'y trouvèrent rien qu'une plaine uniforme, que l'on supposa pouvoir s'étendre jusqu'à la terre de Banks. Comme ils n'avaient point de ressources suffisantes pour atteindre ce point éloigné , ils se dirigèrent vers le nord, espérant trouver un chenal conduisant au sud-ouest, jusqu'à ce qu'ils eussent atteint le cap Walker, où ils arrivèrent le 4 mai. Ils trouvèrent cette terre non interrompue et lui donnèrent le nom de Prince-Albert. Du cap Walker, ils ont gouverné, à cause du manque de provisions, pour cet endroit, où ils sont arrivés le 15 mai. Pendant le voyage, pas la plus petite trace de sir John Franklin n'a été trouvée ; le cap Walker a été soigneusement examiné, mais il ne portait aucun indice d'une visite quelconque des Européens. Le passage du Prince-Régent et le détroit de Barrow étant ouverts, aussi loin que la vue peut s'étendre, les explorateurs procéderont par eau aussi loin qu'ils le pourront. Après avoir rejoint le navire, l'examen du fond du passage situé à l'ouest de la terre de North-Sommerset sera leur premier travail ; ils visiteront ensuite, probablement, le chenal de Wellington, c'est-à-dire tout autant que des traces de Franklin n'auraient point été trouvées dans cette direction. Toute personne trouvant cette note est priée d'en envoyer copie à lady Franklin. — Signé : Kennedy, commandant l'expédition arctique de lady Franklin. »

Le 30 mai, les voyageurs furent enfin à bord, dans les bras de leurs compagnons qui, calculant d'après la somme des provisions, les considéraient déjà comme perdus. De part et d'autre ce fut une joie facile à comprendre.

« Pour moi, écrit Bellot, j'ai le cœur plein ; la reconnaissance déborde, et je ne sais comment témoigner mes adorations à celui qui nous a conservés et soutenus dans nos divers périls, et qui m'a sauvé sans doute pour me rendre à ma famille et au bonheur d'embrasser tous ceux qui me sont chers. »

Le 15 juillet, le *Prince-Albert* essaya de sortir de sa prison de glace, et ce ne fut que le 8 septembre qu'il y parvint. Une fois à Uppernawick, la navigation de retour se fit avec autant de facilité que celle du départ, et en touchant aux mêmes points de la côte et aux mêmes îles. Peu de jours après, le navire revit les côtes d'Ecosse, et Bellot traversa l'Angleterre au milieu des témoignages de la plus cordiale sympathie et souvent même du plus vif enthousiasme. Le gouvernement britannique, lady Franklin et la Société géographique de Londres donnèrent au jeune lieutenant les marques de la plus vive admiration.

Les périls et les fatigues de ce premier voyage furent loin de décourager Bellot ; la pensée de retourner dans les régions arctiques, l'idée d'aller lui-même chercher sir John Franklin dans des parages non encore explorés, où il croyait pouvoir espérer des résultats plus positifs que ceux qu'on avait obtenus jusqu'alors, voilà quels étaient les objets de ses préoccupations les plus constantes. Il espérait que la France se déciderait, à son tour, à envoyer une expédition dans les mers déjà visitées par les Anglais, les Américains et les Russes, et que naturellement il serait appelé à en faire partie.

Sa réputation était si bien faite en Angleterre, que lady Franklin lui proposa, au mois de février 1853, le commandement et la propriété d'un steamer qu'elle faisait préparer spécialement pour une expédition dans le détroit de Behring, et le capitaine Kennedy, son ancien commandant, demanda, pour cette nouvelle campagne, à servir sous ses ordres. Le jeune officier refusa. Il voulut cependant faire une nouvelle tentative auprès du ministre de la marine, et il lui adressa, le 20 mars, une lettre dans laquelle il lui demandait « la liberté d'appeler respectueusement son attention sur les points suivants :

« 1° Les diverses expéditions envoyées jusqu'à ce jour à la recherche de Franklin n'ont servi qu'à reconnaître les endroits où Franklin n'est point allé, et de l'année dernière seulement on connaît la direction probable qu'il a dû prendre ;

« 2° Le temps qui s'est écoulé depuis son départ n'est pas un argument irréfutable contre l'existence de ses équipages, puisqu'il y a des précédents de même nature dont le dénoûment a été heureux ;

« 3° On sait qu'il se trouve dans les pays les plus au nord des ressources matérielles dont les hommes énergiques peuvent tirer parti ; la durée des provisions emportées d'Angleterre même s'est d'ailleurs augmentée par les vides que la mort a nécessairement créés dans ces nombreux équipages. »

Onze jours après l'envoi de cette lettre, Bellot, qui tenait absolument à ne pas laisser passer la saison de 1853 sans retourner dans les contrées arctiques, écrivit de nouveau au ministre de la marine, pour solliciter de lui l'autorisation de s'embarquer à

bord du *Phénix*, commandé par le capitaine Inglefield. Presque
aussitôt il partit pour Londres, et le 10 mai il fut à Woolwich,
où ce navire stationnait. Le départ eut lieu le lendemain.

Au commencement du mois d'août, le *Phénix* atteignit l'entrée
du canal de Wellington. Il portait des dépêches de l'Amirauté
destinées à Belcher, qui se trouvait un peu plus au nord dans ce
canal. Bellot, connaissant l'importance de la prompte remise de
ces dépêches, ne crut pas devoir attendre le retour de son commandant, parti à la recherche du capitaine Pullen, séparé depuis
un mois de son navire *le North-Star*. Le 12 août, il se dirigea, en
compagnie d'un quartier-maître et de trois matelots, vers le cap
Becher, où l'on supposait que sir Edward Belcher devait se
trouver.

Après avoir campé le premier jour à trois milles du cap Innis,
les cinq voyageurs s'arrêtèrent le lendemain sur des glaçons déta-
chés à trois milles à peu près du cap Bowden. Dans la nuit du
14 au 15, en quittant ce cap, ils eurent à franchir une crevasse de
quatre pieds de large ; ce qui se fit encore assez heureusement.

La terre était à trois milles de distance ; Bellot proposa d'y
aller camper, et il essaya de s'y rendre dans le canot en caoutchouc. Deux fois repoussé par une violente brise, il se décida à
faire faire une tentative par deux de ses compagnons, le quartier-
maître Harvey et le matelot Madden. Cette tentative réussit, et ,
une fois à terre, les deux hommes, qui s'étaient munis d'une
corde, établirent entre le traîneau et la côte un va-et-vient au
moyen duquel trois voyages purent être accomplis ; un quatrième
voyage allait être entrepris, lorsque Madden, qui était dans l'eau
jusqu'à la ceinture, s'aperçut que la glace se mettait en mouvement, dérivant loin du bord.

Bellot cria de lâcher la corde ; un espoir restait encore, mais le mouvement de glace fut si rapide, qu'avant qu'on eût pris aucune mesure, elle était déjà séparée de la côte par une énorme distance.

« Je gagnai alors un tertre élevé pour les suivre de l'œil, dit Madden dans sa déposition, et je les vis entraînés vers le haut du canal, loin de terre. Je veillai en ce lieu pendant six heures ; mais je les perdis bientôt de vue. Quand je cessai de les voir, les hommes étaient debout, près du traîneau, le lieutenant sur le haut du glaçon. Ils paraissaient être sur une glace très-solide. En ce moment, le vent soufflait avec force du sud-est, et il neigeait. »

Ce glaçon mouvant, qu'une brise furieuse poussait ainsi vers le nord, emportait le malheureux Bellot et avec lui deux matelots, William Johnson et David Hook. Après avoir essayé vainement de se mettre à l'abri sous la tente que portait leur traîneau, les trois hommes commencèrent à se tailler une maison dans la glace à l'aide de leurs couteaux.

« Le lieutenant, déposa le matelot Johnson, s'assit une demi-heure et s'entretint avec nous sur le danger de notre position. Je lui dis que je n'avais pas peur, et que l'expédition américaine était poussée çà et là dans ce canal par la glace. Il répliqua : « Je « le sais, et, avec la protection de Dieu, pas un cheveu ne tom-« bera de nos têtes. » Je demandai alors au lieutenant quelle heure il était ; il répondit : « Environ six heures et quart » (après minuit). Il attacha ensuite ses livres, et dit qu'il voulait aller voir comment la glace flottait.

« Il était parti depuis quatre minutes seulement, quand j'allai, pour le chercher, faire le tour du même glaçon sous lequel nous étions abrités ; mais je ne pus le trouver, et, en retournant à notre retraite, j'aperçus son bâton du côté opposé d'une crevasse d'environ cinq toises de large, où la glace était toute cassée. J'appelai alors le lieutenant, mais sans réponse. A cet instant, le vent soufflait très-fort. Je cherchai encore tout autour du glaçon, mais je ne pus découvrir aucune trace. Je crois que quand le lieutenant sortit de sa cachette, le vent l'emporta dans la crevasse, et, son paletot étant boutonné, il ne put nager pour revenir à la surface. »

David Hook, l'autre compagnon de Bellot, déposa qu'avant la débâcle et la tentative de débarquement, quelqu'un ayant dit qu'il serait plus prudent de voyager au milieu du canal, Bellot, entendant ces paroles, reprit que les ordres étaient de se tenir près de la côte à droite, à deux milles environ. « Il cherchait à nous expliquer, ajouta Hook, comment nous devions nous estimer plus heureux que ceux qui étaient restés à bord, puisque nous avions l'avantage de souffrir pour l'accomplissement d'un devoir. »

Ce dernier trait achève de faire connaître Bellot, esclave du devoir, lui sacrifiant sa propre sûreté et sans cesse disposé à donner sa vie. Quand on se retrace le genre de mort qui l'attendait, les circonstances qui l'ont amenée, le moment où il périt, la solitude qui reçut son dernier soupir, l'âme se resserre et le cœur saigne en pensant que cette nature d'élite, ce courage vivant, est mort dans la froide mer, étouffé entre deux glaçons, sans avoir pu jeter un adieu à sa famille, un regret à sa patrie.

« Ce brave et généreux jeune homme, que j'aimais comme un fils, à qui je dois tant, qui représentait si noblement l'honneur et la chevalerie de la France, qui fut aimé et respecté de nos marins comme un frère, hélas! il n'est plus.... Il est mort comme il a vécu, en héros et en chrétien.... » Ainsi s'exprima lady Franklin en recevant la triste nouvelle.

Mais ce ne fut pas seulement en France et en Angleterre que

Bellot fut pleuré. Les Esquimaux eux-mêmes, les pauvres pê-

MUSÉE DE LA MARINE AU LOUVRE. — Monument élevé à la mémoire de Bellot.

cheurs de la baie de Pond, en apprenant, lors du passage du
capitaine Inglefield à son retour, la mort du jeune Français,

s'écrièrent : « Pauvre Bellot ! pauvre Bellot ! » et ils éclatèrent en sanglots.

On peut voir aujourd'hui, dans la cour d'honneur de l'hôpital de la marine de Greenwich, tout au bord de la Tamise, une petite pyramide en granit rose sur le socle de laquelle on lit un nom, rien qu'un nom : BELLOT. C'est un juste hommage rendu par l'Amirauté anglaise à la mémoire du jeune officier.

Un autre monument commémoratif, — dont nous donnons la reproduction, — se trouve au Musée de la marine, installé au Louvre. Il a été élevé par les Anglais résidant en France.

CHAPITRE V

En 1853, une seconde expédition à la recherche de sir John Franklin partit de New-York. Ce fut le généreux négociant Grinnell qui, cette fois encore, mit un navire à la disposition du gouvernement des Etats-Unis ; le commandement en fut confié au docteur Elisha Kane.

Ce hardi explorateur n'en était pas à son premier grand voyage : attaché d'abord à la délégation de Chine, il avait ensuite remonté le Nil, visité la Nubie, et, sur la côte d'Afrique, parcouru tout le royaume de Dahomey ; plus tard, il avait assisté à la guerre du Mexique, puis il était venu en France, où, pendant un an, il avait étudié la médecine à la Faculté de Paris ; de là il s'était rendu successivement en Allemagne, en Suisse et en Espagne. Les régions arctiques ne lui étaient pas non plus inconnues, car il avait fait partie, en qualité de chirurgien, de l'expédition commandée en 1850 par les capitaines de Haven et Griffin. C'était, comme on le voit, un voyageur presque universel.

Le 30 mai, le brick *l'Advance* mit à la voile. « Nous étions dix-sept à bord, dit le docteur Kane ; équipage d'élite s'il en fut jamais ; tous volontaires, tous hommes énergiques, résolus, comprenant le danger, et préparés à lui présenter un cœur intrépide et un front calme. La seule loi du bord, à laquelle on ne manqua jamais dans tout le cours de notre longue et douloureuse expédition, était : obéissance absolue au capitaine ou à son représentant, abstinence complète de liqueurs fortes, abstention absolue de tout langage grossier. »

Un mois après son départ, l'*Advance* entra dans la rade de Fiskernaes, sur la côte du Groënland. Là un chasseur esquimau, nommé Hans Christian, se joignit à l'expédition.

Arrivé le 28 août à la limite de la mer libre, dans le détroit de Smith, le docteur Kane réunit ses compagnons pour leur exposer ses vues. Presque tous furent d'avis de retourner vers le sud pour hiverner ; mais, sur les observations de leur intrépide capitaine, ils renoncèrent à ce projet et consentirent à poursuive leur route vers le nord.

Une baleinière, doublée de tôle et recouverte d'un prélart faisant office de tente, fut aussitôt équipée et partit, montée par sept hommes, à la découverte d'un port d'hivernage.

« Notre voyage, dit le docteur Kane, fut rude d'abord ; il nous fallait briser la glace pour avancer. Au bout de vingt-quatre heures, nous fûmes forcés d'abandonner notre canot, que nous mîmes à l'abri dans un endroit sûr, et nous prîmes notre traîneau. Nous avancions difficilement, rencontrant à chaque instant, sur l'immense plateau où nous étions, des cours d'eau qu'il fallait passer à gué, nous arrêtant la nuit sous des tertres de neige qui surplombaient les rochers ; nous fûmes une fois surpris par la marée et obligés de passer une partie de la nuit debout, soutenant, pour les empêcher de se mouiller, les peaux de buffle qui nous servaient de lit. Le côté comique de notre situation nous aida beaucoup à en supporter l'ennui ; imaginez huit cariatides américaines, dans l'eau jusqu'aux genoux, élevant en l'air ceux de leurs dieux domestiques qui craignent l'humide élément. »

Les résultats de ce voyage de recherche ne furent pas heureux : de tous côtés, une plaine immense, où se dressaient des rangées de glaçons accumulés les uns sur les autres, s'étendait à perte de vue. Il fallut donc se contenter de la petite baie près de laquelle stationnait le navire et qui fut nommée havre de Rensselaer.

A peine installés, les voyageurs virent le soleil disparaître complétement et faire place aux ténèbres. Ils passèrent l'hiver de 1853-1854 enfermés dans l'entrepont du navire, comme avaient fait tant d'autres de leurs prédécesseurs.

« A sept heures, dit le docteur Kane, tout le monde est debout ; la toilette se fait sur le pont, on ouvre les portes pour ventiler nos appartements, puis nous descendons déjeuner. Nous avons peu de combustible ; aussi fait-on la cuisine dans la cabine. Nous mangeons tous du porc, des pommes cuites gelées et dures comme du sucre candi, du thé, du café, avec une tranche délicate de pommes de terre crues. Après déjeuner, les fumeurs prennent leur pipe jusqu'à neuf heures ; alors les oisifs de flâner, les travailleurs de se mettre au travail.

« A midi, tournée d'inspection et ordres pour l'emploi de la journée ; vient ensuite l'entraînement des chiens esquimaux ; c'est ma spécialité, exercice très-agréable pour mes genoux qui craquent à chaque pas, et pour mes épaules endolories de rhumatismes, qui enregistrent chaque coup de fouet que je donne. C'est ainsi qu'on gagne le dîner ; nouvelle occasion de se réunir ; mais à ce repas point de thé, point de café ; des choux confits et des pêches sèches les remplacent fort agréablement. A dîner comme à déjeuner apparaît notre hygiénique pomme de terre crue ; comme toutes les médecines, ce mets n'est pas aussi appétissant qu'on pourrait le désirer. Je la râpe bien soigneusement, je n'en prends que les parties les plus saines, j'y mets de l'huile en quantité, et pourtant, malgré l'art que je déploie, il me faut toute mon éloquence pour persuader à mon monde de fermer les yeux et d'avaler mon ragoût.

« Deux de mes convives sont complétement récalcitrants ; j'ai beau leur dire que les Silésiens mangent les feuilles de pommes de terre en guise d'épinards, que les baleiniers se grisent avec la mélasse qui sert à conserver les grosses pommes de terre des Açores ; j'ai beau montrer à celui-ci ses gencives, hier molles et enflammées, aujourd'hui fraîches et fermes, grâce à un cataplasme de pommes de terre, rien n'y fait ; ils repoussent avec opiniâtreté mon admirable mélange. »

Cette vie de réclusion qui, au premier abord, semble assez

confortable, présentait cependant de bien tristes côtés. Malgré toutes les précautions hygiéniques pour éviter l'affaiblissement des forces de son équipage, le docteur Kane ne put empêcher les ravages que cause d'ordinaire un séjour trop prolongé dans les régions arctiques. L'absence complète de viande fraîche ne tarda pas à faire naître le scorbut, et tous, à l'exception de deux hommes, en furent atteints.

L'ange de la mort, ce noir visiteur dont l'ombre planait sans cesse sur le navire, saisit un des matelots, nommé Baker. Le corps de ce malheureux fut déposé dans une ouverture creusée dans la glace.

Le 8 avril, la monotonie de la vie à bord de l'*Advance* fut rompue par l'apparition soudaine de plusieurs Esquimaux. Aussitôt qu'ils aperçurent l'équipage réuni sur le pont, ils se mirent à crier et à agiter violemment leur tête et leurs bras. Le docteur Kane alla à eux et leur demanda le lieu de leur résidence; ils répondirent qu'ils venaient de la baie de Harstène, non loin du cap Alexandre; leur séjour habituel s'appelait Etah : il se trouvait situé au pied des énormes roches grises qui forment la côte est du détroit de Smith. Plus au sud, un autre clan d'indigènes avait ses quartiers en un endroit nommé Pétérawick.

Kane se dirigea, en compagnie des Esquimaux, vers Etah, l'établissement le plus voisin du navire. En approchant, il aperçut comme deux taches obscures sur la neige et reconnut bientôt qu'elles étaient les ouvertures servant de portes à deux huttes habitées par quatre familles.

Le chef de cette petite tribu, appelé Metek, invita le docteur Kane à pénétrer dans sa demeure. Pour se rendre à cette invitation, le docteur dut ramper sur les mains et sur les genoux dans un couloir long de trente pieds environ. Lorsqu'il émergea à l'intérieur, il fut accueilli par les mots répétés de « *Nalegak ! nalegak ! tima !* Chef! chef! salut ! » Six robustes naturels d'un clan voisin, qui avaient été surpris par la tempête en chassant et s'étaient réfugiés dans la hutte, joignirent leurs cris à ces cris de bienvenue avec une énergie qui n'était rien moins qu'agréable pour les oreilles.

« Je respirai alors, dit le docteur Kane, la vapeur ammoniacale de quatorze compagnons de logement, vigoureux, bien repus, malpropres et déshabillés. Impossible de s'imaginer sans l'avoir vue une telle masse amorphe de créatures humaines, hommes, femmes, enfants, n'ayant rien pour se couvrir que leur saleté native, entassés et fourmillant comme des vers dans un panier de pêcheur. »

La hutte mesurait quinze pieds sur six ; une plate-forme semi-elliptique, ayant sept pieds de largeur sur six de profondeur et servant de siége et de lit, occupait tout un côté. Le kotluk, ou lampe de chaque matrone, brûlait avec une flamme de seize pouces de longueur ; des quartiers de phoque de dix à quinze livres cuisaient autour de ce foyer.

Le docteur Kane, en proie à une sueur abondante, se déshabilla comme les autres, et, succombant à la fatigue d'un voyage de dix-huit milles dans la neige, il prit pour oreiller l'estomac de son ami Metek et s'endormit profondément.

« Le matin suivant, dit-il, le soleil était assez haut, je m'éveillai. Mme Eider-Duk tenait prêt mon déjeuner. Elle avait placé dans l'extrémité d'un os concave un morceau de baleine bouillie, tranche de choix ! Je n'avais pas vu les préliminaires de la cuisine ; je suis un vieux voyageur et je ne me donne pas le soin de sonder certains mystères. Mon appétit était dans son bienheureux redoublement habituel, et j'allais saisir l'offre souriante, quand je vis la matrone qui manipulait comme intendant en chef de l'autre kotluk accomplir une opération qui m'arrêta. Elle avait dans sa main un os pareil à celui qui supportait mon *déjeuner* : il est vrai que c'est l'universel ustensile d'une cuisine d'Esquimaux ; et, comme je tournais la tête, je l'aperçus le retirant tranquillement de dessous son vêtement, et, le plongeant immédiatement dans le pot-au-feu, en extraire la contre-partie de mon propre morceau fumant. J'appris plus tard que cet ustensile a deux usages reconnus, et que, quand on n'en a pas besoin immédiatement pour le pot-au-feu ou la table, il sert.... je n'ose dire à quoi. »

Les Esquimaux semblent ne pas avoir la notion de la malpropreté. C'est un trait ethnologique particulier à ces nomades du Nord, et il doit être attribué non-seulement à leur régime diététique et à leur genre de vie, mais encore au froid extrême, dont l'action instantanée arrête la putréfaction et prévient les résultats intolérables de l'accumulation des chiens et de la famille. Leurs sens semblent ne pas prendre connaissance de tout ce que l'instinct et l'association rendent révoltant pour la vue, le toucher et l'odorat des hommes civilisés.

Jusqu'à la fin de l'hiver, le docteur Kane entretint des rapports suivis avec les Esquimaux d'Etah. Il fut présenté par son ami Metek au propriétaire de la seconde hutte, qui était marié également et se nommait Kalutunah.

L'interprète Hans Christian ayant un jour raconté sur ce couple une histoire d'infanticide, Kane voulut savoir à quoi s'en tenir à ce sujet, et, feignant l'ignorance, il leur demanda des nouvelles de leur enfant. Leurs manières prouvèrent que l'histoire était vraie ; ils tournèrent leurs mains vers la terre, mais sans aucune marque de confusion, et ne donnèrent même pas à ce triste souvenir le tribut de pleurs que ces naturels sont toujours prêts à prodiguer.

C'est, en effet, une coutume chez eux de témoigner leur douleur selon un système bien arrêté. Ainsi, quand l'un commence à pleurer et à se lamenter, tous les autres l'imitent, et c'est un acte de courtoisie de la part du plus distingué de l'assistance d'essuyer les yeux du chef du deuil. Il arrive même quelquefois que la compagnie se livre à cet exercice sans savoir d'abord de quoi il est question.

« Ce n'est pas cependant, rapporte le docteur Kane, la mort seule qu'ils déplorent en chœur; tout autre malheur peut les réunir aussi bien : l'insuccès d'une chasse, la rupture d'une ligne à phoque ou la perte d'un chien. Mme Eider-Duk, née Petit-Ventre (Egurk), abandonna une fois le soin de son kotluk pour éclater devant moi en une aimable saillie de lamentations. Je ne connaissais pas le remède immédiat de sa douleur, mais, avec une remarquable présence d'esprit, je tirai mon mouchoir, coupé par mon compagnon Morton dans le corps d'une chemise usée, et, après avoir essuyé poliment ses yeux, je versai quelques pleurs moi-même. Cet aimable accès fut bientôt passé; Mme Eider-Duk retourna à son kotluk, et moi à mes notes.... »

Le deuil est pourtant accompagné ordinairement de cérémonies d'un caractère plus sérieux. Le docteur Kane put s'en convaincre à l'occasion de la mort subite d'une sœur de Kalutunah.

Le corps de la défunte fut cousu dans des peaux, les membres étendus dans toute leur longueur. Le mari le porta seul au lieu du repos et le couvrit d'un tas de pierres. Pendant toute la durée de ce voyage funéraire, une lampe d'huile de baleine fut suspendue en dehors de la hutte. Au retour du veuf, les voisins vinrent pleurer et hurler avec lui.

La religion des Esquimaux du détroit de Smith est assez difficile à définir. Le docteur Kane crut remarquer qu'ils avaient une idée vague d'agents surnaturels et que leurs rites tendaient à se les rendre propices. Le pouvoir était réellement exercé, non par le chef de la tribu, mais par l'*angekok* ou sorcier ; c'était lui qui soignait les malades, dirigeait les mouvements du petit État et fixait les pénitences des fautes. Celles-ci consistaient à s'abstenir de la chasse pendant toute une année, à se priver de quelque article de nourriture, ou bien encore à ne pas faire usage du *nessak* ou capuchon.

Pendant la plus grande partie de l'année, ces indigènes se nourrissent de la chair du phoque ou walrus. Leur manière de chasser ces animaux dépend beaucoup de la saison. « A la fin de l'année, quand la glace n'est formée qu'en partie, on les trouve en grand nombre autour de la région neutre de la glace mêlée à l'eau ; et quand cette région devient solide à mesure que l'hiver s'avance, on les poursuit de plus en plus au sud. Les Esquimaux s'en approchent alors sur la glace nouvelle et les attaquent dans les fentes et les trous avec le filet de la ligne. Cette pêche, quand la saison devient plus froide, plus sombre et plus tempétueuse, offre d'affreux dangers.

« Au printemps, ou, pour être plus exact, vers le mois où reparaît le soleil, la famine d'hiver cesse généralement. Janvier et février sont souvent, presque toujours même, des mois de privations ; mais pendant la dernière partie de mars la pêche de printemps commence, et avec elle renaissent la vie et l'animation. Les huttes, ces pauvres et misérables tanières couvertes de neige, deviennent alors des théâtres d'activité. Des monceaux de provisions accumulées sont empilés sur le sol. Les femmes préparent la peau pour les semelles de chaussures, et les hommes taillent une réserve de harpons pour l'hiver. Les défenses des walrus sont tirées des tas de neige, où on les a placées pour en conserver l'ivoire ; les chiens sont attachés à la glace, et les enfants, armés chacun d'une côte recourbée de quelque gros amphibie, jouent à la balle et tirent au but. »

Comme tous leurs congénères, les habitants d'Etah consommaient une quantité exorbitante de vivres. Kane trouva plusieurs cachettes contenant jusqu'à vingt phoques. Cette consommation excessive, qui est la vraie cause de la disette parmi ces peuples, résulte moins toutefois d'une gloutonnerie inconsidérée que de la perte énorme de carbone occasionnée dans chaque individu par un exercice incessant et une constante exposition au froid.

Lorsque la belle saison fut revenue, le docteur Kane envoya plusieurs détachements explorer les environs du havre de Rensselaer. Des dépôts de provisions avaient été faits de distance en distance, dès les premiers jours du printemps, afin de permettre aux explorateurs d'avancer le plus possible ; mais on avait compté sans les ours, qui se montrèrent en grand nombre à cette époque de l'année et causèrent d'immenses dégâts.

Le 3 juin 1854, un détachement se dirigea vers l'escarpement de glace appelé glacier de Humboldt, qui se trouve sur la côte nord-est du détroit de Smith, au fond de la baie Peabody. La neige, accumulée sur les points de cette baie et déjà ramollie par la chaleur du soleil, fut le plus grand obstacle que rencontrèrent les voyageurs ; aussi ne purent-ils, malgré tous leurs efforts, escalader l'énorme masse de glace, but de leur excursion.

Durant une de leurs haltes de nuit, ils eurent à repousser l'attaque d'un monstrueux ours blanc qui eut l'audace de vouloir s'introduire au milieu d'eux. Ils dormaient tous après une longue

journée de fatigue, quand M. Gary, un des chefs du détachement,
entendit quelque chose qui grattait la neige tout près de sa tête.
Il ne tarda pas à reconnaître qu'un animal était occupé à faire le
tour de la tente. Son cri de surprise éveilla ses compagnons,
mais sans troubler le moins du monde le malencontreux visiteur,
d'autant plus malencontreux en ce moment que tous les fusils
étaient restés sur le traîneau, à une petite distance de la tente,
où il ne se trouvait pas même un bâton.

Il y eut, comme on le pense, un peu de confusion dans le petit
conseil de guerre. Le premier mouvement fut de courir vers les
armes ; mais il fut bientôt reconnu que le moyen était peu praticable et peut-être impossible, car l'ours, satisfait de la reconnaissance militaire faite par lui autour de la tente, se présentait
maintenant à l'ouverture. On mit le feu à de nombreux paquets
d'allumettes et à des torches improvisées de papier, sans alarmer
l'animal qui, fixe à son poste devant la porte, commença par
souper de la carcasse d'un phoque tué la veille. Un des hommes
se souvint alors d'une ruse de guerre employée pendant plus d'un
siége sanglant ; faisant une trouée avec son couteau, il sortit en
rampant à l'arrière de la tente. Là il dégagea de la toile une gaffe
qui formait un des supports et s'en servit pour faire une légitime et
vigoureuse attaque. Un coup bien appliqué sur le nez de la bête obli-
gea celle-ci à faire un mouvement de retraite derrière le traîneau,
et le courageux matelot, calculant justement sa distance, s'élança
en avant, saisit un fusil et revint aussitôt vers ses camarades.
Quelques secondes plus tard, une balle avait traversé le corps de
l'ennemi.

Rien ne peut résister aux ours ; avec leurs griffes, ils percent
et coupent le métal comme pourrait le faire un ciseau à froid.
Une cachette qui avait été construite avec un soin extrême, de

quartiers de rochers rassemblés à grand'peine et réunis à l'aide de barres et de leviers, fut trouvée complétement dévalisée. Un tonneau d'alcool fortement cerclé en fer avait été réduit en petits fragments, et une boîte à liqueurs, en étain, triturée et contournée en boule.

Un autre détachement, sous les ordres de Morton, était parti, presque en même temps que le premier, dans la direction du nord. Le voyage qu'il accomplit fut, sous tous les rapports, de la plus grande importance.

Malgré leurs échecs et leurs désappointements multipliés, les voyageurs ne perdirent pas courage, déterminés qu'ils étaient à aller en avant. Après quinze jours de marche sur une glace pleine d'aspérités, qui les mit souvent dans la nécessité de rétrograder en quête d'un chemin plus praticable, ils arrivèrent à la pointe Jackson, au nord de la baie Peabody. Là les chiens attelés au traîneau manifestèrent subitement une terreur qui indiquait un danger peu éloigné. En effet, le brouillard venant à se dissiper en partie, les voyageurs aperçurent à leur grand étonnement, au milieu du détroit et à moins de deux milles sur leur gauche, un chenal d'eau libre. Sans les oiseaux qui voletaient en grand nombre sur cette surface d'un bleu foncé, Morton dit qu'il n'aurait pu en croire ses yeux. Le thermomètre dans l'eau donnait à cet endroit quatre degrés au-dessus de glace.

La vie semblait renaître à mesure que les voyageurs avançaient au nord. De nombreux canards couvraient l'eau libre; des hirondelles, des mouettes de plusieurs variétés tournoyaient par centaines; elles étaient si familières, quelles s'approchaient à quelques mètres des voyageurs; d'autres grands oiseaux blancs s'élevaient haut dans l'air et faisaient retentir les échos des rochers de leurs notes aiguës. L'animation était partout.

Les voyageurs eurent à soutenir une lutte terrible avec une ourse et son ourson. Quand les chiens approchaient, la mère s'asseyait sur ses hanches, prenant son petit entre ses jambes de derrière et combattant avec ses griffes. « Jamais, dit Morton, je n'ai vu animal plus en détresse. » Elle allongeait le cou, s'élançait sur le chien le plus à sa portée, grinçait des dents et tournait ses pattes comme les ailes d'un moulin à vent. Si elle manquait son coup, elle n'osait poursuivre un chien, de peur que les autres ne se précipitassent sur le petit, faisait entendre un rugissement de rage, et continuait à jouer des pattes et à étendre sa gueule grande ouverte au-devant de ses agresseurs. Une balle tirée à bout portant dans la tête de l'animal mit fin à la lutte. L'ourson se fit tuer sur le corps de sa mère.

Le 24 juin, Morton atteignit un cap fort élevé. Avec des difficultés croissantes, il entreprit de grimper de rocher en rocher, dans l'espérance de doubler le promontoire et d'apercevoir la côte au delà ; mais l'eau entravait de plus en plus sa marche. Les rochers étaient couverts d'hirondelles de mer, oiseaux dont les habitudes demandent l'eau libre et qui se trouvaient déjà au moment de la ponte.

Au plus haut point de son ascension, Morton n'aperçut pas un atome de glace. Là, d'une hauteur de cent quarante-cinq mètres, avec un horizon de soixante-cinq kilomètres, ses oreilles furent réjouies par la nouvelle musique des vagues. Ce dut être un spectacle imposant que la vue de la vaste étendue d'eau étalée devant lui.

Les hauts sommets des montagnes s'évanouissaient au nord-ouest en gradins de plus en plus bleus, puis se confondaient avec le ciel. Des troupes de pétrels se balançaient au-dessus de la crête des vagues, comme le font les représentants de la même espèce dans les climats plus doux, par exemple au cap de Bonne-Espérance.

Morton planta le drapeau américain au haut du noir rocher qui couvrait de son ombre les eaux blanchissantes que la mer libre faisait écumer à ses pieds. Il donna à ce point, le plus septentrional non-seulement de l'Amérique, mais de notre globe, le nom de son commandant, le docteur Kane ; mais celui-ci voulut qu'il fût baptisé du nom de *cap Constitution*. Le 10 juillet, les voyageurs, harassés de fatigue et se traînant à peine, étaient de retour à bord du navire.

« Les détails de Morton, dit le docteur Kane dans une note supplémentaire sur la mer libre du pôle, concordent pleinement avec les observations de tout notre parti. Il est impossible, en rappelant les faits relatifs à cette découverte : la neige fondue sur les rochers, les troupes d'oiseaux marins, la végétation augmentant de plus en plus, l'élévation du thermomètre dans l'eau, de ne pas être frappé de la probabilité d'un climat plus doux vers le pôle. Mais signaler les modifications de température au voisinage de la mer libre, ce n'est pas résoudre la question qui reste non résolue : Quelle est la cause de la mer libre ? Ce n'est pas ici le lieu d'entrer dans cette discussion. Il n'y a pas de doute pour moi qu'à une époque encore dans la limite des temps historiques le climat de cette région était plus doux que maintenant. Je pourrais baser cette opinion sur le fait, mis en relief par notre expédition, du soulèvement séculaire de la ligne de côte. Mais indépendamment des anciennes plages et terrasses, et d'autres marques géologiques qui montrent que le rivage s'est élevé, des huttes de pierres sont éparpillées tout le long de ces parages, dans des lieux maintenant entourés de glace, au point d'exclure la possibilité de la chasse, et par conséquent, pour les peuplades qui en vivent, la possibilité d'y demeurer. La tradition signale ces parages comme ayant été autrefois des champs favoris de chasse. En connexion avec ces faits, attestant non-seulement l'extension antérieure de la race des Esquimaux plus au nord, mais encore les changements du climat, il faut ranger le patin trouvé par Morton sur les bords de la baie Morris, à une latitude de quatre-vingt-un degrés. Il était fait d'un os de baleine très-habilement travaillé. »

L'hiver de 1854 à 1855 retrouva le docteur Kane et ses compagnons bloqués dans le havre de Rensselaer par les mêmes glaces que l'année précédente.

Cet hiver les soumit aux mêmes épreuves que le premier, et, quoiqu'ils fussent peut-être plus préparés à le supporter, ils en souffrirent cependant beaucoup plus. Deux hommes moururent, victimes de la maladie. Un troisième, Hans Christian, le chasseur esquimau qui s'était joint à l'expédition, déserta le navire.

Il partit un jour pour Etah, sous le prétexte de commander une paire de bottes, dont il avait grand besoin, à une vieille femme fort experte en semblables confections. On attendit vainement son retour. Des informations furent recueillies, et l'on apprit que Hans avait poussé jusqu'à Pétérawick, où résidait une jeune personne assez jolie pour la race dont elle sortait et le sol qui l'avait nourrie ; de Pétérawick, le déserteur avait été vu se dirigeant vers le sud, en traîneau indigène, avec la jeune personne à ses côtés et ne cachant pas son intention d'aller fonder un fief indépendant à Ouvarrow-Souk-Souk, sur les bords de la baie Murchison, au nord de la mer de Baffin.

Le printemps de 1855 n'apporta aucun changement à la situation des malheureux voyageurs. Le navire resta scellé dans la glace d'une façon si complète, qu'ils reconnurent la nécessité de l'abandonner et de préparer les canots pour le long et périlleux voyage du retour.

Ces canots étaient au nombre de trois ; ils se nommaient l'*Eric*, l'*Espérance* et la *Foi ;* mais ils étaient si petits et en si mauvais état, qu'ils pouvaient à peine justifier l'espoir qu'avaient les voyageurs de les voir flotter.

Le 18 juillet, les Esquimaux des environs vinrent dire adieu au docteur Kane.

« Les enfants eux-mêmes viennent me parler : « *Kuyanake, kuyanake, nelegak, soak.* Merci, merci, grand chef ! » Mon ami Metek entasse devant nous des oiseaux comme si nous devions éternellement manger, et la pauvre Aninguah pleure à l'entrée de ma tente, s'essuyant les yeux avec une peau d'oiseau. Ils sont vingt-deux autour de moi, et en voici venir encore. Des enfants de dix ans poussent devant eux des traîneaux où se trouvent les *babies*. La tribu tout entière campe sur la plaine de glace. Nos amis nous ont toujours considérés comme leurs hôtes. Le vol est le seul reproche sérieux que nous ayons eu à leur faire. Ils ont peut-être médité la trahison, et j'ai lieu de croire qu'à notre arrivée, étant sous l'empire de craintes superstitieuses, ils ont pensé à nous tuer ; mais rien de ce sentiment ne subsistait depuis longtemps. Nous nous étions si bien pliés à leur manière de vivre, nous leur avions donné une si franche hospitalité dans notre pauvre navire et pendant leurs chasses à l'ours, que toute trace d'inimitié avait complétement disparu. »

Le pouvoir que ces êtres naïfs attribuaient au docteur Kane, pouvoir confirmé par sa carabine à six coups, ne fut pas sans exercer une grande influence sur cette amitié ; ils le considéraient comme le plus puissant des *angekoks* ou sorciers, et leur respect était devenu si profond dans les derniers temps, que des objets du plus grand prix pour eux gisaient épars de tous côtés sans que l'idée leur vînt de dérober un clou.

Grâce à eux, les préparatifs du voyage furent promptement terminés. La veille du départ, Kane leur adressa quelques mots, leur disant que par delà les glaciers, par delà la mer, ils trouveraient un pays leur offrant plus de ressources, où les jours étaient plus longs, et où il y avait plus de pêche et de chasse. Ils l'écoutèrent avec un intérêt profond, se lançant de temps à autre des coups d'œil fort significatifs.

Le docteur étant venu à leur parler du respect qu'ils avaient témoigné pour tout ce qui appartenait à l'équipage, Metek lui répondit, au nom de l'assistance, par deux courtes sentences qui résumaient toute la morale de ce peuple :

« Vous nous avez fait du bien. Nous n'avons pas faim, nous ne voulons pas vous voler. Vous nous avez fait du bien, nous voulons vous aider, nous sommes vos amis.... »

Ce fut une scène touchante que la distribution des présents d'adieu : à l'un une scie ou une lime, à l'autre un couteau, à tous un souvenir. Les chiens, à l'exception de deux, que le docteur Kane chérissait tout particulièrement, furent donnés à la communauté.

Enfin, le 19 juillet au matin, les trois embarcations prirent la mer. Le vent s'étant mis à fraîchir au moment où on doublait le cap Alexandre, le docteur voulut aborder à l'île de Sutherland ; mais une ceinture de banquises escarpées le fit renoncer à son projet ; il se dirigea vers l'île Haklyut, à l'entrée de la baie Murchison.

Ce fut un rude passage : la mer emplit d'eau un des canots, et en coula bas un autre qu'on eut toutes les peines du monde à prendre à la remorque. Malgré des barrières de glace abrupte, on

réussit cependant à atterrir ; une tente fut construite pour les malades, et à leur repas de poussière de pain et de suif les malheureux purent joindre quelques oiseaux.

Le 22 juin, ils poussèrent de nouveau en avant à travers une
tempête de neige. Leur marche fut lente, et le retard qu'ils éprou-
vèrent les força à réduire encore leurs rations déjà fort modestes :
six onces de pain en poussière et un morceau de suif gros comme
une noix durent composer toute leur nourriture. Ce régime débi-
litant fit bientôt sentir ses effets désastreux ; leurs forces dimi-
nuèrent de plus en plus, et ils finirent par perdre l'appétit.

« Sur ces entrefaites, rapporte le docteur Kane, un énorme
amas de glaçons en dérive se mit à tourner comme sur un pivot
en s'approchant de la glace qui nous abritait. Celle-ci, mise en
mouvement, vint s'appuyer sur le rocher. En un éclair, tout ne
fut plus qu'un chaos épouvantable autour de nous. Machinalement
les hommes prirent chacun leur poste, s'occupant des embarcations. Pendant un moment, je perdis tout espoir. La plate-
forme sur laquelle nous nous trouvions éclatait tout entière ; la
glace se brisait, s'empilait et s'amoncelait de tous côtés. Disci-
plinés comme nous l'étions par le malheur, habitués à mesurer
le danger tout en lui faisant face, il n'est pas un de nous, même
à cette heure, qui puisse dire quand et comment nous nous trouvâmes à flot. Ce que nous savons seulement, c'est que, au bruit
d'un fracas que rien ne peut rendre, et au milieu duquel le son
strident de mille trompettes ne se serait pas plus fait entendre
que la voix d'un homme, nous fûmes secoués, soulevés, ballottés
au milieu d'une masse tumultueuse de glaçons, et que, dans le
calme qui suivit, nos bateaux tournoyèrent dans un tourbillon de
neige, de glace et d'eau.... »

Les voyageurs cherchèrent un abri dans une cavité étroite qui se présentait dans les rochers ; ils y restèrent trois jours et furent assez heureux pour y découvrir une certaine quantité d'œufs d'eiders. Une navigation pénible de sept jours les amena ensuite près du cap Dudley-Digges. Ils se croyaient hors d'embarras, quand tout à coup ils tombèrent sur un rocher ; la plaine de glace qui s'étendait à sa base était plus grande encore que celle qu'ils venaient de franchir, et ils durent renoncer à la doubler. Devant eux, derrière eux se dressaient des obstacles insurmontables.

Ils découvrirent enfin un étroit chenal qui les conduisit sur des falaises escarpées où leurs embarcations trouvèrent un abri ; ils y restèrent huit jours, vivant d'œufs et d'oiseaux. Le 21 juillet, ils arrivèrent à la pointe septentrionale de la baie Melville. Là, le docteur Kane réunit ses compagnons et leur expliqua que, n'ayant de provisions que pour trois semaines au plus, il était nécessaire d'avancer. Ils se lancèrent donc à travers les aspérités sans bornes de la glace. L'avenir prenait un aspect de plus en plus sombre ; les provisions baissaient et on ne trouvait plus d'oiseaux ; l'humidité et la nourriture insuffisante détruisaient le peu de forces qui restaient à chacun.

Les voyageurs avaient de nouveau perdu tout espoir, lorsque, par un bonheur providentiel, ils aperçurent un phoque sur un glaçon qu'emportait le courant. Ils se dirigèrent, tout tremblants d'anxiété, vers l'animal. En approchant, leur excitation devint telle, qu'ils ne pouvaient plus ramer ensemble.

Le phoque n'était pas endormi ; il leva la tête au moment où les voyageurs arrivaient à portée de carabine. Ce mouvement de l'animal amena sur le visage hâve et amaigri des malheureux affamés l'expression du plus terrible désespoir ; à la capture du phoque était attachée la vie de chacun d'eux.

Le docteur Kane donna le signal convenu pour faire feu, mais aucune explosion ne retentit : le tireur, paralysé par son anxiété, ne pouvait tenir sa carabine immobile. Enfin le coup partit, et l'animal, frappé à mort, tomba étendu près de l'eau, si près que la mer mouillait sa tête penchée au bord du glaçon.

« J'avais l'intention, dit le docteur, d'assurer sa mort par un nouveau coup de carabine : impossible d'y songer, il n'y avait plus de discipline ; mes hommes, poussant un hurlement sauvage, se jetèrent sur leurs avirons, se précipitant vers leur proie. Ils étaient à moitié fous ; je ne les savais pas aussi éprouvés par la faim. Brandissant leurs couteaux, ils couraient sur la glace, pleurant et riant tout ensemble. Cinq minutes après, ils étaient tous occupés, les uns à lécher leurs doigts couverts de sang, les autres à dévorer de longues bandes de graisse crue.... »

Ce fut leur dernière souffrance. Quelques jours après, ils arrivèrent aux îles Duck et se préparèrent à débarquer ; mais un brouillard vint subitement leur enlever la vue de la terre ferme. Leur déception fut de courte durée ; des voix humaines résonnèrent à leurs oreilles, et bientôt le mât d'une chaloupe baleinière montée par des pêcheurs danois leur apparut.

« Nous sommes sauvés ! » s'écrièrent les malheureux en éclatant en sanglots et en se tordant les mains. Une heure après, ils étaient à Uppernawick.

CHAPITRE VI

DÉCOUVERTE DES RESTES DE FRANKLIN : VOYAGE
DE MAC-CLINTOCK

(1857-1859)

Dernière expédition à la recherche de Franklin. — Le capitaine Mac-Clintock.
— Ses projets. — Débuts malheureux du voyage. — Captivité dans les
glaces. — Un enterrement en mer. — Un phénomène lunaire. — Fin de la
captivité. — Retour aux établissements du Groënland. — Reprise du voyage.
— Les Esquimaux du cap York. — Nouvelles de Hans Christian. — La baie
de Pond. — Rapports avec les indigènes. — Arrivée à l'île Beechey. —
Monument funèbre envoyé par lady Franklin. — Traversée du détroit de
Bellot. — Préparatifs pour les opérations de printemps. — Plan de recherches. — Premières excursions. — Rapports des Esquimaux de la presqu'île
de Boothia. — Retour au navire. — Nouvelles excursions. — Pointe au sud
de l'île du Roi-Guillaume. — Vestiges de l'expédition perdue. — Recherches
du lieutenant Hobson. — Découverte d'un rapport. — Constatation de la
mort de Franklin. — Cadavres et nombreuses reliques. — Retour en
Angleterre.

La dernière expédition à la recherche de sir John Franklin eut
lieu en 1857; elle amena la découverte de documents qui ne permirent plus de douter du sort malheureux des équipages de
l'*Erebus* et de la *Terror*.

Cette tentative suprême, œuvre du dévouement énergique et
persévérant de lady Franklin, fut dirigée par le capitaine Mac-
Clintock. Ce généreux marin ne voulut accepter qu'à titre gratuit
la périlleuse mission d'aller, après tant d'autres, demander au

génie du pôle le secret de la mystérieuse destinée de Franklin et de ses compagnons, et ce noble désintéressement fut imité par tous ceux qui formèrent l'équipage du navire *le Fox*.

Le 1er juillet, l'expédition quitta le port d'Aberdeen ; elle arriva le 6 août à Uppernawick, où elle compléta son armement par l'adjonction de trente-cinq chiens de trait et de deux conducteurs esquimaux, auxiliaires indispensables des futures recherches.

Le capitaine Mac-Clintock se proposait en effet d'explorer aussi minutieusement que possible l'espace de terre et de mer situé à l'ouest de la presqu'île de Boothia, entre les découvertes de James Ross, d'Austin et de Belcher au nord, celles de Collinson et de Mac-Clure à l'ouest, et enfin les excursions de Rae et d'Anderson au sud, et cette exploration ne pouvait guère, comme la suite le prouva du reste, être accomplie qu'en traîneau.

Les débuts du voyage ne furent pas heureux. Arrivé à mi-chemin de la baie de Melville au détroit de Lancastre, le navire se trouva tout à coup cerné par une immense accumulation de glace en dérive ; il lui fut impossible de se dégager.

Pendant huit mois, les voyageurs restèrent dans cette position critique. La chasse aux phoques et quelques rencontres avec des ours blancs, rencontres où l'équipage ne fut pas toujours assaillant, furent les intermèdes les plus actifs de cette longue captivité, de même que les clairs de lune, les aurores boréales, la disparition du soleil le 5 novembre et son retour le 28 janvier, formèrent les scènes les plus intéressantes des spectacles qui s'offrirent aux malheureux reclus.

Dans l'intervalle, le capitaine Mac-Clintock eut à accomplir un des devoirs les plus solennels qui puissent incomber à un commandant de navire.

« Dans la soirée du 4 décembre, dit-il, nous étions rassemblés

autour des restes mortels du pauvre Scott, notre mécanicien. La
lecture de l'office des morts à la lueur des lanternes, le pavillon
anglais abaissé sur le corps, tout, dans cette cérémonie, était fait
pour éveiller en chacun de nous de graves émotions. La plus
grande partie des prières dut être récitée à bord, à l'abri de la
tente ; on plaça ensuite le cadavre sur un traîneau ; on le conduisit ainsi à quelque distance du navire, auprès d'une ouverture
creusée à l'avance dans la glace ; on le descendit dans l'abîme ;
puis l'équipage défila autour de l'orifice qu'un froid de 40 degrés
refermait déjà. Quelle scène ! jamais je ne l'oublierai. Cet infortuné *Fox*, isolé du reste des humains, et captif dans la glace
marine ; le pavillon hissé à mi-mât, la cloche sonnant le glas
funèbre, et notre petite procession s'avançant lentement sur la
face congelée de l'Océan, au milieu d'une profonde obscurité ; un
silence mortel, un froid intense ; et à tout cet ensemble lugubre
venait s'ajouter un phénomène lunaire qui n'est pas rare dans ces
régions. Notre satellite se trouvait entouré d'une auréole lumineuse
que traversait en forme de croix une pâle lumière ; puis, au-
dessus et au-dessous de la lune, se dessinaient deux autres
segments d'auréole, et tout autour on pouvait compter jusqu'à
six parasélènes ou fausses lunes. L'atmosphère grise et sombre
prêtait un aspect morne à cette scène qui se prolongea plus d'une
heure. »

Le 25 avril seulement de l'année 1858, l'expédition retrouva sa
liberté au milieu de circonstances terribles. Une violente tempête
s'éleva : l'océan, soulevé dans les profondeurs, brisa sa voûte
flottante, et, lançant dans un chaotique désordre les masses désa-
grégées du champ de glace, menaça vingt fois de broyer le navire,
qui ne fut redevable de son salut qu'à l'excellence de sa machine
à vapeur.

Redevenu maître de ses mouvements, le capitaine Mac-Clintock s’empressa de revenir vers les établissements du Groënland, dans l’espoir de s’y procurer des provisions fraîches. Mais la pénurie qui règne au commencement du printemps dans ces petites colonies ne lui permit pas d’en tirer de grandes ressources, malgré toute la bonne volonté et les prévenances des résidents.

Le mois de juin revit le *Fox* dans les eaux de la baie de Melville, à la hauteur du cap York. Là Mac-Clintock communiqua avec les indigènes. Ils reconnurent immédiatement l’interprète dont ils avaient fait la connaissance lors du voyage du docteur Kane. Ils donnèrent aussi des nouvelles de Hans Christian, l’Esquimau conducteur de chiens qui avait déserté le navire *l’Advance* en 1854, par un caprice d’amour ; son plus grand désir depuis longtemps était, paraît-il, de revenir à bord d’un bâtiment européen.

Le 12 juillet, l’expédition atteignit le cap Warrander, à l’entrée du détroit de Lancastre, et se dirigea aussitôt vers la baie de Pond, où elle n’arriva que le 27, par suite de la quantité extraordinaire de glaces accumulées dans la partie nord de la baie de Baffin, et qui, depuis le départ des côtes du Groënland, gênaient considérablement la marche du navire.

A la baie de Pond, Mac-Clintock ne trouva qu’une vieille femme et un jeune garçon, qui lui servirent de guides jusqu’à leur village, situé à quelque distance dans l’intérieur du passage. Là, sur la mousse humide d’une profonde ravine entourée de tous côtés par des escarpements de rochers ou de glaciers à pic, s’élevait un groupe de ces tentes de peaux de phoques qui forment les habitations d’été des Esquimaux.

Pendant une semaine, le capitaine fut continuellement en rapports amicaux avec la population hospitalière de ce point reculé

du globe qui porte le nom peu euphonique pour une oreille européenne de Kapawroklulik, et qui n'est accessible que par mer. Ce
petit clan nomade n'avait aucune notion de l'expédition de
Franklin, et gardait pourtant un souvenir distinct de trois vaisseaux naufragés à une époque bien antérieure ; il communiquait,
chaque hiver, avec les tribus de la péninsule de Melville, et
savait que les vaisseaux de Parry y avaient passé l'hiver de 1822 à
1823 ; il avait entendu parler aussi de la visite du docteur Rae à
Repulse-Bay.

Mac-Clintock quitta la baie de Pond le 6 août et arriva le 11 au
mouillage de l'île Beechey. Il déposa à terre, et tout auprès de la
stèle funéraire élevée à la mémoire de Bellot, une grande table
de marbre, envoyée par lady Franklin, et portant l'inscription
suivante :

A LA MÉMOIRE DE

FRANKLIN,

CROZIER, FITZ-JAMES

ET DE TOUS LEURS VAILLANTS FRÈRES,

officiers et fidèles compagnons, qui ont souffert et péri pour la cause de la science
et pour la gloire de leur patrie.

CETTE PIERRE

est érigée près du lieu où ils ont passé leur premier hiver arctique, et d'où ils sont
partis pour triompher des obstacles ou mourir.

ELLE CONSACRE

le souvenir de leurs compagnons et amis qui les admirent, et de l'angoisse,
maîtrisée par la foi, de celle qui a perdu, dans le chef de l'expédition,
le plus dévoué et le plus affectionné des époux.

C'EST AINSI QU'IL LES CONDUISIT AU PORT SUPRÊME OU TOUS REPOSENT

1855.

Après avoir visité les provisions et magasins laissés sur l'île Beechey par les expéditions précédentes, et fait aux toits des maisons les réparations nécessaires, Mac-Clintock gagna le détroit de Peel; mais le trouvant entièrement obstrué de glaces encore solides, il résolut de se diriger vers le détroit de Bellot.

En chemin, il examina les provisions qui restaient au port Léopold, et y laissa un canot pour aider à sa retraite dans le cas où il serait plus tard dans la nécessité d'abandonner le *Fox*. Il trouva le détroit du Prince-Régent libre de glaces, ainsi que le détroit de Bellot.

Le navire fut aussitôt mouillé dans un endroit sûr, et, pendant les derniers jours de lumière, des dépôts de provisions furent transportés du côté du pôle magnétique, sur la côte occidentale de la presqu'île de Boothia, dans le but de faciliter d'autant les opérations futures.

L'hiver de 1858 à 1859 fut d'une rigueur extrême. Pendant sa durée, les préparatifs pour mettre à exécution le plan de recherches arrêté d'avance furent poussés avec activité.

Suivant ce plan, le capitaine Mac-Clintock devait visiter personnellement l'île Matty, qui se trouve dans le détroit de James Ross, puis l'île du Roi-Guillaume; le lieutenant Hobson devait faire des recherches sur les côtes extérieures de la presqu'île de Boothia, jusqu'au pôle magnétique, et, à l'est, depuis l'île de Gateshead, près de la terre de Victoria, jusqu'à l'île de Wynniath; et enfin le capitaine Allen Young devait explorer les bords de la terre du Prince-de-Galles et du North-Sommerset.

Les premières excursions commencèrent le 17 février 1859. Le capitaine Allen Young gagna la terre du Prince-de-Galles, pendant que Mac-Clintock se dirigeait vers le sud, dans l'espoir de communiquer avec les Esquimaux de la presqu'île de Boothia et d'en obtenir quelques renseignements. Il était accompagné de l'interprète Petersen et du quartier-maître Alexandre Tompson.

Arrivé près du cap Victoria, il eut la bonne fortune de rencontrer quelques indigènes faisant partie du même clan nomade qui, trente ans auparavant, avait eu des rapports suivis avec l'équipage de la *Victory*, sous les ordres du capitaine Ross. Parmi eux se trouvait même un vieillard qui avait autrefois servi de guide à cet officier; il s'enquit avec empressement de son ancien compagnon de course et de chasses.

Mac-Clintock resta pendant plusieurs jours au milieu de ces Esquimaux pleins de prévenances ; il en obtint quelques reliques et la certitude que, plusieurs années auparavant, un navire avait été pris par les glaces, au nord de l'île du Roi-Guillaume, mais que tout l'équipage, parvenu à descendre à terre sans danger, s'était dirigé vers la rivière du Grand-Poisson, où il avait péri jusqu'au dernier homme. Nul d'entre eux n'avait rencontré cet équipage en détresse ; un des indigènes prétendit cependant avoir vu des ossements sur l'île où étaient morts les naufragés, et où quelques-uns seulement avaient été ensevelis.

Après vingt jours d'absence, Mac-Clintock et ses compagnons, exténués par de longues marches et par les rigueurs du froid auquel ils avaient été exposés, retournèrent au navire.

Au commencement d'avril, ils reprirent leurs recherches. Le lieutenant Hobson accompagna le capitaine Mac-Clintock jusqu'au cap Victoria ; ils avaient chacun, outre un traîneau traîné par quatre hommes, un traîneau traîné par six chiens. C'était là toute la force qu'ils pouvaient réunir.

Ils firent la rencontre de deux familles d'Esquimaux vivant sur la glace, dans des cabanes de neige. Ces indigènes les informèrent qu'un second navire avait été vu, huit ou neuf ans auparavant, près de l'île du Roi-Guillaume, et que dans le courant de la même année il avait été jeté et brisé sur la côte.

Ces nouveaux renseignements modifièrent le plan arrêté pendant l'hiver pour les recherches. Au lieu de passer sur la terre de Victoria, le lieutenant Hobson fut chargé de se rendre sur le lieu présumé de la catastrophe, et de suivre toutes les traces qu'il trouverait au nord et à l'ouest de l'île du Roi-Guillaume.

De son côté, Mac-Clintock, accompagné de sa petite troupe, marcha le long des côtes orientales de cette même île. Le 8 mai, près du cap Norton, il trouva un village de neige, comptant trente habitants. Ceux-ci vinrent à lui sans la moindre apparence de crainte ou d'hésitation, et mirent beaucoup d'empressement à lui communiquer tout leur savoir et à échanger leurs produits. En indiquant le nord-nord-est, ils dirent qu'à cinq jours de marche dans cette direction on arriverait au lieu du naufrage.

Une vieille femme très-intelligente, et qui n'hésita jamais devant les questions de l'interprète, prétendit que le bâtiment avait été à la côte, et que plusieurs des hommes blancs avaient succombé sur la route de la Grande-Rivière. Elle ajouta qu'on trouverait des indigènes dans ces parages, et peut-être aussi sur le lieu même du naufrage.

Il n'en fut malheureusement pas ainsi ; Mac-Clintock parcourut successivement la pointe Booth, l'île Montréal et l'entrée de Barrow, mais il ne rencontra aucun Esquimau et ne découvrit que quelques morceaux de cuivre et de fer.

Il avait alors atteint les limites du champ des recherches exécutées en 1855 par Anderson et Stewart le long du fleuve Mackensie et de la Grande-Rivière du Poisson, et, n'ayant pas l'espérance d'être plus heureux dans cette direction que les deux explorateurs qui l'y avaient précédé, il repassa sur l'île du **Roi-Guillaume**, dont il visita les rives méridionales.

Le 24 mai, à quelque distance du cap Herschell, il découvrit un squelette autour duquel étaient encore des lambeaux de vêtements européens. Il écarta avec soin la neige, et trouva un petit portefeuille contenant plusieurs lettres qui, bien que détériorées, purent encore, néanmoins, se déchiffrer. Les indications fournies par ces tristes restes permirent de supposer que le cadavre était celui d'un garçon de cuisine ou d'un domestique d'officier.

Au cap Herschell, que Mac-Clintock atteignit le jour suivant, s'élevait un cairn assez endommagé, dont la construction remontait à 1849.

De son côté, le lieutenant Hobson, après s'être séparé de son capitaine au cap Victoria, avait pris la direction du cap Félix, pointe septentrionale de l'île du Roi-Guillaume. Ses recherches amenèrent d'importants résultats : un très-large cairn de pierres, et, tout près, une petite hutte contenant des couvertures, des habits et d'autres effets, deux bouteilles cassées et un morceau de papier blanc furent trouvés ; un peu plus loin, au sud, il découvrit deux autres petits cairns, une boîte pleine de thé et une pioche cassée.

Hobson poursuivit sa route et arriva, le 6 mai, à la pointe Victory où James Ross, vingt-huit ans auparavant, en 1831, avait élevé un amas de pierres de six pieds de hauteur. Ce monument existait encore ; Hobson s'empressa de le faire fouiller, et parmi les pierres du sommet il trouva une boîte de fer-blanc contenant un court rapport, le rapport même de l'expédition recherchée.

Cet important document était écrit sur parchemin. Il constatait que, le 28 mai 1845, *tout allait bien* à bord de l'*Erebus* et de la *Terror* ; que, dans le courant de la même année 1845, ces deux navires avaient remonté le chenal de Wellington, et qu'ils étaient revenus par l'ouest de l'île de Cornwallis prendre leurs quartiers d'hiver à l'île Beechey. Le 12 septembre 1846, ils étaient bloqués dans les glaces, à environ quinze milles des rivages nord-ouest de l'île du Roi-Guillaume ; ce fut là le lieu de leur second hivernage. Le lieutenant Gore et M. des Veaux, avec un parti de six hommes, vinrent déposer à terre ce document, ainsi qu'un autre exactement semblable, qui fut trouvé sous un petit cairn, à une journée de marche plus au sud. Autour des marges du parchemin se trouvaient plusieurs observations additionnelles ajoutées onze mois plus tard, le 25 avril 1848. Les navires avaient été abandonnés trois jours auparavant.

Sir John Franklin était mort le 11 juin 1847, et neuf officiers et quinze hommes l'avaient précédé ou suivi dans la tombe.

Les survivants, au nombre de *cent cinq*, avaient abordé à la pointe Victory, sous le commandement du capitaine Crozier, et reconstruit sur l'emplacement du cairn de James Ross, détruit probablement par les Esquimaux, le cairn existant aujourd'hui. Leur intention était de partir le lendemain au matin pour la rivière du Poisson ou de Back, et ce rapport était signé par Crozier, comme capitaine de la *Terror* et principal officier de l'expédition, et par Fitz-James, capitaine de l'*Erebus*.

Il semble que les trois jours écoulés entre l'abandon des navires et la date de cet écrit avaient déjà épuisé les forces de ces malheureux, et il paraît qu'en se mettant en marche vers le sud ils abandonnèrent en cet endroit une grande quantité d'habits, d'effets et de provisions de toutes sortes, comme s'ils avaient eu l'intention de se débarrasser de tous les objets qui ne pouvaient leur être d'aucune utilité. Des pioches, des pelles, des ustensiles de cuisine, des cordages, du bois, de la toile, et même un sectant portant le nom gravé de Frédéric Hornby, K.-N., étaient épars sur le sol.

Un squelette était à l'arrière.....

Le lieutenant Hobson continua ses recherches jusqu'à quelques jours de marche du cap Herschell, sans trouver aucune autre trace des naufragés. Il laissa un rapport détaillé de ses découvertes et regagna le navire.

Le capitaine Mac-Clintock, revenant par l'ouest de l'île du Roi-Guillaume, eut l'avantage d'être mis sans retard au courant de la situation, grâce au rapport de son lieutenant. Il se dirigea aussitôt vers une grande chaloupe qui lui était également signalée à quelque distance de là. Cette chaloupe, destinée sans doute dans le principe, par les naufragés, à remonter la rivière du Poisson, mesurait vingt-huit pieds de long sur sept et demi de large. Sa construction était très-légère, mais le traîneau sur lequel elle était placée était fait de chêne massif et très-solide.

Elle contenait une grande quantité d'effets ; un squelette était à l'arrière, desséché et tapi sous un monceau de vêtements ; un autre, plus endommagé, probablement par les animaux, gisait non loin de l'embarcation. Cinq montres de poche, des cuillers et des fourchettes en argent, plusieurs livres de religion, deux fusils à deux coups, chargés et amorcés, des munitions en abondance, trente ou quarante livres de chocolat, du tabac, du thé, furent recueillis en cet endroit. Les habits et les carnets furent fouillés avec le plus grand soin, dans l'espoir d'obtenir d'autres renseignements, mais cela sans aucun succès.

Le 19 juin, cinq jours après le lieutenant Hobson, Mac-Clintock fut de retour au navire. Le capitaine Allen Young ne tarda pas à les rejoindre, après avoir exploré, suivant les ordres qui lui avaient été donnés, la terre du Prince-de-Galles, et s'être assuré que cette terre était une île séparée de la terre de Victoria par un détroit qui reçut le nom de détroit de Mac-Clintock.

Ces excursions pénibles, effectuées le plus souvent à travers les brouillards et les tempêtes de neige, altérèrent profondément les forces et la santé des voyageurs ; deux d'entre eux moururent, l'ingénieur Georges Brands et le maître d'hôtel Thomas Blackwell.

Enfin, le 9 août 1859, le navire *le Fox* put quitter sa prison de glace et reprendre le chemin de la patrie, emportant les tristes dépouilles de l'expédition de sir John Franklin.

D'autres reliques de l'expédition de Franklin ont été rapportées, au mois de septembre 1873, par le capitaine Potter, commandant le *Glacier*. Le capitaine Potter quitta New-Bedfort (Massachusetts) le 18 juillet 1871, et resta absent pendant vingt-six mois, dont il passa la plus grande partie dans le voisinage du lieu où Franklin et ses compagnons abandonnèrent leurs navires. A Repulse-Bay, un parti d'Esquimaux vint pour faire le commerce avec lui. Il fut très-surpris de voir qu'ils lui offrirent, en échange d'ustensiles de cuisine, des couverts d'argent, qu'ils déclarèrent avoir appartenu à l'équipage de Franklin. C'étaient deux grandes cuillers de table, deux grandes fourchettes à quatre branches, une cuiller à thé et une cuiller à sucre ordinaire. Tous ces objets sont d'un ancien modèle. Les indigènes dirent qu'après avoir quitté leur navire, sir John et ses compagnons se divisèrent en deux bandes, dont l'une se dirigea vers la rivière Rouge (Red River) et l'autre vers le territoire de la Compagnie de la baie d'Hudson. Ils dirent aussi que sir John et ses compagnons ne moururent que par des causes naturelles. Le capitaine Potter croit qu'ils ont dit la vérité.

CHAPITRE VII

« Au mois de mars 1861, je me mis en route pour une expédition dont le but était de découvrir les sources du Nil. J'espérais
rencontrer les capitaines Speke et Grant, qui parcouraient l'A-
frique orientale, et qui étaient partis de Zanzibar, envoyés par le
gouvernement anglais pour le même motif. Je n'avais pas la
présomption de faire connaître l'objet de mon voyage, car jusqu'alors les sources du Nil semblaient enveloppées d'un voile
mystérieux ; mais ma résolution intime était de surmonter cette
tâche si difficile au péril même de ma vie. Dès ma jeunesse, je
m'étais endurci à la fatigue et aux privations dans les climats des

tropiques, et lorsque j'étudiais la carte de l'Afrique, j'éprouvais une vague espérance, mêlée d'humilité, qu'à force de persévérance je pourrais pénétrer jusqu'au cœur du continent. Ainsi on voit le ver le plus insignifiant percer le bois le plus dur.

« Selon moi, rien au monde ne pouvait résister à une force de volonté bien arrêtée, pourvu que la santé et la vie ne fissent pas défaut. Je n'étais pas surpris du peu de succès de toutes les tentatives précédemment faites pour arriver aux sources du Nil. Dans ces expéditions, en effet, composées de plusieurs personnes, les moindres difficultés aboutissaient généralement à des avis opposés et à la retraite. Je résolus donc de partir seul, me fiant à la conduite de la Providence divine et à la bonne fortune, qui quelquefois accompagne une résolution inébranlable.

« Je pesai avec soin les chances de l'entreprise. Devant moi, la portion inexplorée de l'Afrique ; contre moi, les obstacles qui avaient défié le monde depuis sa création ; pour moi, un tempérament robuste, une liberté absolue, une longue expérience de la vie sauvage, le loisir et les ressources que je me proposais de consacrer sans restriction à mon objet. L'expédition commandée par les capitaines Speke et Grant était la seule que l'Angleterre eût envoyée pour découvrir les sources du Nil. Bruce avait réussi à reconnaître celles du Nil Bleu ou du Nil inférieur ; l'honneur de cette découverte appartenait donc à l'Angleterre ; Speke, parti du sud, était déjà en route ; et j'avais la conviction que mon courageux ami, plutôt que d'accepter l'humiliation de l'insuccès, ferait le sacrifice de sa vie. J'aimais à croire que mon pays ne se laisserait pas distancer dans cette voie ; et quoique je n'osasse guère espérer réussir là où d'autres voyageurs meilleurs que moi avaient failli, je décidai de tout risquer pour arriver à mes fins.

SIR SAMUEL BAKER.

« Si j'avais été seul, la perspective de mourir sur la route où
je m'aventurais le premier ne m'eût pas effrayé ; mais je devais
songer à celle qui, tout en étant la source de ma plus grande
consolation, réclamait aussi mes soins les plus assidus. Je fris-

sonnais en pensant que l'éventualité de ma mort l'abandonnerait seule et ¡sans protection au milieu des déserts ; et c'est avec bonheur que je l'eusse laissée environnée des douceurs du foyer, au lieu de l'exposer aux privations qui lui semblaient réservées en Afrique. En vain je la suppliai de rester ; en vain je lui peignis les difficultés et les périls en couleurs plus sombres que je ne me les figurais moi-même ; avec la constance et le dévouement de son sexe, elle était résolue à partager tous mes dangers et à me suivre dans le sentier rugueux de la vie sauvage qui s'ouvrait devant moi.

« Ainsi accompagné par ma femme, je partis du Caire le 15 avril 1861, et remontai le Nil. Un vent fort soufflait du nord ; nous voguions contre le courant dans la direction du sud, contemplant ces eaux mystérieuses avec la ferme résolution d'en poursuivre la trace jusqu'à leur origine éloignée. »

C'est en ces termes que sir Samuel White Baker expose, au début de sa relation, ses projets d'exploration des sources du Nil (1).

Sir Baker était ingénieur de son état, mais voyageur d'instinct et chasseur de passion. Ses premières aventures eurent pour théâtre l'île de Ceylan. Les grandes forêts et leurs chasses vraiment royales le retinrent huit années entières sur cette terre splendide. De retour en Europe, il se livra à des travaux d'une autre nature : il dirigea la construction d'un chemin de fer du bas Danube à la mer Noire.

Mais sa passion de chasses et d'aventures le reprit de nouveau et le poussa cette fois en Afrique. C'était le moment où le capi-

---

(1) *Découverte de l'Albert-Nyanza*, par sir Samuel White Baker, traduction de Gustave Masson.

taine Speke, revenu des grands lacs de l'Afrique centrale en 1859 avec le capitaine Burton, entreprenait son nouveau voyage à la recherche des sources du Nil. Il y avait entre les deux voyageurs plus d'un motif de sympathie. Tous deux chasseurs déterminés, éprouvés l'un et l'autre par le soleil de l'Inde, d'une nature également énergique et propre aux entreprises difficiles, ils étaient faits pour affronter les mêmes épreuves et courir les mêmes hasards.

Ne pouvant se joindre au capitaine Speke, ce qui eût été son rêve, Baker voulut du moins se porter vers la région équatoriale, à la rencontre de l'expédition, dans la pensée qu'un auxiliaire bien ravitaillé pourrait, même à la dernière heure, ne pas être inutile à des explorateurs épuisés. Sa prévision, comme nous le verrons, n'a pas été déçue ; et il y a gagné de plus cette heureuse fortune d'être lui-même entré dans la voie des grandes découvertes (1).

Six semaines après son départ du Caire, notre voyageur atteignit Berber, ville importante située sur le Nil. Le peu d'expérience qu'il avait acquis pendant ce trajet le convainquit que le succès de son expédition serait impossible s'il ne connaissait pas la langue arabe. Il était absolument sous le pouvoir de son drogman, et il résolut de se rendre, aussitôt qu'il le pourrait, indépendant de tout interprète. En conséquence, il forma le projet de consacrer une année entière à explorer les affluents du Nil depuis les montagnes d'Abyssinie. Dans l'intervalle, il aurait appris assez d'arabe pour commencer son voyage vers le sud, à la recherche des capitaines Speke et Grant.

De retour de cette importante excursion, dans les premiers

---

(1) Vivien de Saint-Martin, *Année géographique*, 1865.

jours de juin 1862, il s'arrêta à Khartoum, ville située au confluent du Nil Blanc et du Nil Bleu, jusqu'au milieu de décembre 1862. A cette époque, il se remit en campagne pour remonter le Nil Blanc. Au moment de partir, un officier turc vint
réclamer l'impôt personnel que le gouverneur général levait sur
les habitants de Khartoum, ajoutant que, si cet impôt était re-
fusé, l'expédition ne partirait pas. Baker ordonna aussitôt de
hisser le pavillon anglais sur chacune de ses trois embarcations,
et envoya présenter ses compliments à l'employé égyptien, lui
disant qu'il n'était ni un sujet turc, ni un négociant, mais simplement un voyageur anglais ; qu'il n'avait rien à démêler avec
l'impôt réclamé, et que si un fonctionnaire turc essayait d'entrer
sur un bateau que protégeait le pavillon britannique, il prendrait
la liberté de le jeter à l'eau. Ce message parut si pratique, que
l'officier déguerpit en toute hâte, tandis que l'expédition s'éloi-
gnait du rivage.

Le 2 février 1863, Baker se trouva à Gondokoro, station de
marchands d'ivoire et endroit où le Nil cesse d'être navigable. Il
eut la joie d'être rejoint, douze jours après, par les capitaines
Speke et Grant. « Dès que j'eus rencontré les voyageurs, dit la
relation, ma première impression fut que mon expédition était
par cela même terminée, et qu'ils avaient découvert les sources
du Nil ; mais lorsque je les félicitai de l'honneur qu'ils avaient si
noblement acquis, ils me donnèrent, avec la plus grande générosité, un tracé de leur voyage, montrant qu'ils n'avaient pu compléter l'exploration du Nil proprement dit, et qu'une partie de
son cours restait encore à déterminer. »

On se rappelle, en effet, qu'arrivés aux chutes Karuma, Speke
et Grant avaient cessé de côtoyer les rives du fleuve qui se dirigeait alors à l'ouest. Selon les naturels du pays, il allait se jeter

dans un grand lac nommé Nzighé. Ce lac venait du sud. Le Nil y entrait à l'extrémité nord pour en ressortir aussitôt et continuer son cours vers le nord, à travers les pays de Koshi et de Madi. Speke et Grant attachaient tous deux la plus grande importance au lac Nzighé et regrettaient vivement de n'avoir pu le visiter; mais ils avaient pris des renseignements le plus soigneusement possible, complété leur carte et dessiné le lac dans sa position hypothétique, en suivant le cours du Nil d'après les explications données par les naturels.

« Je m'étais senti découragé, dit Baker, par l'idée que le grand œuvre était accompli et qu'il ne restait plus rien à explorer. J'avais même dit à Speke : « N'y a-t-il donc pas la moindre « feuille de laurier pour moi? » J'apprenais maintenant nonseulement que le champ était encore ouvert, mais que le voyage d'exploration prenait un caractère nouveau d'intérêt; car le Nil sortait d'un grand lac, le lac Victoria-Nyanza ; mais évidemment il se grossissait des eaux d'un autre lac encore inconnu, dans lequel il entrait à l'extrémité nord, tandis que la partie principale du lac venait du sud. Le fait qu'une immense nappe d'eau s'étendait en ligne directe du sud au nord, tandis que le système général du Nil suivait la même direction, prouvait de la manière la plus certaine que, si le Nzighé avait la forme qu'on lui supposait, il devait occuper une position importante dans le bassin du Nil. Mon expédition avait naturellement été assez coûteuse ; et comme elle se trouvait maintenant en excellent ordre, il eût été navrant de retourner sans résultat aucun. Je pris donc des mesures immédiates pour mon départ, et Speke écrivit avec la meilleure grâce dans mon journal les instructions qui pouvaient m'être utiles. »

Baker, malheureusement pour lui, était regardé par les trafiquants d'ivoire comme un espion déguisé dont la mission secrète consistait à surveiller leur conduite. Ils croyaient que, s'il réussissait à gagner l'intérieur, le commerce du Nil Blanc cesserait d'être un mystère; que la traite des nègres serait éventée, et, selon toute probabilité, supprimée par l'intervention des puissances européennes. Aussi conspirèrent-ils pour l'empêcher de poursuivre sa route et pour ruiner entièrement son expédition. Les employés de différents marchands d'esclaves avaient décidé que pas un Anglais n'irait dans l'intérieur; ils fraternisèrent donc avec les gens de Baker, leur disant que ce dernier les affamerait, qu'il les conduirait Dieu sait où, qu'il les laisserait même mourir en pays étranger.

Ces calomnies produisirent leur effet, et, lorsque notre voyageur voulut rassembler son escorte, l'émeute éclata. Cependant, devant l'attitude pleine de résolution de leur chef, les uns s'enfuirent, les autres capitulèrent; ceux-ci furent aussitôt désarmés et licenciés. Baker eut alors la pensée d'abandonner à Gondokoro tout son bagage et de pousser hardiment dans l'intérieur du pays, accompagné seulement de trois ou quatre serviteurs fidèles; mais il reconnut bientôt qu'un tel projet n'était pas réalisable. Entre Gondokoro et le pays de Latouka, qu'il voulait atteindre, se trouvait une tribu très-puissante, retranchée dans des montagnes. Le chef de cette tribu avait autrefois massacré cent vingt individus faisant partie d'une caravane; il était allié des gens d'un trafiquant turc, nommé Ibrahim, et ceux-ci, qui étaient sur le point de partir, avaient dit qu'ils soulèveraient la tribu entière contre l'homme blanc.

Baker se trouvait dans une position extrêmement critique. L'idée de retourner à Khartoum sans aucun succès lui était insupportable; le présent et l'avenir lui apparaissaient sous les couleurs les plus sombres ; mais il s'était toujours attendu à des difficultés extraordinaires, et il voulait les surmonter autant que possible. L'inaction ne présentait aucun espoir de succès ; sa seule ressource était de marcher au travers des obstacles sans calculer les risques. Il prit donc le parti de chercher à persuader à quelques-uns des rebelles de le suivre, leur promettant de leur pardonner leurs méfaits passés. Dix-sept y consentirent, à la condition toutefois qu'on se dirigerait à l'est et non au sud. Baker feignit d'accepter cette condition absurde et contraire à tous ses projets ; son plus grand désir était de quitter promptement Gondokoro, et de soustraire ainsi ses gens à l'influence pernicieuse des trafiquants. Il espérait, à force de tact et de prudence, ramener tout le monde à la soumission, et, après s'être éloigné momentanément de son chemin naturel, revenir de l'est au sud par une marche détournée sur le théâtre de ses opérations projetées.

Le 26 mars 1863, dans la soirée, le départ définitif s'effectua tant bien que mal. La petite troupe rencontra, après deux heures d'une marche forcée, la caravane du trafiquant Ibrahim ; elle la dépassa et alla camper à une assez grande distance. Le lendemain, elle se remit en route dès la première heure, afin de prendre les devants et de traverser le pays d'Ellyria avant que les Turcs eussent le temps de communiquer avec son chef. Malheureusement la contrée était peu favorable à une marche rapide. On se trouvait au pied d'une chaîne de hautes collines où les torrents, pendant la saison des pluies, avaient creusé des ravines innombrables, en se précipitant vers les basses terres ; et comme on suivait une direction parallèle à ces collines, on croisait chaque ravine à angle droit. Cela occasionnait de fréquents accidents : les chameaux dégringolaient, et, avec eux, sacs, pots, casseroles, boîtes, etc. Il fallait alors relever l'animal, le conduire au bord

La caravane du trafiquant Ibrahim.

opposé, transporter après lui, puis rajuster pièce à pièce une véritable avalanche de bagages. Pour éviter la répétition de ces catastrophes, on déchargeait les chameaux au bord de chaque

ravin ; et lorsqu'ils avaient atteint l'autre bord, on les rechar-
geait. Cette opération, appliquée à environ sept cents livres de
colis de toute espèce, faisait perdre un temps précieux.

Cependant, toute difficile que fût la marche, nos voyageurs
étaient soutenus par l'espérance de trouver bientôt une route unie
et en bon état. La question vitale se réduisait pour eux à ces
termes : traverser la contrée avant les Turcs. Baker prit les devants avec sa femme, afin de faire une reconnaissance. Arrivé au
sommet d'une montagne, il aperçut, s'étendant à quatre cents
pieds au-dessous de lui, une immense vallée jonchée d'une masse
de débris d'immenses quartiers de rochers et offrant partout des
villages entourés d'épaisses palissades de bambou. Le pays entier pouvait se comparer à une suite de forts naturels, habités par
une nombreuse population. Un coup d'œil sur la scène qui s'offrait à ses regards lui suffit pour le convaincre qu'avec une poignée d'hommes, et encombré comme il l'était, il ne pouvait
songer à s'ouvrir un passage de vive force. Il se demanda alors
s'il ne serait pas d'une bonne politique de se risquer seul avant
l'arrivée de toute la troupe, et d'aller trouver hardiment le chef
du pays ; mais le caractère sauvage des indigènes qu'il avait déjà
rencontrés le fit hésiter, et il résolut d'attendre que ses hommes
l'eussent rejoint.

« Pendant longtemps, dit Baker, nous contemplâmes devant
nous la vallée qui recélait le secret de notre destin, et nous nous
sentions pleins de joie d'avoir ainsi déjoué les plans de ces sauvages de Turcs. Pas le moindre bruit, cependant, annonçant
l'approche des chameaux ; le délai devenait intolérable, surtout
en songeant que nous avions traversé, ma femme et moi, plus
d'un endroit difficile, dont chacun devait entraver d'une manière
sérieuse la marche de nos bêtes de somme.

« Enfin, nous les entendons dans le lointain ; le son de la voix humaine arrive distinctement jusqu'à nous, et nous nous réjouissons de ce qu'ils soient si près du dernier obstacle ; une fois ce ravin traversé, tout sera comparativement facile. J'entends le bruit des pierres sous leurs pas, et, regardant le ravin, je vois à moins de cinquante mètres de distance sortir de dessous le feuillage des arbres le drapeau rouge et le croissant, ce drapeau détesté, à la tête de la caravane de Turcs ! Nous étions distancés ! Pendant que ces misérables défilaient devant moi, j'avais peine à contenir mon indignation ; je brûlais d'agir, quelque petite que fût la chance en ma faveur. Enfin, le chef Ibrahim parut, conduisant l'arrière-garde. Comme il s'approchait, il affecta de ne pas nous accorder la moindre attention, mais regarda droit devant lui avec l'air de l'insolence la plus déterminée.

« A ce moment critique, ce fut Mme Baker qui sauva notre expédition. Elle me conjura de l'appeler, d'insister sur une explication complète, et de lui offrir un présent capable de lui faire conclure avec nous un arrangement amiable. Je ne pouvais me résoudre à adresser la parole à ce bandit. Il était sur le point de passer, et le succès dépendait de cet instant. Mme Baker l'appela elle-même. D'abord il ne fit aucune attention ; mais lorsque j'eus à mon tour prononcé son nom d'une voix plus forte, il tourna son âne vers nous et mit pied à terre. »

Les trafiquants sont tous une race vénale ; aussi est-ce sans peine que Baker gagna Ibrahim. Il lui promit un fusil à deux coups et de l'or, lui démontra que, poursuivant des buts tout à fait différents, ils ne pouvaient se nuire mutuellement ; qu'au contraire, en découvrant de nouveaux pays, il ne ferait que lui procurer le moyen d'étendre son commerce d'ivoire ; que d'ailleurs, s'il se montrait hostile, le gouvernement anglais ne manquerait pas de l'envoyer à la potence. Ibrahim n'hésita pas à conclure un traité d'amitié. Sûr maintenant de traverser sans encombre le pays, Baker fit aussitôt rejoindre à sa petite troupe la caravane turque, qui se composait d'environ cent cinquante hommes armés de fusils et d'un nombre double d'indigènes chargés de verroteries, de munitions et de bagages.

Cette troupe bariolée, défilant un à un et couvrant environ un demi-kilomètre, offrait un singulier coup d'œil, les uns à âne, les autres montés sur des bœufs, la plupart à pied, y compris soixante femmes esclaves. Ces malheureuses portaient toutes des fardeaux pesants, et plusieurs d'entre elles avaient en outre des enfants attachés sur leur dos avec des courroies. Après une marche un peu longue, beaucoup de ces femmes se sentaient épuisées et avaient les pieds meurtris; leurs maîtres impitoyables les faisaient alors avancer à coups de fouet. La caravane était régulièrement organisée : d'abord un drapeau, gardé par huit ou dix hommes, auprès desquels marchait un des indigènes portant une caisse de cartouches ; ensuite venaient les porteurs escortés, de place en place, par des soldats. Les munitions de guerre étaient au centre, portées par environ quinze nègres, sous la surveillance d'un fort peloton. L'arrière-garde était terminée par un second porte-drapeau, ayant aussi pour sa défense un détachement de six ou huit hommes avec une réserve de cartouches.

C'est dans cet ordre que nos voyageurs arrivèrent en vue de Tarrangollé, capitale du Latouka. Cette ville, suivant Baker, compte trois mille huttes environ. Non-seulement elle est environnée de palissades de bois de fer, mais chaque hutte est elle-même défendue par une petite cour fortifiée. Quelques-unes ont la forme de cloches; les autres ressemblent exactement à de grands éteignoirs de vingt-cinq pieds de hauteur. La porte n'ayant que deux pieds deux pouces de hauteur, on ne peut y entrer qu'à quatre pattes. L'intérieur est très-propre, mais sombre; car les architectes de la localité ne savent pas ce que c'est qu'une fenêtre. Chose singulière! la forme circulaire est la seule adoptée pour la construction des huttes parmi toutes les tribus de l'Afrique centrale, aussi bien que par les Arabes de la Haute-Égypte; et, quoique la forme du toit présente des différences plus ou moins notables, nulle part on n'est encore parvenu à faire une fenêtre.

La ville de Tarrangollé a plusieurs portes en forme de voûtes, ménagées sous les palissades; à la nuit tombante, on ferme ces portes au moyen de grandes branches d'une sorte de mimosa à fortes épines. La principale rue est large; mais toutes les autres sont construites exprès pour n'admettre qu'une seule vache de front entre de hautes barrières. De la sorte, en cas d'attaque, ces passages étroits peuvent être facilement défendus, et il serait difficile de chasser les nombreux troupeaux de bœufs, excepté par la grande rue. Les vastes kraals à bestiaux sont tous disposés de manière à communiquer avec cette voie, et l'entrée de chaque kraal est une petite porte voûtée pratiquée dans la palissade de bois de fer et assez étroite pour ne laisser passer qu'un bœuf à la fois. Suspendue à la clef de voûte se trouve une cloche faite de la coque du fruit du palmier, et, en entrant, chaque animal donne forcément du dos ou des cornes contre cette cloche. Chaque tintement annonce le passage d'un bœuf, et par ce moyen on compte les troupeaux le soir, lorsqu'ils reviennent des pâturages.

La description de la toilette des naturels n'offre pas de difficultés : celle des hommes est très-simple, se réduisant à ce qui couvre la tête; le reste du corps est entièrement nu. Il est curieux de remarquer la vanité que toutes ces tribus déploient dans leur coiffure ; chacune a sa mode différente et invariable, et les détails en sont si compliqués, que la coiffure est là une véritable science. Les dames européennes seraient étonnées d'apprendre que huit ou dix ans suffisent à peine pour terminer l'agencement de la coiffure d'un Latouka. L'opération doit être ennuyeuse, mais le résultat est parfait.

Les Latoukas portent des casques du travail le plus exquis, entièrement faits de leurs propres cheveux, et par conséquent fixés sur la tête. Au premier abord, on ne le croirait jamais ; mais un examen très-minutieux prouve avec quelle persévérance le travail des années a dû se prolonger afin de produire un ré- sultat incommode. Les cheveux épais et crépus sont entrelacés avec une espèce de ficelle faite de l'écorce d'un arbre, le tout for- mant un épais réseau de fourrure. A mesure que les cheveux poussent à travers cette sorte de natte, ils sont arrangés de la même façon jusqu'à ce que, au bout d'un certain nombre d'an- nées, le sommet de la tête se trouve surmonté d'une substance compacte ressemblant à un feutre, d'environ un pouce et demi d'épaisseur et de la forme d'un casque. On fabrique un rebord solide de deux pouces, en cousant les cheveux avec du fil ; puis le devant du casque est protégé par un morceau de cuivre poli, tandis qu'une seconde pièce du même métal, ressemblant à la moitié d'une mitre d'évêque et longue d'environ un pied, forme le haut. Quand le casque est ainsi terminé, il reste à l'embellir de verroteries, si le propriétaire de la tête est assez riche pour se passer cette fantaisie. Les perles les plus recherchées sont les porcelaines rouges et bleues grosses comme des petits pois. On les coud sur la surface du feutre, et on les arrange si bien en sections alternatives bleues et rouges, que le casque entier semble fait de perles, et le morceau de cuivre poli surmonté d'une plume d'autruche donne à cette coiffure laborieuse l'air le plus digne et le plus martial. Aucun casque ne passe pour complet s'il ne porte pas un rang de coquilles de cauris cousues autour de l'extrémité de manière à former un rebord solide.

Les Latoukas n'ont ni arcs ni flèches ; leurs armes consistent en une lance, une terrible massue à tête de fer, un couteau ou un sabre à longue lame, et en un affreux bracelet de fer garni de lames de couteaux d'environ quatre pouces de long sur un demi-pouce de large. Les hommes se servent de ce bracelet pour frapper lorsqu'ils sont désarmés, et pour déchirer la chair de leurs ennemis lorsqu'une lutte s'engage. Leurs boucliers sont faits de cuir de buffle ou de peau de girafe ; cette dernière est fort prisée comme très-dure, quoique légère, réunissant ainsi les deux qualités requises pour un bouclier. Ces armes défensives ont généralement quatre pieds six pouces de long sur deux pieds de large, et sont les plus grandes qu'on rencontre. Somme toute, les Latoukas sont parfaitement préparés pour le combat.

Quoique les hommes mettent tant de peine à se coiffer, les femmes sont fort simples. Il est assez singulier que, tandis que leurs maris sont remarquables par leur beauté, elles le sont, elles, par leur laideur. Ce sont d'immenses créatures avec des membres gigantesques, et généralement d'une taille de cinq pieds sept pouces. La supériorité de leur force musculaire, comparée à celle des femmes des autres tribus, peut s'apprécier par les dimensions des jarres d'eau qu'elles ont à porter ; ces ustensiles ont une capacité double de celle des vases qu'on voit ailleurs, et contiennent en moyenne quarante-cinq litres ; les femmes les remplissent d'eau à une source à environ un mille de la ville. Elles portent de très-longues queues, comme celles des chevaux, faites de cordes très-fines, puis enduites d'ocre rouge et de graisse. Ces appendices leur sont fort utiles lorsqu'elles rampent à quatre pattes dans leurs chaumières.

Un long morceau de cristal est passé à travers leur lèvre inférieure. Aucune femme latouka, ayant la moindre prétention au bon genre, ne voudrait vivre sans cet ornement; pour l'empêcher de tomber, on le fixe au moyen d'un peu de ficelle attachée dans l'extrémité intérieure ; et comme cette extrémité s'avance dans l'espace vide formé par l'extraction de quatre dents, la langue la met en mouvement; ce qui produit l'effet le plus ridicule durant la conversation.

Il est difficile de comprendre pourquoi les tribus du Nil Blanc se font toutes arracher les quatre dents de la mâchoire inférieure ; la véritable beauté, il est vrai, n'a pas de définition : ce qui est un défaut ici est un charme plus loin. En Europe, par exemple, on regarde les cicatrices sur la figure comme une imperfection ; en Afrique, au contraire, il n'est pas de beauté parfaite si les tempes et les joues ne sont pas lacérées de blessures. Les Arabes se font à la joue trois blessures qu'ils frottent avec du sel et une espèce de pâte (*asida*), afin de produire de véritables bourgeons charnus ; toutes les esclaves femelles, prises par les chasseurs d'hommes, sont ainsi défigurées pour qu'elles puissent être reconnues et aussi pour augmenter leurs charmes. La position et la forme de la cicatrice varient suivant les tribus. Les Latoukas font subir la même opération aux fronts et aux tempes de leurs femmes, mais ils ne cherchent pas à produire ces excroissances que les Arabes aiment tant.

La polygamie, comme de raison, est la coutume générale. Le nombre des femmes est en proportion de la richesse de chaque individu, exactement de même que la quantité de chevaux en Angleterre. Il n'existe rien ici qui rappelle l'amour ; le sentiment n'existe pas, il ne se comprendrait pas dans le sens que nous y attachons nous-mêmes. Tout ici est essentiellement pratique, rien de romanesque. Les femmes sont appréciées à raison de leur valeur comme animaux d'exploitation. Elles préparent la farine, vont chercher l'eau, ramassent le bois de chauffage, cimentent le plancher de la chaumière, font la cuisine et propagent l'espèce ; mais ce sont de véritables esclaves, et c'est à ce titre qu'elles ont du prix. Une jeune femme vigoureuse, de bonne mine, capable de porter une lourde cruche d'eau, vaut dix vaches ; ainsi un homme riche en bétail peut se procurer une grande quantité de bonheur domestique, puisqu'il a les moyens d'acheter un grand nombre de femmes.

Quelque charmante que soit une nombreuse famille de filles, en Europe, ce sont des trésors coûteux ; dans le Latouka, au contraire, et les autres pays sauvages, les filles sont des sources de gros bénéfices. D'après la règle des proportions, il est clair que si une fille vaut dix vaches, dix filles en valent cent ; donc une nombreuse famille est une preuve de richesses. Les filles amènent les vaches, et les garçons sont chargés de les traire. Comme la nudité est complète, les frais de toilette sont nuls, et les enfants servent de bergers comme au temps des patriarches. La multiplicité des femmes, en augmentant la famille, augmente, de la sorte, la richesse. C'est là un résultat pratique qui entravera pour longtemps l'œuvre des missions. Un sauvage tient à ses vaches et à ses femmes, mais surtout à ses vaches. Dans une bataille, il résistera rarement pour défendre les premières, mais il fera tout au monde afin de conserver les autres.

Un mois environ après son arrivée à Tarrangollé, Baker reçut la visite de quelques naturels d'un pays nommé Obbo, situé vers le sud-ouest ; ils apportaient des présents de la part de leur chef,

qui, dirent-ils, serait très-heureux de voir l'homme blanc. Comme
c'était précisément cette direction que Baker avait voulu suivre

Le roi Katchiba allant à la rencontre de Baker.

tout d'abord, il résolut de profiter de l'occasion favorable qui se
présentait, et de partir sans retard. Le 2 mai 1863, il se mit en route.

Il rencontra bientôt Katchiba, le roi de l'Obbo, venant à sa rencontre. Cet illustre personnage, ne pouvant pas très-bien marcher, était monté sur les épaules d'un sujet vigoureux; il était accompagné d'un homme de rechange et d'une de ses femmes, sorte d'Hébé portant sur la tête une jarre de bière.

Aussitôt rendu dans la ville, Baker entendit résonner le *nogara*, espèce de tambour des indigènes. Chalumeaux et flûtes se rassemblèrent alors de tous côtés, les trompes se mirent à braire, et des foules compactes d'individus des deux sexes accoururent, tandis que Katchiba lui-même, grandement agité, donnait dès ordres pour la fête qui allait avoir lieu en l'honneur des étrangers. Environ cent hommes se réunissent en cercle; chacun tient à la main gauche un petit tambour de bois en forme de tasse, creusé d'un côté seulement, l'autre étant recouvert de la peau d'une oreille d'éléphant très-tendue. Au centre du cercle est le *premier sujet*, portant attaché à ses épaules un immense tambour recouvert comme les autres. On commence : d'abord c'est un chant exécuté en chœur sur un air sauvage, mais agréable, le grand tambour marquant la mesure, tandis que les autres battent à certains intervalles avec tant de précision, qu'on dirait un seul instrument. La danse est très-animée, les figures varient sans cesse, et se terminent par un grand galop exécuté par deux cercles concentriques de danseurs courant avec la plus grande vitesse et en sens contraire l'un de l'autre. L'effet en est excellent.

Les naturels d'Obbo formaient avec ceux du Latouka un contraste très-agréable, car ils ne demandaient jamais de cadeaux. Quoique le vieux chef, Katchiba, se conduisît plus en bouffon qu'en roi, ses sujets le respectaient beaucoup. Son autorité est celle d'un faiseur de pluie et d'un sorcier. Si un de ses sujets lui déplaît, il maudit ses poulets et ses chèvres, et menace de faire

dessécher ses récoltes. La crainte de ces calamités réduit les mécontents. Il n'y a pas de taxe spécifique, mais de temps en temps
le roi fait au peuple un appel pour un certain nombre de chèvres
et d'autres provisions. Chacun s'exécute volontiers, car Katchiba
est fin diplomate, et il demande ce dont il a besoin en temps convenable. Par exemple, lors des semailles, si la pluie est trop
abondante ou si la sécheresse se prolonge, il convoque ses sujets,
et leur dit que c'est avec le plus grand regret qu'il s'est vu forcé
de leur envoyer un mauvais temps, mais que c'est entièrement leur
faute. S'ils sont assez avares ou assez gourmands pour négliger
de lui assigner un budget convenable, comment peuvent-ils s'attendre à ce qu'il s'occupe de leurs intérêts? Il lui faut des chèvres
et du blé. « Point de chèvres, point de pluie, dit Katchiba; vous
savez, mes enfants, que tels sont les termes du contrat. Je puis
attendre, et j'espère que vous le pouvez aussi. » Ses sujets se
plaignent-ils de trop de pluie, il les menace d'orage et d'éclairs
à perpétuité, s'ils ne lui donnent pas quelques centaines de paniers
de blé. C'est ainsi qu'il conserve son empire.

Personne ne songerait à se mettre en route sans la bénédiction
du vieux chef, et on regarde comme indispensable de recevoir de
ses mains magiques une espèce de formule qui préservera le
voyageur contre toute attaque des bêtes sauvages. En cas de maladie, on l'envoie chercher, en sa qualité de docteur non pas en
médecine, mais en magie; et il gratifie tout à la fois la cabane et
le malade de chances aléatoires de succès contre la mort, qui ac-
compagnent toute opération, même celles de la sorcellerie. Ses
sujets ont la plus grande confiance en son pouvoir; telle est même
sa réputation, que des tribus éloignées le consultent, et sollicitent
son secours comme magicien. De cette manière le vieux Katchiba
conserve son pouvoir sur un peuple sauvage, mais crédule. A force

d'en imposer au public, il s'en impose à lui-même, et, malgré des *fiascos* très-fréquents, il se croit vraiment un sorcier émérite.

Katchiba est tellement affermi dans le pays non-seulement comme sorcier, mais comme *père de famille*, que chaque village est gouverné par un de ses fils. Ainsi l'administration entière est essentiellement domestique. Les fils, comme de raison, croient aux talents magiques de leur père. Quoique les habitants n'aient pas la moindre idée d'un Etre suprême, ils se prosternent tous devant la sorcellerie. Quelle singulière distinction entre la foi et la crédulité ! Ces sauvages qui ne croient pas en Dieu, qui n'ont pas même une trace de ce qu'on appelle superstition, croient fermement que les affaires de la vie et le contrôle des forces de la nature sont entre les mains de leur vieux chef; ils ne le servent ni par affection ni par religion, mais par un instinct matériel qui guide toujours les sauvages ; ils se le rendent propice en vue de ce qu'ils croient pouvoir obtenir de lui. Ce qui rend la conversion des nègres au christianisme si difficile, c'est précisément ce sentiment invincible dont ils sont toujours possédés; le sauvage ne croit à rien qu'à ce qui peut lui rendre un service précis et immédiat.

Baker se vit obligé de séjourner dans l'Obbo à cause de la saison des pluies, qui rendait impossible toute tentative de se diriger vers le sud. Sa position ne tarda pas à devenir très-difficile par la faute des Turcs qui, suivant les expressions de Katchiba, dévoraient le pays.

« L'Obbo, dit Baker dans son journal, est maintenant une terre de famine. Les naturels refusent la verroterie, et ne veulent rien nous fournir, si nous ne leur donnons pas de bétail. Telle est la malédiction que les Turcs ont amenée sur le pays en volant les bestiaux, puis en les distribuant à profusion. Nous n'avons, strictement parlant, à manger que du *tullaboun*, petite céréale amère, dont les naturels font usage au lieu de blé. Il n'y a pas de gibier; et s'il y en avait, il serait impossible d'aller à la chasse , car l'herbe est impénétrable. J'apprends que les Turcs se proposent de faire une razzia dans le pays de Shoggo, près Farajoke; s'il en est ainsi, ils créeront des embarras pour moi partout où je passerai, et ma petite caravane ne pourra ni s'avancer seule, ni même séjourner paisiblement ici.

« Je serai vraiment heureux de quitter cette terre abominable ; jamais je n'ai vu des coquins plus mauvais que ceux de l'Afrique , de cette partie du Soudan surtout. Il est impossible d'engager comme domestique aucun de ces drôles ; leur apathie et leur impertinence, jointes à leur saleté, dépassent toute description, et leur horreur de tout ce qui ressemble à la discipline ajoute aux sentiments de haine que les Européens leur inspirent. Je n'ai pas un seul homme avec moi qui mérite le nom de serviteur. Les bêtes de somme sont négligées et meurent en conséquence. Si je venais à mourir moi-même, ils seraient au comble de la joie, car ils se réuniraient sur-le-champ aux Turcs pour faire la chasse aux bestiaux et aux esclaves. De charmants compagnons dans les moments de danger !... Ils empoisonnent toutes les joies du voyage et en aggravent les fatigues. On ne saurait s'imaginer les ennuis, les embarras auxquels nous sommes exposés , sans compter l'ignoble désagrément de dépendre jusqu'à un certain point d'une bande de voleurs. Mon quartier-maître est tout à fait responsable de cette situation. Si ma première escorte était demeurée fidèle, je me trouvais indépendant, et avec mes bêtes de somme j'aurais pu pénétrer dans le sud avant le commencement de la saison pluvieuse. Je suis bien dégoûté de cette expédition; je continuerai pourtant avec persévérance ; Dieu seul sait comment cela finira.

Que je serai reconnaissant si je peux revoir un jour la vieille Angleterre ! »

Pendant plusieurs mois, Baker et sa femme traînèrent ainsi à Obbo une misérable existence. Faute de quinine, dont la provision était épuisée, la fièvre, devenue intermittente, conduisit plusieurs fois notre voyageur aux portes du tombeau. Les effets de cette maladie sont terribles. Pendant quelques jours, on ressent un malaise général indéfinissable ; point de symptômes spéciaux, excepté un ou deux jours avant la crise ; alors il survient une grande lassitude avec une envie irrésistible de dormir. Douleurs rhumatismales dans le côté, le dos et les articulations, accompagnées d'une sensation de très-grande faiblesse ; frisson si terrible, qu'il affecte immédiatement l'estomac ; vomissements pénibles ; les yeux sont fatigués et douloureux ; chaleur et maux de tête ; extrémités pâles et froides, pouls très-faible ; l'action du cœur est très-imparfaite et la prostration générale. Les frissons et les vomissements continuent pendant deux heures environ, avec une grande difficulté de respirer. Puis survient la fièvre ; les envies de vomir avec respiration difficile, une faiblesse extrême, un malaise général, subsistent pendant environ une heure et demie. Alors, si les remèdes ont réussi, viennent des sueurs abondantes et le sommeil. La crise cesse, mais l'estomac demeure très-faible. La fièvre est intermittente ; chaque crise survenant à la même heure, de deux jours l'un, le malade est bientôt réduit à l'état de squelette, l'estomac n'agit pas et la mort s'ensuit. Tout violent effort de l'esprit, tout mouvement de colère ou de chagrin est presque à coup sûr suivi de fièvre.

Cependant Baker fit ses préparatifs pour son voyage vers le sud ; il passa un marché en vertu duquel Ibrahim devait lui fournir des porteurs contre une certaine valeur de bracelets de cuivre ; il

devait, en outre, l'accompagner avec cent hommes dans l'Ounyoro,
royaume de Kamrasi, à condition qu'aucun dégât ne serait com-
mis par ses gens. Au moment de partir, Baker vit paraître Katchiba dans un état de grande excitation. Ses sujets, disait-il, se
conduisaient fort mal envers lui ; ils voulaient faire leurs semailles
et lui cherchaient noise, parce qu'il ne leur avait pas envoyé
quelques ondées. Il y avait, en effet, près de quinze jours qu'il
n'était pas tombé d'eau.

« Je demandai au roi, raconte Baker, pourquoi, puisqu'il avait
l'art de faire la pluie et le beau temps, il n'accordait pas à ses
sujets ce qu'ils souhaitaient.

« — Leur donner de la pluie, me dit-il, quand ils me refusent
« des chèvres ! Vous ne connaissez pas ces gueux-là ; si j'étais
« assez sot pour leur envoyer une ondée d'avance, ils me laisse-
« raient mourir de faim ! Non, non ! qu'ils attendent ! S'ils ne
« m'apportent pas des provisions de blé, de chèvres, de volailles,
« d'ignames, de *merissa* et de tout ce dont j'ai besoin, il ne tom-
« bera jamais une seule goutte de pluie à Obbo ! Mes sujets sont
« d'impertinentes brutes !... Vous ne le croiriez jamais ; ils ont
« positivement menacé de me tuer, si je ne leur donne pas d'eau !
« Ils n'en auront pas une goutte ! Je détruirai les récoltes, et
« j'appellerai la peste sur leurs troupeaux ! J'apprendrai à ces
« misérables ce qu'il en coûte de m'insulter !

« Malgré toutes ces menaces, je crois que le vieux Katchiba ne
savait que faire. Il aurait donné tout au monde pour une averse ;
mais il ne savait comment se tirer de cette difficulté. C'est une
habitude assez commune dans toutes ces tribus de sacrifier leur
faiseur de pluie, s'il ne réussit pas. Soudain il changea de ton :
« Avez-vous de la pluie dans votre pays ? me demanda-t-il. — Oui,
« de temps en temps. — Comment vous la procurez-vous ? Etes-

« vous faiseur de pluie, vous? » Je lui répondis que chez nous on ne croyait pas aux faiseurs de pluie, mais que nous savions mettre les éclairs en bouteille (l'électricité). « Je ne mets pas mes « éclairs en bouteille, répondit Katchiba fort tranquillement ; j'ai « une maison pleine de tonnerre et d'éclairs. Mais si vous pouvez « mettre les éclairs en bouteille, vous devez savoir faire de la « pluie. Que pensez-vous du temps d'aujourd'hui? »

« Je vis de suite où ce vieux rusé de Katchiba voulait en venir; ce qu'il lui fallait, c'était un bon conseil d'un homme du métier. Je lui répondis qu'en sa qualité professionnelle de faiseur de pluie il savait beaucoup mieux que moi quel temps il allait faire. « Sans « doute, mais je voudrais avoir votre avis. — Eh bien ! lui dis-je, « je ne crois pas que nous ayons une pluie prolongée, mais dans « trois ou quatre jours je pense qu'il surviendra des averses « (j'avais pendant plusieurs après-midi remarqué des nuages qui « s'accumulaient à l'horizon). — C'est justement mon avis ! s'écria « Katchiba enchanté ; dans trois ou quatre jours je compte leur « envoyer une averse, une seule ! oui. Je m'en vais dire à ces « vauriens que s'ils veulent m'apporter des chèvres ce soir et du « blé demain matin, d'ici à quatre ou cinq jours ils peuvent comp- « ter sur une seule averse. » Pour donner du poids à cette décla- ration, il siffla deux ou trois fois dans un sifflet magique. « Vous « servez-vous de sifflets dans votre pays? » me demanda Katchiba. En manière de réponse, je me mis les doigts dans la bouche et fis entendre un bruit si perçant, que Katchiba se boucha les oreilles ; puis, avec un sourire d'admiration, il s'avança sur le seuil et re- garda vers le ciel pour voir si quelque effet se produisait. « Encore « un coup ! » me dit-il. Je recommençai comme le sifflet d'une locomotive. « C'est bien, nous aurons de la pluie sans nul doute. » Puis le vieux faiseur de pluie, fier d'avoir obtenu l'avis d'un con- frère, alla retrouver ses sujets impatients.

« Au bout de quelques jours, un orage soudain et violent, mêlé
de tonnerre et de pluie, vint ajouter au renom de Katchiba, et,
après l'averse, on sonna de la trompe et on battit les *nogaras* en
l'honneur du chef. Entre nous, mon sifflet fut regardé comme in-
faillible. »

Le départ s'effectua dans les premiers jours du mois de janvier 1864. L'intention de Baker était d'atteindre le pays de Kamrasi et de se procurer, par le moyen de ce chef, des guides qui le
conduiraient au lac Nzighé. Le 22 janvier, il atteignit les chutes
de Karuma, découvertes précédemment par Speke, qui formaient
les frontières de l'Ounyoro. Il lui fallut longuement parlementer
avant d'obtenir des indigènes l'autorisation de traverser le fleuve,
et, lorsqu'il se trouva sur l'autre bord, il eut à subir encore de
nouveaux délais fort longs. Le roi du pays, le fameux Kamrasi,
déjà visité par Speke et Grant, voulait s'assurer, avant de laisser
Baker pénétrer dans l'intérieur de son royaume, qu'il était vraiment blanc et Anglais. Au bout de quelques jours, en effet, une
députation arriva, chargée d'examiner et d'interroger le voyageur.

« Le chef, rapporte Baker, est accompagné d'une suite nombreuse dans laquelle se trouvent trois des déserteurs de Speke ;
un d'entre eux a été créé chef par Kamrasi, qui lui a fait présent
de deux femmes. Je les reçois debout, et, inspection faite, on me
reconnaît, à la satisfaction générale, pour le *frère de Speke*. Cependant tout n'est pas terminé ; un long discours m'annonce un
nouveau délai de quatre jours, indispensable pour avoir la réponse
de Kamrasi au rapport satisfaisant qu'on lui adresse sur mon
compte. Perdant toute patience, j'éclate : je déclare que Kamrasi
n'est qu'une misérable créature, tandis qu'un blanc est un roi en
comparaison de lui ; j'ordonne que l'on transporte sur-le-champ
mon bagage au canot, et je déclare que je vais retourner dans mon

pays ; je ne tiens plus à voir un rustre comme Kamrasi, et pas un autre homme blanc ne viendra désormais visiter son royaume.

« L'effet de ces paroles est magique. Je me lève en hâte comme pour partir ; les chefs, suppliants, m'arrêtent : Kamrasi, disent-ils, les tuera tous, si je m'en vais. Pour empêcher ce malheur, ils ont fait enlever secrètement le canot. Ma colère s'en accroît ; craignant une sérieuse querelle, près de quatre cents nègres, témoins de la scène, se dispersent de tous côtés. Je dis aux chefs que rien ne pouvant plus me retenir, je m'emparerai du canot de force, si ma caravane tout entière n'est pas transportée sur-le-champ de ce côté de la rivière. On accepte mes conditions. Un des hommes d'Ibrahim et l'un des déserteurs de Speke, agissant au nom de Kamrasi, échangent et boivent du sang tiré simulta-nément du bras droit de chacun d'eux. De cette façon, la paix étant tout à fait cimentée, plusieurs canots partent de suite, et avant le coucher du soleil plus de soixante de nos hommes ont traversé le fleuve. Cependant, par précaution, les naturels ont éloigné leurs femmes. »

Dès le lendemain, on se mit en route dans la direction de Mrouli, capitale de l'Ounyoro, située au confluent de la portion du Nil découverte par Speke et de la rivière Kafour. C'était là que résidaient Kamrasi et sa cour. Baker, aussitôt arrivé, et quoique souffrant atrocement de la fièvre, voulut avoir une entre-vue immédiate avec le roi. Ce ne fut pas chose facile que de dé-cider cet important personnage à procurer des guides et des por-teurs. Sans paraître faire attention aux questions de Baker, il le pria de s'allier avec lui pour attaquer un roi voisin, son ennemi. Baker lui répondit qu'il ne pouvait pas se mêler de semblables querelles ; que son seul but était le lac. Sur ce, le roi, doutant des bonnes intentions du voyageur, lui demanda d'échanger du sang

avec lui comme preuve de son amitié et de sa sincérité. Trouvant
que cette demande passait les bornes de l'étrangeté, Baker s'empressa de répliquer que cela était impossible, parce que dans son
pays on regardait l'effusion du sang comme une preuve d'hostilité;
mais il offrit un de ses hommes pour le remplacer. Chacune des
parties contractantes se découvrit un bras, y fit une piqûre et
lécha le sang de l'autre : l'alliance se trouva conclue.

« Dans l'état de faiblesse où nous étions, dit Baker, c'était
courir à une mort certaine que de passer une année de plus en
Afrique. Il fallait rattraper le temps perdu. Le pays que nous
devions parcourir était une terre vierge, et les distances tout à
fait incertaines. Je priai donc Kamrasi de nous congédier, car
nous n'avions pas une heure à perdre. Avec un incroyable sang-
froid, il me répondit : « Je vous ferai conduire au lac comme je
« vous l'ai promis ; mais il faut que vous laissiez votre femme
« avec moi. » En ce moment, nous nous trouvions entourés par
un grand nombre de nègres, et cette insolente requête confirma
les soupçons de trahison que m'avait fait concevoir la conduite
de Kamrasi. Si mon expédition devait se terminer en ce lieu, ce
moment devait être aussi le dernier de la vie de Kamrasi ; tirant
tranquillement mon *revolver*, je le dirigeai à moins de deux pieds
de sa poitrine, et, le regardant de l'air du plus profond mépris, je
lui dis que si je touchais à la détente, tous ses hommes réunis ne
pourraient le sauver, et que s'il avait l'impudence de renouveler
son insultante demande, je le tuerais net. J'ajoutai que dans mon
pays une injure comme celle-là ne se lavait que dans le sang,
mais que je le regardais comme un bœuf stupide, et que son
ignorance seule le sauvait de la mort. Ma femme, saisie d'indignation, s'était élancée de son siége, et, emportée par l'impression
du moment, elle lui adressa un petit discours en arabe (langue

dont il ne comprenait pas un seul mot), mais qu'interprétaient clairement le ton et les traits de l'orateur. Cette mise en scène le frappa d'autant de stupéfaction que s'il eût vu apparaître la tête de Méduse ; notre négresse, Bachita, quoique sauvage, avait pris pour elle l'insulte adressée à sa maîtresse, et elle ouvrit sur Kamrasi un feu roulant de gros mots traduisant aussi fidèlement que possible l'apostrophe mordante de la jeune Gorgone.

« Je ne saurais dire si ce coup de théâtre avait convaincu Kamrasi de l'indépendance des dames anglaises, au point de le dégoûter du marché qu'il me proposait, mais il me dit de l'air du plus profond étonnement : « Ne vous fâchez pas ; je n'avais pas « l'intention de vous offenser en vous demandant votre femme ; je « vous en donnerai une, si cela peut vous obliger, et je croyais « que, par réciprocité, vous n'auriez aucune objection à me céder « la vôtre ; j'ai l'habitude de donner de jolies femmes à ceux qui « me font visite, et je croyais que nous pourrions faire un « échange. Ne vous fâchez pas pour si peu ; si cela ne vous plaît « pas, il n'en sera plus question. » Je reçus très-froidement cette apologie pratique, et je me bornai à insister pour notre départ immédiat. Confus de sa sottise, il appela ses gens et leur ordonna de se charger de mes bagages. Ceux-ci à leur tour firent venir des femmes que la curiosité avait amenées là, et leur commandèrent de porter tous les fardeaux jusqu'au prochain village où se trouverait un relais de porteurs. J'aidai ma femme à monter sur son bœuf, j'adressai à Kamrasi un adieu très-froid et je m'éloignai de Mrouli avec le plus grand plaisir....

« ..... Depuis quelques jours nos guides nous affirmaient que nous approchions du lac, et maintenant ils affirmaient que nous y arriverions le lendemain. J'avais remarqué, fort loin vers l'ouest, une haute chaîne de montagnes, et je croyais que le lac se trouvait de l'autre côté ; on m'apprend au contraire que ces montagnes forment la limite occidentale du Nzighé, qui positivement est à moins d'une marche de notre camp. Je ne pouvais me croire si près de l'objet de nos recherches. Le guide Rabonga parut et nous annonça que si nous partions le lendemain de bonne heure, nous pourrions nous baigner dans le lac à midi.

« Je dormis à peine cette nuit-là. Depuis plusieurs années déjà je m'étais efforcé d'atteindre les sources du Nil. Mes rêves durant ce voyage pénible ne m'avaient prédit que de l'insuccès, et maintenant, après tant de persévérance et de labeurs, la coupe touchait à mes lèvres, et avant le coucher du soleil j'allais boire à cette source mystérieuse, à ce grand réservoir de la nature qui, depuis tant de siècles, avait déjoué tous les efforts faits pour le découvrir. J'avais espéré, prié et lutté parmi des difficultés de toute espèce ; j'avais bravé la maladie, la faim et la fatigue pour atteindre cette source cachée ; lorsque le succès semblait impossible, nous avions résolu, ma femme et moi, de périr plutôt que de renoncer à notre projet. Etait-il possible que nous fussions si près du but, et que le lendemain il nous fût permis de dire : Notre tâche est accomplie !

« Le soleil du 14 mars 1864 n'était pas encore levé, que je donnais de l'éperon à mon bœuf. Le guide avait pris les devants, car mon enthousiasme s'était communiqué à lui, grâce à la promesse d'une double solde de verroterie dès notre arrivée. Le jour était magnifique ; après avoir traversé une profonde vallée entre les collines, nous gravîmes le versant opposé. En toute hâte, j'atteignis le sommet, et soudain le prix de nos efforts se déploya devant mes regards. Bien au-dessous de moi, comme une mer de vif-argent, s'étendait le lac, bornant l'horizon au sud et au sud-ouest, et étincelant sous les rayons du soleil de midi. A l'ouest, à une distance de cinquante ou soixante milles, des montagnes bleues semblaient sortir des eaux et s'élever à une hauteur de 7,000 pieds (2,150 mètres). Impossible de décrire les sentiments de triomphe que j'éprouvais ; je voyais la récompense de tous mes travaux, de toutes les années pendant lesquelles j'avais obstinément poursuivi mes recherches dans l'Afrique centrale. L'Angleterre avait découvert les sources du Nil !

« Avant d'arriver, nous étions convenus, mes gens et moi, de pousser trois hurrahs à l'anglaise en l'honneur de la découverte ; mais maintenant que je contemplais cette vaste mer intérieure située au cœur même de l'Afrique, venant à me rappeler les vaines tentatives que les hommes avaient faites pendant des siècles pour atteindre ce point du globe, et songeant que j'étais l'humble instrument choisi pour éclaircir une partie au moins d'un grand mystère inabordable pour tant d'autres meilleurs que moi, je me sentais oppressé par des pensées trop sérieuses pour pousser de vains cris de joie, et je remerciais du fond de mon cœur Dieu qui, à travers tant de dangers, nous avait soutenus jusqu'au bout. J'étais à environ 1,500 pieds au-dessus du niveau du lac, et du haut d'une paroi escarpée de granit je ne pouvais détourner mes regards de ces eaux bienfaisantes, de ce vaste réservoir qui nourrissait l'Egypte et fécondait le désert, de cette grande source si longtemps cachée aux millions d'êtres humains pour lesquels elle est un bienfait et une bénédiction. C'est une des merveilles du globe, et je résolus de la baptiser d'un nom illustre. En souvenir impérissable d'un homme dont la mort récente a été déplorée par notre gracieuse reine et par l'Angleterre tout entière, j'appelai ce grand lac l'Albert-Nyanza. Les lacs Victoria et Albert sont les deux sources du Nil.

« Le sentier en zigzag que nous devions suivre pour descendre jusqu'au bord de l'eau était si escarpé, que nous fûmes forcés de laisser derrière nous nos bœufs sous la conduite d'un guide chargé de les ramener à Magungo et d'y attendre notre arrivée. Nous commençâmes à descendre à pied. J'ouvrais la marche, appuyé sur un fort bambou. Après une descente laborieuse d'environ deux heures, affaiblis par une fièvre qui durait depuis des années, mais maintenant fortifiés par notre succès, nous atteignîmes la plaine unie au pied des rochers. Une marche d'environ un mille à travers un sol plat, sablonneux et friable, parsemé d'arbres et de buissons, nous conduisit au bord de l'eau. Les vagues se brisaient sur un lit de cailloux blancs ; je me précipitai dans le lac, et, altéré par la chaleur et la fatigue, je bus à longs traits, avec un long sentiment de reconnaissance, *aux sources du Nil !* »

A quelque distance du lac se trouvait un village de pêcheurs, appelé Vacovia. Baker s'y installa avec ses compagnons. Là tout sentait le poisson, tout faisait songer à la pêche. Contre les chaumières, des harpons étaient appuyés ; des lignes aussi épaisses que le petit doigt étaient étendues pour sécher, armées d'hameçons en fer qui donnaient une idée formidable des monstres marins du lac. Dans les huttes se trouvait une quantité considérable d'ustensiles de pêche : des lignes très-bien faites en fibres de bananier, des harpons pour la chasse aux hippopotames.

Comme il était de la dernière importance pour Baker d'achever son voyage le plus tôt possible, car son retour en Angleterre dépendait absolument de la possibilité d'atteindre Gondokoro avant le départ des bateaux pour Khartoum, il se mit en devoir de se procurer immédiatement de grands canots. Pendant le premier jour, le voyage fut délicieux : l'eau était calme et le paysage charmant. Les bateliers pagayèrent courageusement et abordèrent, quand la nuit fut venue, sur une grève élevée de sable fort propre.

Le lendemain, dès la première heure, Baker voulut se remettre en route ; mais, à son grand désappointement, ses bateliers avaient tous déserté. Il les attendit vainement pendant plusieurs heures, et, ne les voyant pas revenir, il dut partir seul avec ses gens. Avec deux bambous, il fabriqua un mât et une antenne sur laquelle il fixa un grand plaid écossais en guise de voile. Les jours se succédèrent ainsi : du lever du soleil jusqu'à midi, on naviguait ; puis survenait régulièrement une rafale accompagnée de tonnerre, qui forçait à s'arrêter.

Deux semaines après son départ de Vacovia, Baker avait terminé son voyage maritime. Au point où il se trouvait alors, le lac n'avait plus que quelques kilomètres de largeur, et vers le nord le pays ressemblait à un delta. L'abord des deux rives était obstrué par d'immenses bancs de roseaux ; c'était un véritable désert de végétation. Après avoir cherché longtemps un point de débarquement, on découvrit une sorte de chenal qui amena les canots devant un rivage de roc nu. Un bruit de voix humaines se fit entendre, et bientôt apparurent un grand nombre de naturels venant avec leur chef d'un village voisin appelé Magungo.

« Arrivés dans ce village, situé au sommet d'une petite montagne, nous eûmes le plus beau coup d'œil, dit Baker, lorsque nous regardâmes vers le lac. A quelques kilomètres au nord se trouvait une ouverture dans la chaîne de montagnes, et le lac s'allongeait vers l'ouest, mais en pointe fort resserrée, tandis que la chaîne de montagnes au nord de cette ouverture se dirigeait vers le nord-est. Au nord et au nord-est, le pays était tout à fait plat, et à perte de vue s'étendaient des roseaux d'un vert brillant, marquant le cours du Nil à sa sortie du lac. Jusqu'à présent tous les renseignements que j'avais obtenus de Kamrasi et de ses sujets avaient été exacts. Ils m'avaient dit que le voyage de Mrouli jusqu'au lac

prendrait vingt jours, il m'en avait pris dix-huit. Ils avaient
ajouté que le Nil coulait de Karuma directement vers le lac, et
qu'il en ressortait presque immédiatement pour traverser les
tribus de Koshi et de Madi. Je voyais maintenant le fleuve sortir
du lac à moins de dix milles de Magungo, et les pays de Koshi et
de Madi semblaient alors tout près de moi, bordant le Nil à l'est et
à l'ouest. Kamrasi étant le roi, il semblait tout simple qu'il con-
nût bien la conformation de son propre pays ; mais, quoique le
chef de Magungo et tous les naturels m'assurassent que cette eau
stagnante à mes pieds était la même rivière bruyante que j'avais
traversée au-dessous des cataractes de Karuma, je ne pouvais
comprendre qu'une masse d'eau aussi considérable pût entrer dans
le lac Albert sous cette forme d'eau morte. Le guide et les naturels se moquaient de mon scepticisme et déclaraient que cette
eau stagnante s'étendait à une certaine distance du lac ; mais
qu'une immense cataracte descendait de la montagne, et qu'en
amont le fleuve ne formait qu'une suite de chutes d'eau pendant
l'espace entier de six jours de marche jusqu'à Karuma.

« Ce que je désirais, c'était de descendre le Nil en canot depuis
le point où il tombe dans le lac, avec mes gens seuls comme
bateliers, et d'atteindre ainsi les cataractes dans le pays de Madi ;
là j'abandonnerais les canots ainsi que tout mon bagage et me
dirigerais sur Gondokoro, emportant avec moi seulement mes
armes à feu et nos munitions. Je savais, d'après les renseignements donnés par les naturels du pays, que le Nil était navigable
jusque dans le voisinage de l'arbre de Miani, dans le pays de
Madi, et Speke avait déterminé par une observation astronomique
la position de cet arbre par 3° 34' de latitude ; de ce point, il n'y
aurait donc que sept jours de marche jusqu'à Gondokoro, et par
un trajet aussi direct je serais sûr d'arriver à Khartoum à temps

pour les bateaux. Mais j'avais promis à Speke d'explorer à fond la partie douteuse du fleuve, qu'il avait été obligé de négliger depuis les cataractes de Karuma jusqu'au lac. Cette eau stagnante au point de jonction m'intriguait moi-même ; d'un autre côté, je sentais que les habitants du pays devaient avoir raison, car c'était leur rivière à eux, et ils n'avaient aucun intérêt à me tromper ; je résolus donc de sacrifier tout autre désir pour m'acquitter de ma promesse et résoudre complétement le problème du Nil. On m'avait dit que le Nil sortait du lac, et j'en étais sûr maintenant par mon inspection personnelle ; de Magungo, je contemplais les deux contrées de Koshi et de Madi à travers lesquelles il passe ; il me fallait traverser ces pays et atteindre encore une fois le Nil avant d'arriver à Gondokoro. Ainsi le seul point qui restait à éclaircir était la partie comprise entre les cataractes de Karuma et le lac. »

Baker se mit à l'œuvre sans retard. Il s'embarqua de nouveau et prit la direction de l'est. Bientôt la nappe d'eau qui semblait, à cause de son immobilité, n'être qu'un bras sans issue du lac Albert, se rétrécit considérablement. Des collines couvertes de forêts et s'élevant à près de deux cents pieds de chaque côté, remplacèrent alors les immenses bancs de roseaux, et un courant faible, mais perceptible, se fit sentir ; il allait vers l'ouest, c'est à-dire vers le lac. En même temps, le bruit d'une chute d'eau dans le lointain arriva aux oreilles des voyageurs. Ils poussèrent vigou-reusement en avant, et, après avoir tourné un coude que faisait le fleuve, le spectacle le plus grandiose s'offrit à leurs yeux. De chaque côté s'élevaient à pic des rochers magnifiquement boisés, d'une hauteur de trois cents pieds environ ; des blocs énormes sortaient du milieu d'un feuillage du vert le plus intense, et la rivière, précipitant sa masse énorme à travers une échancrure de ce mur naturel, était comme étranglée dans une écluse de cinquante mètres à peine de largeur; s'élançant avec furie dans ce défilé, elle plongeait d'un seul jet de la hauteur d'environ vingt pieds au fond d'un sombre gouffre. La cataracte, d'une blancheur éblouissante, formait un magnifique contraste avec les noirs rochers qui encaissaient le fleuve, tandis que les palmiers gracieux des tropiques et les plantains sauvages ajoutaient de nouveaux charmes au paysage. En l'honneur du président de la Société royale de géographie de Londres, Baker donna à cette cataracte le nom de Murchison.

De là, il se rendit, en longeant le fleuve, jusqu'à un point assez éloigné d'où il fut transporté dans une île appelée Patouan. Il y apprit qu'il lui serait impossible d'aller le long du bord du fleuve jusqu'aux chutes de Karuma, parce que le pays entier était en guerre et qu'il ne pourrait par conséquent se procurer des porteurs. Peu soucieux de rester prisonnier dans l'île de Patouan, il se fit ramener sur le rivage; mais là les indigènes l'abandonnèrent complétement dans une vieille cabane à moitié démolie.

« Une diète affreuse, dit Baker, l'épuisement où nous étions par suite de la fièvre nous avaient tellement rendus incapables de tout effort, que pendant près de deux mois nous restâmes étendus, ma femme et moi, sur nos couchettes sans pouvoir marcher. A demi morts, notre amusement était de converser d'une manière folle sur les bonnes choses que l'on trouve en Angleterre, et mon idéal de la félicité était en ce moment un bifteck et une bouteille de *pale ale*. Affamé comme je l'étais alors, j'aurais vendu mon droit d'aînesse pour ces deux articles de luxe. Nous étions de vrais squelettes, et il était vexant de voir combien nous souffrions du régime auquel nous nous trouvions réduits, tandis que nos gens paraissaient engraisser. Ils avaient abondance de piment sauvage, et ils semblaient aimer beaucoup un mélange de pâte et de légumes à la sauce piquante. Ils étaient surpris de nous voir dépérir malgré cette nourriture ; mais ils reconnurent la force de mon argument, lorsque je leur dis que là où un âne s'engraissait, un lion mourait de faim.

« Nos gens firent plusieurs excursions dans le pays pour tâcher de se procurer des provisions ; mais en deux mois de temps ils ne purent obtenir que deux chevreaux : la guerre entre Kamrasi et Fowouka avait fait fuir tous les habitants. Nous avions abandonné tout espoir de jamais retourner à Gondokoro, et nous étions déjà résignés à notre sort, qui était, j'en avais la conviction, d'être ensevelis dans la terre de Chopi. En vue de cette catastrophe, j'avais inséré dans mon journal mes dernières instructions et recommandé à mon homme de confiance de remettre, à tout prix, au consul anglais à Khartoum mes cartes, mes observations et tous mes papiers. C'était là mon seul souci, car je craignais que toute ma peine fût perdue si je mourais dans ce pays. Je n'avais aucune appréhension pour ma femme ; elle était aussi malade que moi ; et si l'un de nous succombait, l'autre ne pouvait tarder à partager son sort ; de fait, nous avions résolu qu'il en serait ainsi, de peur qu'à ma mort elle ne tombât entre les mains de Kamrasi. Nous avions lutté pour la victoire ; grâce à Dieu, nous avions triomphé ; si la mort devait survenir, nous n'en avions pas moins atteint le but ; et nous regardions tous deux sans amertume l'idée de la mort, car elle comportait celle de repos. Plus de souffrance, plus de fièvre, plus de long voyage qui, dans notre présent état de fatigue, nous semblait une calamité. Notre seul désir était de déposer notre fardeau. La lutte entre les instincts animaux et l'âme est une chose singulière ! La mort nous eût semblé une délivrance, et pourtant j'aurais désiré, avant d'expirer, de savourer ce fameux bifteck anglais et la bouteille de *pale ale*.

« Nous avions sans nul doute été abandonnés par l'ordre de Kamrasi, car tous les sept ou huit jours un de ses chefs venait nous dire que le roi n'était qu'à quatre jours de marche avec son armée ; qu'il se préparait à attaquer Fowouka, mais qu'il réclamait mon concours, et qu'avec mes quatorze fusils nous remporterions une grande victoire. Cette conduite perfide m'indignait, surtout après la promesse qu'il m'avait faite de me diriger immédiatement sur Shoua. Nous avions perdu l'occasion des bateaux à Gondokoro, et nous nous trouvions fixés dans ce pays pour une autre année, si nous survivions, ce qui n'était guère probable ; non-seulement ce monarque brutal nous avait trompés, mais en nous affamant il voulait nous contraindre à accepter ses conditions ; son but était d'obtenir le concours de mes gens contre son ennemi. Il me prit une violente tentation de me réunir à Fowouka contre Kamrasi ; mais, repoussant l'idée qu'un moment de colère m'avait inspirée, je résolus de résister jusqu'à la fin aux propositions de ce dernier. Il était certain que le roi se trouvait à moins de trente milles de nous, et qu'il savait notre dénûment ; il en tirait parti pour nous forcer à devenir ses alliés. »

Pour sortir de la détresse dans laquelle il se trouvait, Baker se décida à faire partir son homme de confiance ; il lui dit d'aller directement chez Kamrasi, de le tancer vertement en son nom pour les avoir abandonnés, et de lui faire comprendre que s'il voulait obtenir son alliance, il devait venir traiter avec lui en personne. Ce stratagème réussit pleinement, et, quelques jours après, Baker se trouva installé à Kisouna, résidence de guerre de Kamrasi. Plusieurs semaines s'étaient déjà écoulées, pendant lesquelles le roi n'avait cessé d'importuner Baker par ses demandes, lorsqu'un jour la nouvelle se répandit subitement que le terrible Fowouka, accompagné d'une forte troupe de Turcs, n'était plus qu'à quelques kilomètres de Kisouna. Aussitôt Kamrasi, en proie à un effroi abject, vint supplier Baker de le sauver. Celui-ci se contenta de faire hisser le pavillon anglais au mât élevé qu'il avait fait dresser dans sa cour ; il expliqua au roi que lui et son pays étaient désormais sous la protection de ce drapeau, et qu'aucun danger n'était à craindre. Puis il envoya des messagers aux Turcs qui accompagnaient Fowouka.

« Affectant une grande autorité, dit Baker, je leur demandai comment ils osaient attaquer un pays qui était sous la protection du pavillon britannique. L'Ounyoro m'appartenait par droit de découverte, et j'avais concédé au Turc Ibrahim le privilége d'y commercer, pourvu qu'il ne fît rien de contraire à la volonté de Kamrasi, le monarque régnant. Ibrahim avait rempli ses engagements, on m'avait guidé jusqu'au lac, j'en étais revenu, et nous recevions positivement nos vivres du roi. Puis voici que des sujets turcs, alliés à une tribu hostile, venaient soudain nous envahir et insulter le drapeau anglais ! Je leur dis que non-seulement je repousserais toute attaque dirigée contre Kamrasi, mais que, lors de mon retour à Khartoum, je ferais aux autorités turques un rapport sur cette affaire, et que si un seul coup de feu était tiré dans les Etats de Kamrasi, si on y enlevait un seul esclave, je ferais pendre le chef de la troupe. »

Ces paroles eurent un plein succès ; Fowouka et les Turcs se retirèrent immédiatement.

Ainsi débarrassé de ses ennemis, Kamrasi était comme pétrifié d'étonnement ; mais, persistant dans ses habitudes de mendier, au lieu de remercier Baker, il lui demanda le pavillon anglais, qu'il considérait comme un talisman. Baker se contenta de lui répondre que ce talisman perdait tout son pouvoir entre les mains des lâches, et que, par conséquent, il ne lui serait d'aucune utilité.

Le camp de Kisouna retomba dans sa monotonie ordinaire. Les nègres, libres de tout souci, passaient leur temps à danser et à boire ; il était presque impossible de dormir pendant la nuit, car depuis le coucher du soleil jusqu'au matin des bandes d'individus ivres ne cessaient pas de hurler en chœur, de sonner de la trompe et de battre le tambour. Les femmes ne prenaient aucune part à ces divertissements, par la raison qu'en Ounyoro les hommes ne font rien, tandis que leurs épouses travaillent aux champs. Ainsi exténuées de fatigue, elles étaient enchantées de pouvoir se reposer pendant que leurs maris passaient les nuits en orgies tumultueuses. Le mode ordinaire de leur chant est un solo rapidement exécuté, mêlé par intervalles d'un chœur étourdissant, accompagné de trompes et de tambours. Les trompes sont des calebasses immenses, que leur forme particulière et leur extrémité en goulot de bouteilles permettent de convertir aisément en instruments de musique. De temps en temps le cri : *Au feu !* poussé au milieu de la nuit, variait l'ennui de l'existence ; les huttes étaient jonchées de paille sur laquelle les nègres, à moitié ivres, tombaient tout endormis avec leurs pipes allumées, et un incendie s'ensuivait. Dans ce cas, la flamme se communiquait d'une hutte à l'autre avec une rapidité incroyable ; souvent quatre à cinq cents cabanes du camp de Kamrasi étaient détruites par le feu, puis rebâties en peu de jours.

Ceci ne laissait pas Baker sans inquiétude pour sa poudre, car dans ces circonstances la paille flambait si vite, que rien ne pouvait échapper, et l'explosion de ses munitions l'aurait laissé entièrement sans défense. Aussi il profita du premier accident de feu arrivé dans son voisinage pour exiger qu'aucune hutte indigène ne fût élevée à moins de trente mètres de sa demeure ; les nègres ayant voulu s'y refuser, il fit lui-même démolir leurs cabanes par ses gens, et se débarrassa ainsi de voisins ivrognes et dangereux.

Un matin, Baker vit arriver Kamrasi, en proie à une excessive agitation : il venait d'apprendre que Mtésa, le roi de l'Ouganda, marchait contre lui à la tête d'une grande armée ; il était, disait-il, à quelque distance seulement de Kisouna et voulait, après l'avoir tué, annexer l'Ounyoro à ses Etats. Baker arrêta aussitôt un plan d'opérations qui consistait à aller établir sur la falaise qui dominait les chutes de Karuma un camp parfaitement fortifié ; mais Kamrasi, abandonnant, comme toujours, toute idée de résistance, préféra gagner une île où il s'était déjà réfugié autrefois. Le camp de Kisouna fut immédiatement sens dessus dessous ; les tambours battirent de tous côtés, les trompes sonnèrent, hommes et femmes poussèrent des hurlements ; on mit le feu aux cabanes, et à la lumière de l'incendie des centaines de nègres, armés et équipés pour la guerre, coururent çà et là comme des fous, gesticulant, faisant semblant de se combattre les uns les autres ; on eût pu les croire pleins d'ardeur et impatients d'en venir aux mains avec l'ennemi.

Le lendemain, avant l'aube, une lueur extraordinaire, accompagnée d'une immense colonne de fumée, s'élevant dans la direction où se trouvait le quartier du roi, apprit qu'on avait mis le feu au camp, selon l'habitude, et que la retraite était commencée. Des milliers de huttes de gazon flambaient, et Baker ne pouvait s'empêcher d'admirer la sottise des nègres qui donnaient ainsi aux ennemis avis de leur retraite, par un signal que l'on devait voir à plusieurs kilomètres à la ronde, tandis que leur succès dépendait de la rapidité et du secret de leur retraite. Bientôt après, des troupes d'hommes, de femmes, de vaches et de chèvres, suivis du bagage, s'avancèrent en une longue file. Il pleuvait à verse, et les femmes, chargées de leurs enfants, glissaient à chaque instant dans

Dans le sentier de la guerre.

la boue, tandis que des troupes d'hommes armés et de portefaix passaient près d'elles et les rudoyaient sans cérémonie. Enfin le brave Kamrasi lui-même parut, accompagné d'un grand nombre de ses femmes ; quelques-unes, trop grasses pour marcher, étaient en litière. Le défilé des nègres et des bestiaux dura plus d'une heure ; enfin le dernier traînard passa à son tour.

Baker demanda alors où étaient les porteurs qu'on lui avait promis, car pas un homme ne s'était présenté ; on lui répondit que tous les indigènes étaient saisis d'une telle panique, qu'il avait été impossible d'en retenir un seul. La vérité était que Kamrasi abandonnait Baker et ses gens de propos délibéré, dans la pensée que, si l'ennemi arrivait, ceux-ci supporteraient le premier choc et protégeraient ainsi la retraite. Tant de ruse et de fourberie irritèrent tellement notre voyageur, qu'il songea sérieusement à fraterniser avec l'ennemi ; il fit dire au roi que si on ne lui envoyait pas immédiatement des porteurs, il attendrait Mtésa et s'unirait à lui. Cette menace eut un effet répondant aux désirs de Baker ; il put se mettre en route, mais il ne tarda pas à être abandonné encore une fois par ses porteurs.

Cependant il n'y avait pas de temps à perdre. Le bruit des tambours se faisait entendre à une faible distance : c'était l'armée de Mtésa qui approchait. Baker, abandonnant tous ses bagages, repartit aussitôt. Pendant quelques heures, il suivit un sentier étroit, bordé de hautes herbes, et atteignit une bifurcation ; tandis qu'il délibérait sur ce qu'il avait de mieux à faire, il entendit des voix dans l'éloignement. Ce ne pouvait être que celles des ennemis. Il envoya deux hommes afin de tâcher de s'en assurer. Après dix minutes d'un silence complet, un cri affreux le fit soudain tressaillir ; ce cri partait du fourré où un des hommes s'était engagé. Il y courut précipitamment et vit deux hommes qui s'approchaient. « L'un d'eux, dit Baker, était un des nôtres ; il tenait à la gorge un nègre et le forçait à marcher. Il paraît que, tandis qu'il était accroupi sous un buisson à l'entrée du sentier principal qui conduisait à travers le fourré, il avait remarqué un homme se glissant le long d'un bouquet d'arbres voisin.

« Attendant, sans être vu, que cet homme l'eût dépassé, il s'était précipité sur lui par derrière, lui avait saisi sa lance de la main gauche, tandis que de la droite il lui comprimait la gorge. Une attaque aussi subite et aussi inattendue d'un ennemi invisible avait terrifié le malheureux nègre au point de lui faire pousser le hurlement extraordinaire qui nous avait frappés. Notre homme le conduisit en triomphe, mais le pauvre diable était tellement bouleversé, qu'on l'eût dit en proie à un accès de fièvre. J'essayai de le rassurer, et je finis par reconnaître toute l'importance de notre capture. Loin d'être un ennemi, il venait précisément de Fowera, où nous voulions nous rendre, et avait été envoyé pour espionner l'armée de Mtésa. Nous avions donc un guide sur lequel nous pouvions compter. Ce petit intermède à notre marche nocturne nous rafraîchit comme un verre de xérès, et nous en rîmes de tout notre cœur. »

Parvenu à Fowera, Baker y apprit que Kamrasi, ses femmes et ses principaux chefs étaient exposés, dans leur île, à toutes les misères que peuvent infliger les moustiques et la fièvre ; la maladie et la faim réunies faisaient de nombreuses victimes. Le pauvre sire supplia Baker de venir à son secours ; mais celui-ci s'empressa de répondre qu'il n'en ferait rien. Sur ces entrefaites, une troupe de Turcs étant arrivée aux chutes de Karuma, et s'étant mise en rapport avec Kamrasi, les choses prirent une autre tournure. L'armée ennemie, peu soucieuse d'une rencontre avec les Turcs, battit vivement en retraite, et Kamrasi, redevenu très-belliqueux, sortit de son île. Son premier soin fut de se venger de tous ceux qui avaient, à quelque degré que ce fût, aidé Mtésa dans son attaque. Chaque jour des exécutions avaient lieu ; les victimes étaient saisies, amenées devant le roi et torturées en sa présence sans aucune forme de procès.

« Jamais, dit Baker, il n'y a eu de despote plus absolu que Kamrasi ; non-seulement les biens, mais les personnes lui appartenaient ; il se vantait d'avoir tout à sa disposition ; aussi, dans ses accès de libéralité, distribuait-il à ses favoris ce qu'il prenait à ses sujets. Se plaignait-on ? Point de procès ; le *soulier* ou la peine de mort. Le soulier était une punition favorite du roi : le coupable, un pied pris dans un morceau de bois d'environ quatre pieds de long sur dix pouces d'épaisseur, un vrai tronc d'arbre, languissait ainsi jusqu'à ce que la mort vînt mettre un terme à ses souffrances ; impossible à lui de s'asseoir, presque impossible de se coucher, car l'aide d'un homme était indispensable pour ajuster le billot aux mouvements du corps. Le pouvoir de Kamrasi était le résultat d'un système complet d'espionnage par le moyen duquel il savait tout ce qui se passait dans son royaume. De plus, un corps de cinq cents hommes, jouissant du droit de piller le pays à discrétion, maintenait son autorité. C'est ainsi que le tyran régnait sur une population si timide, qu'elle se soumettait docilement à son caprice. »

Le 17 novembre 1864, Baker quitta enfin ce pays de barbares et prit la route du retour. Il se dirigea au nord, et se retrouva, au bout de quelques mois, à Gondokoro, où il s'embarqua sur le Nil.

« Le courant, dit la relation, nous emportait en silence, et nos avirons nous retenaient au milieu du lit du fleuve. Les marais interminables n'avaient plus ce triste aspect qu'ils nous présentaient autrefois, lorsque, dans notre voyage à Gondokoro, nous avions eu à lutter si péniblement contre la force des eaux. Pendant que nous avancions au milieu de ces roseaux gigantesques et des nombreux troupeaux·d'hippopotames qui fréquentent le fleuve dans cette saison, j'avais tout le loisir de régler ma correspondance avec l'Angleterre, et de récapituler les résultats de mon expérience pendant les années précédentes. Mes lettres devaient être mises à la poste dès mon arrivée à Khartoum.

« Dégagé de ses longs mystères, le Nil est un problème d'une simplicité relative. Le bassin supérieur du fleuve est à peu près circonscrit par le 20e et le 37e méridien à l'est de Paris, et par le 3e degré au sud de l'équateur. Toutes les eaux de cette aire immense sont recueillies par le fleuve égyptien ; les lacs Victoria et Albert sont les récipients de tous les affluents nés au sud de la ligne ; et le lac Albert reçoit de plus le tribut de tous ceux qui, au nord de l'équateur, lui sont envoyés par les montagnes Bleues. L'Albert-Nyanza est donc le grand réservoir du Nil. La distinction à établir entre ce lac et le Victoria-Nyanza est celle-ci : le lac Victoria est alimenté par des affluents de la section orientale du bassin du Nil, et son déversoir aux cataractes de Ripon peut être regardé comme la *source* la plus élevée du fleuve. Mais le lac Albert reçoit non-seulement par les montagnes Bleues les eaux de la section occidentale du même bassin, mais encore tout le tropplein du lac Victoria, enfin tout le *drainage équatorial* du Nil. On peut dire que ce fleuve ne devient *lui-même* qu'à sa sortie du lac Albert ; en amont, il n'est pas le Nil complet. Un coup d'œil jeté sur la carte suffit pour faire voir l'importance relative des deux grands lacs. Le lac Victoria, après avoir recueilli toutes les eaux de l'est, les déverse dans l'extrémité nord du lac Albert ; ce dernier, par son caractère et sa position, est le réservoir central de toutes les eaux appartenant au bassin équatorial du Nil. Ainsi le lac Victoria est la source première du fleuve, qui, en sortant du lac Albert, devient tout à coup le grand Nil Blanc.

« Je n'ai pas l'intention d'attribuer à ma découverte plus d'importance qu'elle n'en a réellement ; encore bien moins voudrais-je en aucune façon déprécier le mérite des efforts de Speke et de Grant ; mon but a toujours été de confirmer et de soutenir leurs découvertes, et d'ajouter ma voix au concert de louanges qu'ils ont méritées à si bon droit. Mon exploration confirme tout ce qui a été révélé par Speke et Grant ; ils ont parcouru le pays depuis Zanzibar jusqu'au bassin d'écoulement septentrional de l'Afrique, commençant à peu près au troisième degré de latitude sud, à l'extrémité méridionale du Victoria-Nyanza. Leur description générale du pays était parfaite ; mais comme ils n'avaient pas visité le lac occidental dont on leur avait parlé, il leur était impossible de comprendre l'importance de ce grand réservoir dans le système du Nil. Maintenant que la tâche d'explorer cette mer intérieure est accomplie, la question géographique des sources du Nil se trouve résolue.

« Ptolémée avait parlé des sources du Nil comme sortant des deux grands lacs alimentés par les neiges des montagnes d'Ethiopie. Il y a plusieurs cartes anciennes sur lesquelles ces lacs sont représentés ; quoiqu'il y ait une grosse erreur dans la latitude, le fait de deux grands lacs regardés comme existant dans l'Afrique équatoriale n'en est pas moins acquis à la géographie ancienne : ces lacs étaient alimentés par des torrents descendant de hautes montagnes, et de ces réservoirs sortaient deux cours d'eau dont le confluent formait le Nil. Le principe général était vrai, quoique les détails fussent inexacts. Il est presque certain que dès les temps anciens les Arabes des bords de la mer Rouge faisaient le commerce avec les naturels de la côte vis-à-vis de Zanzibar, et que les gens qui se livraient à ce commerce avaient pénétré assez loin dans l'intérieur pour pouvoir déterminer l'existence de deux grands lacs ; c'est ainsi que les notions géographiques sur ce sujet avaient pu, dans l'origine, arriver jusqu'en Egypte. »

Baker descendit le Nil jusqu'à Berber, d'où quatre ans auparavant il était parti pour son excursion en Abyssinie, avant d'entreprendre, comme on se le rappelle, son voyage d'exploration des sources du Nil. De Berber, il résolut de gagner l'Egypte par la mer Rouge ; il se rendit en conséquence à Souakim, petit port sur ladite mer, et, s'étant embarqué sur un navire à vapeur destiné au transport des troupes, il se trouva cinq jours après à Suez.

« Des lettres d'Angleterre, dit notre voyageur, m'attendaient au Caire, au bureau du consulat. La première que j'ouvris m'apprit que la Société royale de Géographie m'avait décerné la médaille d'or Victoria, en un moment où on ne savait encore si j'étais mort ou vivant, et si mon excursion s'était terminée heureusement. Cette appréciation de mes efforts formait la bienvenue la plus agréable qui pût accueillir mon retour à la civilisation après tant d'années passées au sein de la barbarie ; elle me rendait la découverte des sources du Nil doublement précieuse, puisque j'avais rempli l'attente que la Société de Géographie avait si généreusement conçue, en m'accordant le prix avant la fin de ma tâche. »

Notre voyageur a-t-il véritablement découvert les sources du Nil ? Pour lui, cette découverte semble un fait acquis, certain, hors de discussion ; mais écoutons sur cette grande question, fort agitée dans le monde scientifique, la voix si compétente de notre éminent géographe Vivien de Saint-Martin.

« N'oublions pas, dit-il, ce qu'est le Nil dans la partie extrême de son bassin, où se trouvent ses origines. Ce n'est plus, comme en Nubie ou en Egypte, un canal unique contenu dans une vallée sans affluents ; c'est un vaste réseau de branches convergentes, venant de l'est, du sud et du sud-ouest, et toutes ensemble se déployant probablement en un immense éventail qui embrasse peut-être la moitié de la largeur de l'Afrique sous l'équateur. Quelle sera, parmi ces branches supérieures, celle que l'on devra considérer comme la branche mère ? Là est la question.

« Il est de fait que l'opinion locale, et l'on a sur ce point des témoignages fort anciens, a toujours regardé le fleuve Blanc comme le corps principal du fleuve ; mais, en admettant cette notion comme physiquement exacte, il reste encore à constater, par des reconnaissances directes, l'importance respective des branches supérieures dont se forme le fleuve Blanc. C'est alors qu'il sera possible de se prononcer en connaissance de cause sur la question des sources du Nil. Ce n'est pas au hasard, ni avec précipitation, qu'un tel problème, soulevé depuis tant de siècles, doit être résolu. Puisque la solution a été réservée à notre âge, elle doit avoir un caractère rationnel et scientifique. Elle doit être basée uniquement sur la raison physique.

« Si incomplète que soit encore en ce moment la connaissance des parties intérieures de l'Afrique australe, et en particulier de la zone qui s'étend presque d'une mer à l'autre, sur une largeur de plusieurs degrés, aux deux côtés de l'équateur, les explorations récentes suffisent déjà pour mettre en évidence ce fait très-important, que l'origine de tous les grands fleuves de l'Afrique converge vers la zone équatoriale. Cette disposition est un trait caractéristique de la configuration africaine. Les détails sont encore inconnus, mais on peut se rendre compte de l'ensemble. La conséquence évidente, c'est que cette zone centrale, d'où rayonnent tous les grands cours d'eau qui vont aboutir aux trois mers environnantes, est la partie la plus élevée du continent ; il doit y avoir là tout un système d'Alpes africaines.

« Or, c'est une loi générale des pays d'alpes, qu'il s'y trouve un nœud, un massif culminant, d'où sortent les plus grands cours d'eau dans toutes les directions : les Alpes d'Europe en offrent un exemple. Une conséquence naturelle se tire de ces considérations : c'est que s'il existe, en effet, comme tout l'indique, un massif culminant au cœur de la zone équatoriale, analogue au massif du Saint-Gothard dans les Alpes helvétiques, celle des branches dont se forme le fleuve Blanc qui sortirait de ce massif devrait être regardée, à l'exclusion de toutes les autres, comme la vraie tête du Nil. Ceci éloigne tout arbitraire et coupe court à toute controverse. »

CHAPITRE VIII

Le docteur Schweinfurth. — Ses premiers voyages. — Ses explorations à
l'ouest du Nil Blanc. — Navigation sur le Nil. — Les Chillouks. — Coiffures
bizarres. — Les Dinkas. — Leur amour du bétail. — Les Diours. — Les
Bongos. — Etranges ornements. — Les femmes Bongos. — Les Niams-
Niams. — Leur fameuse queue. — La question des sources du Nil. — Une
nouvelle route à suivre.

Né à Riga en 1836, Georges Schweinfurth se voua, très-jeune
encore, à l'étude de la botanique, devint docteur ès sciences
naturelles, et fut chargé de classer et de décrire les plantes qu'un
voyageur avait rapportées, en 1860, de la région du haut Nil.
Enthousiasmé par les richesses que renfermait cette collection, le
docteur Schweinfurth partit pour l'Egypte, herborisa dans le
Delta, parcourut la mer Rouge pendant plusieurs mois dans son
propre bateau, franchit la côte, suivit la frontière d'Abyssinie et
arriva à Khartoum. Sa bourse étant vide, il revint en Europe, ne
songeant plus qu'à reprendre, aussitôt qu'il le pourrait, la suite
de ses travaux.

En 1868, il put mettre son projet à exécution. Il partit d'Europe
au milieu du mois d'août, et se retrouva à Khartoum à la fin du
mois de novembre. S'écartant de la ligne ouverte par Speke et si

heureusement suivie par Baker, il résolut de se jeter résolûment à l'ouest du Nil Blanc, dans une région que l'on regarde encore comme le domaine des fièvres et des cannibales. C'est là que coule le Diour, fréquenté par les traitants d'ivoire ; c'est de là que vient le Bahr-el-Ghazal, affluent du Nil Blanc et qui prend aujourd'hui dans l'hydrographie africaine une importance que l'on n'avait pas soupçonnée.

A Khartoum, le gouverneur général du Soudan égyptien se montra très-favorable à l'entreprise et usa de son influence pour mettre le voyageur en rapport avec un nommé Ghattas, un des principaux traitants d'ivoire dans la région du Diour, à l'ouest du Nil. Sans l'appui et le concours de ce Ghattas, qui jouit d'une grande prépondérance près des chefs et des populations indigènes, il n'y aurait pas eu, dit le docteur, de réussite possible.

Le 5 janvier 1869, Schweinfurth quitta Khartoum pour remonter le Nil ; il s'embarqua sur un bateau d'une construction toute spéciale et comme il n'en existe que sur le haut Nil. Le bois dont sont faits ces bateaux est une sorte d'acacia beaucoup plus dur et plus lourd que le chêne. En raison de sa texture irrégulière et de ses ramifications nombreuses, il est impossible d'en tirer des planches de plus de dix pieds de longueur, ce qui même est assez rare. Les mâts et les vergues sont donc faits par assemblage. Mais l'acacia n'est pas seulement court et tortu ; il est tellement dur, qu'il faut le débiter quand il est vert. D'autre part, la scie est rarement employée par les Nubiens, qui dès lors ne savent pas s'en servir : il en résulte que les planches sont faites sans la moindre prétention à la régularité. Ces défauts toutefois sont rachetés par la ténacité remarquable et l'indestructibilité du bois. Les flancs des barques ont un pied d'épaisseur ; ils sont formés de plusieurs couches de planches de

LE DOCTEUR GEORGES SCHWEINFURTH.

longueurs diverses qui se soutiennent mutuellement. A l'endroit où elles se rejoignent, les planches, dont les **extrémités s'im-briquent**, sont retenues par des clous d'une longueur suffisante pour traverser au moins deux couches de bois. De cette manière, à force de soins et de mesurages, on obtient l'incurvation voulue. Un mât d'une vingtaine de pieds porte la seule voile de la barque, voile latine attachée à une vergue gigantesque, en général de quatre-vingt-dix pieds.

La première station que rencontra notre voyageur fut celle de Fachoda, siége d'un *moudir* ou gouverneur chargé de maintenir l'autorité du khédive parmi les indigènes nouvellement assujettis. Tous les bateaux qui arrivent à Fachoda sont obligés d'y passer plusieurs jours. Ils ont, d'une part, à compléter leur provision de grain, de l'autre, à soumettre aux agents du fisc les papiers du bord, formalité nécessaire pour la perception des droits qui se prélèvent sur chaque homme de l'équipage, mariniers et soldats.

« J'étais constamment stupéfait, dit le docteur, de la bouffon-nerie de tous les gens des bateaux, y compris les miens. Rire, plaisanter, railler, semblait être pour eux l'une des conditions de l'existence. Rien ne se faisait sans jeux de mots (le calembour en Afrique !); rien n'arrêtait ces drôleries perpétuelles, pas même la nuit. La bière qu'on leur servait dans des gourdes d'assez belle taille, n'était pas sans concourir à cette folie permanente ; mais ces gens-là ont réellement la passion du badinage. Et ce n'est pas seulement la jeunesse qui se livre à ces facéties ; les hommes faits, même ceux d'un âge avancé, ont la gaîté naïve des en-fants. »

Les Chillouks, au milieu desquels se trouvait alors le docteur Schweinfurth, habitent, sur la rive gauche du Nil Blanc, un terri-toire d'environ deux cent cinquante kilomètres de longueur sur quinze de largeur. Leur asservissement à l'Egypte a fait procéder au recensement de tous leurs villages. Le dénombrement s'est élevé au chiffre d'environ trois mille villages, chacun renfermant de quarante-cinq à deux cents huttes. Chacune de ces dernières abrite une famille de quatre ou cinq membres ; total, douze cent

mille âmes. Nulle part en Afrique la population n'est aussi compacte ; mais peut-être n'y a-t-il pas d'endroits au monde où les
conditions d'existence soient aussi favorables. L'agriculture,
l'élève du bétail, la chasse, la pêche, tout contribue là au développement d'une vie exubérante.

Sur toute la rive, jusqu'aux dernières limites du territoire, les
bourgades des Chillouks semblent ne former qu'un seul village dont
les quartiers seraient séparés par des intervalles de mille pas au
maximum, et parfois de trois cents pas tout au plus. Les cases,
bâties avec une régularité remarquable, sont tellement rappro-
chées, qu'à première vue on compare leurs groupes à des amas
de champignons. Leur forme étroite et leur toiture, qui, au lieu
de se terminer en pointe, a le sommet arrondi, ajoutent à la
ressemblance et rendent la comparaison fort juste. Ces bourgades
n'ont pas de clôture extérieure ; elles sont divisées par des
sortes de cloisons qui courent entre les huttes et enferment le
bétail.

Au milieu du village est un espace circulaire, où, tous les
soirs, les habitants se réunissent. Là, couchés sur des peaux de
bœuf, ou accroupis sur des nattes d'ambatch, ils fument le tabac
du pays dans d'énormes pipes à fourneau d'argile et respirent les
exhalaisons des tas de bouse auxquels on a mis le feu pour éloigner les moustiques. Sur la place, il y a généralement un tronc
d'arbre auquel sont accrochés des tambours destinés, en cas d'a-
lerte, à prévenir les bourgades voisines.

Bien qu'étrangers aux raffinements de la parfumerie européenne, les Chillouks n'en ont pas moins leurs cosmétiques, à
savoir, une couche de cendre qui les protége contre les insectes.
Lorsque la cendre provient d'un bois quelconque, l'individu est
absolument de couleur grise, ce qui est la livrée des pauvres ;

quand elle est faite avec de la bouse, elle donne au corps une teinte rousse qui fait reconnaître les riches La cendre, la bouse et l'urine de vache sont ici les éléments indispensables de la toilette ; le dernier de ces trois produits sert, en outre, au lavage de tous les récipients du lait, sans doute pour suppléer au manque de sel.

Comme la plupart des Africains peu vêtus, les Chillouks donnent la plus grande attention à leur coiffure. Chez les hommes, l'application répétée d'argile, de gomme et de bouse de vache, agglutine et raidit si bien la chevelure, que celle-ci prend et conserve la forme voulue : soit une crête, soit un casque ou un éventail. La plus grande variété s'observe à cet égard. On voit beaucoup de gens avec une bande transversale de la hauteur de la main, bande qui va d'une oreille à l'autre et constitue un nimbe de couleur grise, terminé derrière la tête par deux pendeloques circulaires. Une forme assez commune, et qui produit l'effet le plus grotesque, est l'imitation du casque de la pintade. De temps en temps on rencontre des têtes à peu près rases. Est-ce par suite d'une maladie, ou de quelque chute qui aura brisé l'édifice ? En pareil cas, on voit souvent un curieux appendice attaché sur le front, une sorte d'abat-jour taillé dans la crinière d'une girafe. Cette visière de poil n'est pas étrangère aux Cafres du sud.

Quant aux femmes, on ne leur voit sur la tête que de petites boucles naissantes, pareilles aux frisons de l'astrakan. Mais si leur coiffure est simple, elles ne sont pas, comme leurs maris et leurs frères, d'une nudité complète ; un tablier de peau de veau, attaché à la ceinture, leur descend jusqu'aux genoux.

Aux Chillouks confinent au sud les Dinkas. C'est au milieu de cette peuplade que se trouvait le principal poste du traitant

Ghattas, sorte de village, appelé Meschéra-el-Rek et composé de huttes en paille comme tous les centres d'habitation de cette région. Meschéra était situé près du Bahr-el-Ghazal, fleuve considérable, formé par la réunion du Bahr-el-Arab et du Diour, le premier venant de l'ouest, le second du sud, tous deux alimentés par de nombreux affluents. Ce poste devint le quartier général du docteur Schweinfurth ; ce fut de là qu'il partit dans différentes directions pour se livrer à des études suivies sur les peuplades avoisinantes.

Les Dinkas, suivant notre voyageur, ont, comme tous les hommes de marais, la jambe longue et décharnée qui caractérise l'espèce. Leur corps est nerveux, carré, surmonté d'épaules anguleuses et horizontales. Un long cou, légèrement contracté à la base, correspond chez eux à la forme de la tête, qui se déprime au sommet et par derrière, et qui en général est étroite et aplatie. Ordinairement la mâchoire est très-large. Néanmoins, il règne dans tout l'ensemble une harmonie qui frappe l'observateur. Les Dinkas, ainsi que les Chillouks, se barbouillent de cendres avec délices, ce qui altère le noir foncé de leur couleur naturelle. Lorsque, dépouillée de son badigeon, leur peau est frottée d'huile ou simplement lavée, elle a un éclat pareil à celui du bronze ; mais il est rare de rencontrer cette nuance ; lorsque la peau est nue, elle s'écaille et devient grise après la chute de l'épiderme.

L'uniformité apparente des traits et de la physionomie est illusoire ; elle provient de l'inexpérience de l'œil, bien plus que d'une ressemblance positive. Les hommes, pour la plupart, sont mieux que les femmes du même âge. Toutefois les traits agréables, pour ne pas dire les figures humaines, se rencontrent rarement. Des contorsions hideuses, accrues par des grimaces, des sourcils courts, un front bas, donnent à la majorité des visages un aspect qui ne vaut guère mieux que celui des singes. Il y a cependant des exceptions, et l'on rencontre parfois des traits d'une régularité remarquable. La toison des Dinkas est presque toujours très-pauvre ; elle est généralement coupée ras, excepté au sommet de la tête, où l'on garde une touffe de laine qui se décore de plumes d'autruche pour imiter l'aigrette du héron. Les plaques de petites mèches sont également fort à la mode. Quelquefois de petites nattes forment sur le crâne des lignes transversales et parallèles.

Puis il y a les caprices des élégants. Ceux-ci se font remarquer par la longueur insolite de leurs cheveux. Soumise à un peignage continuel, divisée, lissée, maintenue au moyen d'épingles, la toison du nègre perd beaucoup de sa frisure ; c'est ainsi que les fashionables dinkas traitent la leur. Les mèches, de six pouces de longueur environ, raidies et pointues, leur donnent un cachet d'autant plus diabolique qu'elles sont d'un roux fauve. Cette nuance est le résultat de fréquentes lotions faites avec de l'urine de vache.

Hommes et femmes s'arrachent les incisives de la mâchoire inférieure : il est difficile de deviner le but de cette hideuse coutume qui les rend repoussants, surtout quand ils sont vieux. Chez les deux sexes, les oreilles sont percées en plusieurs endroits et portent des anneaux de fer ou des bâtonnets dont la pointe est ferrée. Les femmes ont également la lèvre parée d'un grain de verroterie que retient une épingle en fer. Elles sont scrupuleusement vêtues d'une couple de tabliers qui descendent jusqu'à la cheville, et qui, tout autour, sont bordés de clochettes, de petits anneaux et de rangs de perles.

L'âge actuel est pour les Dinkas le véritable âge de fer ; c'est

leur métal précieux ; chez eux, le cuivre est moins estimé. Des
anneaux de fer couvrent les poignets et les chevilles des femmes.
Certaines épouses d'hommes riches ont sur elles un demi-quintal
de ces ornements sauvages. La parure favorite des hommes consiste en épais anneaux d'ivoire qui entourent la partie supérieure
du bras. Chez quelques-uns, une série des mêmes anneaux forme
un brassard allant du coude au poignet. Les gens moins riches
ont des ornements de cuir, lanières tressées, mises autour du
cou, et bracelets d'une seule pièce en peau d'hippopotame. Les
queues de chèvre et celles de vache sont recherchées par tous les
hommes, qui s'en font des parures très-séantes ou s'en servent
pour décorer leurs armes.

Parmi ces dernières, la plus importante est la lance ; néanmoins
ils lui préfèrent le bâton et la massue qu'ils font en ébène de la
contrée. Cette préférence, qu'ils partagent avec les Cafres, les
rend un objet de risée pour les autres peuplades, et leur a valu
le nom d'A-Tagbondos, qui signifie gens du bâton. Chez eux, elle
a fait naître une arme défensive, qui leur est particulière et dont
il y a deux modèles. L'un consiste en une pièce de bois sculptée,
ayant près d'un mètre de longueur et creusée au centre, pour que
la main soit à l'abri ; c'est ce qu'on appelle le *kouaire*. L'autre,
qui se nomme *dank*, ressemble à un arc, et doit, en raison de
l'élasticité et de la résistance de ses fibres, remplir parfaitement
son office, qui est de briser la violence du choc. A ces deux
instruments de défense, les Dinkas joignent un bouclier pareil à
celui des Cafres, c'est-à-dire un long ovale en peau de buffle,
dont un morceau de bois, inséré à ses deux bouts dans l'épaisseur
du cuir, constitue la poignée.

Ce qui caractérise tout particulièrement les Dinkas, c'est leur
amour du bétail ; ils n'ont pas d'autre pensée que d'acquérir des

bêtes bovines, pas d'autre ambition que de les multiplier. Ils paraissent avoir pour elles une sorte de respect ; même leurs excréments sont considérés dans le pays comme une chose précieuse. Lorsqu'une vache est malade, elle est conduite à l'infirmerie et traitée sous l'œil du maître avec les plus grands soins. Jamais une bête bovine n'est abattue ; on ne mange que celles qui périssent de mort naturelle ou par accident. Ces coutumes pourraient être regardées comme les vestiges d'un ancien culte, si les Dinkas ne mangeaient pas très-volontiers d'un bœuf que l'on a tué, quand celui-ci n'est pas à eux. C'est donc pour le plaisir de les posséder, non par superstition, qu'ils respectent leurs troupeaux. Le chagrin qu'éprouve un Dinka de la perte de son bétail est indescriptible. Il fera, pour le racheter, les sacrifices les plus grands, car il le préfère à tout, voire à sa femme et à ses enfants.

Les Diours, qui vivent dans les hautes terres, sur un plateau de grès rouge abondant en fer, et dont le nom signifie hommes des bois, forment un contraste remarquable avec leurs voisins les Dinkas. Si ceux-ci sont tous pasteurs, ceux-là sont tous forgerons. Avec une persévérance admirable, ils ouvrent de place en place des tranchées d'une dizaine de pieds de profondeur, où ils se procurent le minerai de fer. Les fourneaux dont ils font usage pour fondre ce minerai sont des cônes d'argile qui n'ont pas plus de quatre pieds d'élévation et dont la partie supérieure s'élargit en gobelet. A mesure de la fusion, le métal traverse le brasier et tombe dans un creuset ménagé au-dessous du fourneau. Le temps voulu pour assurer le succès de l'opération est d'environ quarante heures. Le dépôt du métal est refondu ; et la portion la plus lourde est de nouveau soumise au feu dans des creusets d'argile. Ces parcelles, chauffées au rouge, sont alors battues

avec une grosse pierre et réunies en un seul lingot dont un mar-
telage suffisant chasse les dernières impuretés.

Les Diours ont des familles nombreuses ; et si les Nubiens, qui
tous les ans leur prennent la moitié de leurs récoltes, n'étaient
pas venus chez eux, il y a longtemps que leur territoire serait
aussi peuplé que celui des Chillouks. Ils ont, comme ces derniers,
l'adresse de pourvoir à leurs besoins par tous les moyens pos-
sibles. Quant aux travaux agricoles, ils sont abandonnés aux
femmes, ainsi que les travaux du ménage, y compris la bâtisse et
la fabrication de divers ustensiles. Les affections de famille,
amour paternel et filial, sont beaucoup plus développées chez les
Diours que dans aucune peuplade de la contrée. Ils ont pour coucher leurs enfants des corbeilles de forme allongée qui rappellent
nos berceaux. Non-seulement ils soignent leur progéniture avec
tendresse, mais ils respectent les vieillards, ce que l'on voit dans
chacun de leurs villages.

De tous les habitants de la région, ceux avec lesquels Schweinfurth eut le plus de rapports sont les Bongos ; il put s'initier à
leurs habitudes, s'approprier leur idiome dans une certaine mesure, et de la sorte arriver à les mieux connaître. Le pays de
cette peuplade a, suivant le voyageur, à peu près la même
étendue, comme superficie, que la Belgique ; mais, sous le
rapport de la population, il peut être comparé aux plaines de la
Sibérie.

Les Bongos sont d'un brun rouge. Moins complétement nus que
les Dinkas et les Diours, ils ont remplacé le petit tablier de cuir
dont ils se servaient naguère encore par une bande d'étoffe passée
dans la ceinture et dont les bouts retombent par devant et par
derrière. Quant aux femmes, une branche souple et feuillue,
parfois un bouquet d'herbe, renouvelé chaque matin, est leur

costume habituel. De temps à autre, elles y ajoutent une queue pareille à celle d'un cheval et composée de filaments de plantes teints en noir. Cette simplicité du vêtement'n'exclut pas toutefois l'amour de la toilette ; elles ne se contentent pas d'une masse de verroterie et de ferraille qui les annonce de loin par un cliquetis spécial ; leurs oreilles sont ornées d'anneaux et de petits croissants de fer ou de cuivre, auxquels s'ajoutent parfois cinq ou six pendeloques. A peine mariée, la jeune épouse se perce la lèvre inférieure et en élargit peu à peu l'ouverture, de manière à pouvoir y introduire soit un clou, soit une plaque ou un anneau de métal, voire un fragment de chaume d'un pouce de diamètre. Des brins de paille sont insérés dans les narines, jusqu'à trois de chaque côté. Un anneau passé dans le cartilage du nez est en grande faveur. Chez les coquettes, la bouche est ornée aux deux coins d'une agrafe, ou plutôt d'un crampon que l'on croirait destiné à l'empêcher de s'étendre. Le haut du bras est tatoué ou couturé de lignes parallèles, de zigzags, de rangées de points ou de boutons ; et il n'est pas une saillie de la chair, pas un pli de la peau qui ne serve de prétexte à l'introduction d'un fétu ou d'une cheville. On voit des élégantes décorées de la sorte en une centaine d'endroits. La place, il est vrai, ne leur manque pas : une femme bongo adulte a la cuisse de la grosseur du corps d'un homme ; et mesurée autour des hanches, elle rendrait des points à la Vénus hottentote. Les beautés qui pèsent quatre cents livres ne sont pas rares dans le pays.

Le docteur Schweinfurth était installé depuis quelque temps déjà aux environs du poste de Ghattas, se livrant à la chasse et à l'herborisation, lorsqu'il fut invité par un traitant d'ivoire du bassin de Bahr-el-Ghazal à accompagner une expédition dans le pays des Niams-Niams. Il accepta avec empressement, et l'on partit à la fin du mois de janvier 1870.

Dans leur extérieur et leurs habitudes, les Niams-Niams ont une physionomie très-caractérisée. Ils portent des tresses de cheveux descendant jusqu'à mi-corps. Leurs grands yeux fendus en amande sont très-écartés l'un de l'autre ; le nez est large, mais long ; la taille est moyenne, le buste assez long. Ils s'aiguisent les canines en pointes, afin de s'en servir comme d'une arme dans leurs combats ; ils s'habillent de peaux et gardent la tête nue, à l'exception des chefs, qui ont seuls le droit de s'orner le front d'une coiffure en peau de bête. Ils se servent peu de l'arc et de la flèche ; leurs armes habituelles sont la lance et une espèce de couteau en forme de faucille. Ils n'ont pas de bestiaux, mais ils entretiennent des chiens et des poules et ont un goût décidé pour la chair humaine. Ils obéissent à des chefs nombreux. Quant à la fameuse queue dont les ont gratifiés plusieurs voyageurs européens, elle existe à la vérité, mais comme simple ornement, et se compose de morceaux de cuir bien ouvragés et maintenus dans une certaine position au moyen de petits morceaux de fer.

Le pays entier des Niams-Niams, qui s'étend très-loin dans l'ouest, représente, selon l'estime du voyageur, plus de 160,000 kilomètres carrés, presque le tiers de la superficie de la France. Au sud des Niams-Niams habitent les Mombouttous, anthropophages comme les premiers, mais plus intelligents. Ils ont un état social réglé et connaissent, paraît-il, plusieurs arts. Leur roi accueillit le docteur très-amicalement et donna même en son honneur des fêtes où figurèrent des Akkas.

Les Akkas sont une nation naine qui demeure dans le voisinage des Mombouttous. La taille chez ce peuple ne dépasse pas un mètre et demi. Leur prognathisme est très-prononcé. Ils ont de petites mains et de petits pieds. Très-agiles de leur nature, ils se servent fort habilement de la lance et de l'arc pour chasser l'éléphant.

Le docteur Schweinfurth voulut emmener un de ces nains en

Sur le Nil, navigation dans les hautes herbes. (Page 188.)

Europe ; mais le sujet qu'il avait choisi mourut dans le cours du voyage de retour.

Revenu au poste de Ghattas, notre voyageur employa plusieurs mois à de nouvelles excursions dans les territoires environnants. Le 8 juin 1871, il s'embarqua pour redescendre le Nil, et le 2 novembre il revoyait le sol européen, après une absence de plus de trois ans. Les résultats de ce long voyage sont considérables. Si le docteur Schweinfurth n'a apporté aucun éclaircissement nouveau au problème des sources du Nil, il a du moins donné sur la géographie de la Nigritie des notions d'autant plus précieuses, que cette immense région du centre de l'Afrique renferme, selon toute vraisemblance, le secret depuis si longtemps poursuivi. Les innombrables cours d'eau, dont quelques-uns ont l'importance de grands fleuves, qui viennent de cette partie du continent africain et grossissent le Nil Blanc, la direction des autres fleuves, tels que le Tchadda, branche orientale du Niger, l'Ogooué, le Zaïre, tributaires de l'océan Atlantique, et enfin le Zambèze, tributaire de la mer des Indes, tout porte en effet à supposer avec raison qu'il y a là, dans la zone équatoriale, un massif de hautes montagnes, tout un système d'Alpes peut-être, qui est le vrai nœud du problème. Ce qu'il s'agit de reconnaître, ce n'est pas tel ou tel lac d'une importance secondaire, puisqu'il ne saurait être que le récipient d'eaux supérieures, c'est le point de départ, la source de ces eaux supérieures.

Toutes les tentatives, dit notre géographe Vivien de Saint-Martin, ont été faites jusqu'à présent, du nord au sud, ou à l'inverse, du sud au nord, soit en remontant le Nil, soit en partant de l'Afrique australe, pour gagner Gondokoro et Khartoum : la ligne que nous voudrions voir aborder couperait le continent dans l'autre sens, de l'ouest à l'est. L'exploration nouvelle pourrait partir de Gabon et s'avancer hardiment vers le nord ou le nord-est, pour atteindre le plus vite possible les hauts pays, c'est-à-dire la région des sources.

C'est dans cette haute région, dont nul encore ne s'est approché, qu'est le grand intérêt de l'entreprise, l'intérêt tout à la fois physique, ethnographique et géographique ; c'est là que sont réellement les recherches et les observations qui immortaliseraient le voyage et le voyageur, en conduisant directement et à coup sûr à la découverte de la vraie tête du Nil.

CHAPITRE IX

Au siècle dernier, de hardis navigateurs entreprenaient des
expéditions autour du monde, dans le but de découvrir des terres
et des îles inconnues ; au commencement de ce siècle, on continuait encore cette œuvre, et tout le monde admire les beaux
voyages du commandant Dumont d'Urville.

Aujourd'hui, il n'y a plus de grandes découvertes à faire sur
les différentes mers qui couvrent le globe. Mais si la surface de
l'Océan ne présente aucun mystère à pénétrer, ses profondeurs
sont demeurées jusqu'ici à peine explorées. C'est à l'Angleterre
que revient l'honneur d'avoir entrepris une expédition scientifique chargée de scruter les secrets de la mer sous toutes les
latitudes et en contournant notre planète : telle a été la tâche du
Challenger, aujourd'hui revenu à bon port, chargé de trésors
scientifiques inestimables.

C'est sur la demande de la Société royale de Londres que l'Amirauté affecta en 1872 ce bâtiment à cette expédition scientifique. Le commandement en fut donné au capitaine Nares, qui fut entouré d'un état-major de choix. Le personnel scientifique, placé sous la direction de M. Wyville Thompson, professeur à l'Université d'Edimbourg, se composait, outre ce savant éminent, de trois naturalistes, d'un chimiste-physicien, M. J. Buchanan, et d'un dessinateur, M. Wild, qui faisait également fonction de secrétaire. On doit à celui-ci de remarquables dessins faits au microscope de la faune des hauts-fonds marins, du corail, des éponges, etc. M. Buchanan avait pour mission spéciale de déterminer la densité spécifique de l'eau ramenée des diverses profondeurs. Les travaux d'hydrographie et de magnétisme terrestre étaient confiés au corps d'officiers du bord.

Le *Challenger* quitta l'Angleterre à la fin de 1872, le 21 décembre, et passa toute l'année 1873 sur l'Atlantique, qui, pour la commodité des recherches et des études, fut divisé en quatre sections. Le dragage des hauts-fonds donna les meilleurs résultats; il en fut de même de la pêche à la traîne; on recueillit de nombreux spécimens de poissons, de crustacés, de mollusques, etc., parmi lesquels il se trouva des espèces les unes inconnues, les autres très-rares. La question si controversée de la possibilité de la vie dans les grandes profondeurs fut résolue dans un sens affirmatif. En constatant en maints endroits les différences de température qui existent de la surface de la mer au fond, on obtint ainsi d'importantes données sur la nature des grands courants maritimes. La plus grande profondeur fut observée près des îles de la Vierge, dans les Indes occidentales, où l'on n'atteignit le fond qu'à 3,875 brasses. Cette profondeur ne fut dépassée qu'une fois, au nord de l'océan Pacifique, par 11° 24' de latitude nord et 143° 16' de longitude est (méridien de Greenwich), où la sonde descendit jusqu'à 4,500 brasses. Il est probable que ce dernier chiffre n'est dépassé nulle part ailleurs.

Ainsi les profondeurs extraordinaires constatées par de précédents navigateurs paraissent dues à des observations erronées. En beaucoup d'endroits, le *Challenger* put le démontrer en ramenant de profondeurs moindres, avec la sonde, des fragments du sol du fond atteint. Un fait curieux a été remarqué, c'est qu'au sud de l'équateur on ne trouva jamais des profondeurs de 3,000 brasses; ce qui est d'un intérêt particulier pour la géologie, à cause des théories basées sur la prédominance des terres dans l'hémisphère septentrional, prédominance qui serait ainsi contrebalancée dans l'hémisphère méridional par la moindre épaisseur de la couche d'eau.

Pendant tout 1873, le *Challenger* visita l'Amérique du Nord et l'Amérique du Sud, les Indes occidentales, les Antilles, Madère, les Canaries, l'archipel du Cap-Vert et l'Afrique ; il fit dans cette campagne sur l'Atlantique 19,300 milles marins. Après une relâche au cap de Bonne-Espérance, il se dirigea vers les mers du Sud. On était à la fin de décembre 1873. Les îles Marion et Crozet reçurent la visite de l'expédition, et le *Challenger* y eut à lutter contre les brouillards épais et les rafales de vent qui firent faire naufrage au *Strathmore* sur l'île Crozet.

Sur ces entrefaites, on avait choisi en Angleterre l'île de Kerguelen pour y établir une station astronomique destinée à observer le passage de Vénus sur le soleil en 1874 ; le *Challenger* reçut l'ordre de visiter cette île et d'y désigner un emplacement propice à cet observatoire. Il y demeura un mois, et les officiers et savants firent une reconnaissance minutieuse de la côte est de l'île, où ils désignèrent un emplacement qui fut adopté. On ne put en faire autant sur la côte occidentale, à cause des brouillards qu'y accumulaient les vents d'ouest. On visita aussi l'île Heard, au sud de Kerguelen ; ce n'est à proprement parler qu'un immense et stérile glacier. Quelques baleiniers américains y sont cependant établis pour s'y livrer à la chasse des éléphants de mer qui en fréquentent les récifs en grand nombre. On ne peut se faire une idée de l'existence lugubre que mènent ces baleiniers, qu'on ne relève qu'une fois par an, en même temps qu'on vient prendre le produit de leur chasse.

Le *Challenger* poussa plus avant encore dans le sud, et passa le cercle polaire antarctique ; il alla jusqu'à 1,400 milles du pôle sud. On se trouvait au milieu de banquises et d'icebergs ; on en compta un jour quatre-vingts du haut du grand mât. Quelques-unes de ces montagnes de glace mesuraient 300 pieds de haut et deux ou trois milles de long ; elles avaient la forme d'une table ; seuls les *veaux* ou glaçons présentaient l'apparence des icebergs des mers arctiques. On chercha en vain le continent antarctique signalé dans ces parages par le navigateur américain Wilks, à bord du vaisseau *le Vincennes*, en 1834. S'il a jamais existé, il faut qu'il ait été englouti, car on trouva 1,300 brasses de fond à l'endroit même où il avait été désigné. Des tempêtes de neige, des bourrasques furieuses rendent la navigation très-difficile et très-dangereuse dans ces mers, et l'habileté des officiers fut mise à l'épreuve pour éviter la rencontre d'une de ces montagnes de glace dont le choc eût été la perte du navire. La mer était néanmoins très-animée ; des baleines soufflaient en foule autour du *Challenger*, et les glaçons étaient couverts de pingouins de toute espèce ; l'eau était riche en crustacés dont se nourrissaient les *diomedia*, les *procellaria* qui foisonnaient.

On arriva enfin à Melbourne, et trois mois de l'année 1874

furent, en Australie , consacrés à un repos bien gagné. Une série
de sondages fut, durant le mois de juin , opérée entre Melbourne
et la Nouvelle-Zélande , dans le but d'établir ultérieurement un

càble télégraphique sous-marin. On toucha ensuite aux îles des
Amis, aux Fidji, aux Nouvelles-Hébrides , aux îles Arrou et Ki
sur les côtes de la Nouvelle-Guinée , et partout les indigènes se

montrèrent assez doux. On rendit visite aux superbes plantations de girofles, de cannelliers, de muscadiers, de poivriers, de cocotiers des Moluques ou îles des Epices. Rien ne dépasse la beauté de ces îles. A Manille, aux Philippines, on assista à la fabrication des cigares dans les ateliers immenses qui emploient plus de dix mille femmes ; enfin la troisième croisière se termina à Hong-Kong, en Chine.

Dans ce port, le capitaine Nares reçut l'ordre de l'Amirauté de se rendre en Angleterre pour prendre le commandement de l'expédition anglaise au pôle nord ; ses compagnons ne se séparèrent de lui qu'avec regret ; mais le capitaine Thompson, qui lui succéda, le remplaça dignement aussi bien dans l'affection de ceux qui montaient le *Challenger* que dans la direction de l'expédition.

Ce fut le 6 janvier 1875 que le *Challenger* appareilla de nouveau, se dirigeant encore vers les Philippines. Les sondages faits dans la mer de Chine donnèrent des profondeurs considérables, 2,100 brasses. Après avoir relâché un jour à Manille, il gagna l'île de Cebu ; c'est la plus fertile et la plus jolie des Philippines. On y récolte notamment cette plante, *musa textilis*, dont on fait les chapeaux de Manille. La ville capitale compte jusqu'à 35,000 habitants ; mais la population, sous un climat délicieux et sur un sol fécond, n'a que peu de besoins et est paresseuse.

C'est à Cebu que Magellan descendit lorsqu'il découvrit l'archipel. On y montre encore une croix qu'il y aurait élevée, et quelques-uns des passagers du *Challenger* firent une visite à l'île de Mactan, où fut tué le grand navigateur en 1521, et y virent son monument, aujourd'hui très-délabré.

On a découvert de la houille à Cebu, mais on n'en exploite guère les gisements, bien qu'elle soit de bonne qualité. On en fut satisfait à bord du *Challenger*, qui en avait embarqué dix tonnes pour l'essayer. En draguant aux environs de Cebu, on ramena un spécimen superbe d'*euplectella*, sorte d'éponge, appelée aussi *corbeille de fleurs de Vénus* ; bien que cette variété ne soit pas rare dans les collections, l'euplectella recueillie par le *Challenger* est une des plus précieuses à cause de sa beauté peu commune.

En se dirigeant vers Zamboaagan et l'archipel de Soulou, on visita la petite île de Camiguin, célèbre par son volcan encore en activité. On y débarqua pour quelques heures et on la trouva fertile et bien boisée. Le volcan a une hauteur d'environ 1,950 pieds et se profile en brun chocolat sur les pentes verdoyantes, mais plus élevées, de l'île voisine de Mindanao. Une fumée épaisse s'en échappe, mêlée à des feux dont on aperçoit les lueurs pendant la nuit ; de près, on constata qu'il est composé de trachyte d'un gris pâle comme nos trachytes d'Auvergne. Ce volcan est tout récent : il est né, pour ainsi dire, le 11 mai 1871. Pendant plusieurs mois, Camiguin et les îles environnantes avaient été secouées par d'effrayants tremblements de terre qui durèrent jusqu'à l'éruption. C'est alors que la montagne actuelle prit naissance et gonfla tous les jours davantage. En quatre mois, elle s'est élevée de 400 pieds, et sa circonférence s'est tellement élargie, qu'elle a recouvert une ville de 11,000 habitants, Catarman, la plus grande de l'île, dont on ne retrouve plus que quelques murs écroulés. Camiguin, qui a 10 milles de longueur, 7 de large, avait autrefois 25,000 habitants ; depuis 1871, il n'en reste plus que 200 : tous les autres se sont enfuis devant ces épouvantables phénomènes volcaniques.

Tout en sondant et en draguant, le *Challenger* continua sa route vers le sud. L'intention du capitaine Thompson était de gagner les îles Greenwich, un peu plus au midi, par 155° de longitude est. Mais le vent et un courant très-fort l'en empêchèrent ; et, comme il fallait économiser le charbon, il ne voulut pas lutter, et résolut de se diriger sur la côte septentrionale de la Nouvelle-Guinée, vers la baie Humboldt, où le *Challenger* jeta l'ancre le 24 février 1875.

Les savants de l'expédition ne purent obtenir des indigènes qu'ils les laissassent débarquer. Ceux-ci étaient des Papous d'assez haute taille, à la couleur d'un brun foncé à l'ombre et rougeâtre au soleil, aux cheveux excessivement frisés, formant tantôt un véritable turban autour de la tête, tantôt une crête en forme de cimier de casque s'étendant de la nuque au sommet du front. Ils étaient complétement nus, mais peints ou tatoués surtout au visage de rouge, de noir ou de bleu sombre. Plusieurs avaient des défenses de sanglier passées dans les cloisons du nez, simulant ainsi de loin d'étranges moustaches blanches. Ils avaient aussi la tête ornée de quelques plumes, ou de la fleur rouge de l'hibiscus. Ils étaient armés de flèches, d'arcs, et de haches d'une pierre verte taillée et polie comme celles de la période néolithique de nos temps préhistoriques.

Ces Papous étaient pourtant très-avides de fer, dont ils semblaient connaître la supériorité sur la pierre, les os et les coquilles qui constituent leur matériel industriel propre. Ils échangèrent avec l'équipage du *Challenger* tout ce qu'ils possédaient pour des clous, des hameçons, des haches de fer. Mais sous aucun prétexte ils ne voulurent monter à bord, ni permettre aux Européens de descendre à terre, au grand chagrin des chasseurs et des naturalistes, qui ne purent s'emparer ou tuer de *gouras*, énormes oiseaux de la grosseur des dindons et de la famille des pigeons, particuliers à la Nouvelle-Guinée.

Les Papous de la baie Humboldt devaient avoir eu affaire déjà à ces écumeurs de mer qui enlèvent des indigènes dans les îles de l'Océanie, pour les céder dans les colonies européennes comme des travailleurs *libres*, et ils confondaient nos pacifiques savants et marins de la reine Victoria avec ces forbans. Ils ne devaient cependant jamais avoir vu de bateaux à hélice ; car un jour que le *Challenger* fit fonctionner la sienne pour changer de mouillage, ils saisirent leurs arcs et s'apprêtèrent à lancer leurs flèches sur le point où l'eau bouillonnait ; mais quand ils se furent rendu compte du phénomène, leur admiration fut extrême et se manifesta en soufflant dans des trompettes faites avec un grand coquillage.

Le séjour de la baie Humboldt devenant inutile aux recherches de l'expédition, celle-ci se dirigea vers les îles de l'Amirauté, où on arriva le 3 mars 1875.

Découvert par Schouten en 1616, cet archipel n'avait été exploré que par Carteret et d'Entrecasteaux, et encore ne s'y étaient-ils pas arrêtés longtemps. Le *Challenger* mouilla sur la côte N.-O. de l'île de l'Amirauté, dans un bon port, d'un accès facile, bien abrité par un récif de 7 milles de long et par trois îles qui forment un brise-mer naturel. On le nomma Port-Nares, en l'honneur du premier chef de l'expédition. Les habitants se montrèrent moins farouches que les Papous de la baie Humboldt, à la race desquels ils appartiennent cependant ; ils laissèrent des membres de l'expédition descendre à terre et visiter leurs villages. Eux aussi avaient un goût prononcé pour le fer ; ils possédaient quelques haches de ce métal ; on a lieu de croire qu'ils les ont acquises de bateaux bouguis des Moluques, qui viennent dans ces îles chercher de l'écaille de tortue.

Les habitants des îles de l'Amirauté sont anthropophages ; ils en firent naïvement l'aveu, et laissèrent entendre qu'ils n'enterrent pas leurs morts, mais qu'ils les mangent. Par contre, ils manifestèrent un profond dégoût à la pensée de se nourrir de la chair de chien. L'usage du tabac, du bétel et des spiritueux, n'a pas encore pénétré chez ces populations primitives.

Le 10 mars, le *Challenger* quitta Port-Nares et fit route vers le nord ; contrarié par le mauvais temps, il ne put visiter les Carolines et les Mariannes, comme on en avait le projet. C'est pendant cette traversée que la sonde atteignit cette profondeur maximum de 4,500 brasses dont nous avons parlé plus haut.

Le 11 avril, on entrait dans le port de Yokohama, au Japon. Deux mois furent consacrés ensuite à la reconnaissance et à l'étude des côtes japonaises et de la pittoresque mer intérieure. Puis le *Challenger*, s'élançant de nouveau à travers l'océan Pacifique, visita les îles Hawaii, l'archipel de la Société, et, avant d'arriver à Valparaiso, au Chili, fit relâche à l'île Juan-Fernandez. On sait que c'est dans cette île qu'habita solitaire, pendant cinq ans, au commencement du XVIIIe siècle, un Ecossais qui fut le prototype dont se servit Daniel de Foë pour créer son célèbre Robinson Crusoé. On y voit une tablette portant l'inscription suivante :

« A la mémoire d'Alexandre Selkirk, né à Largo, comté de Fife (Ecosse), qui demeura sur cette île pendant 4 ans et 4 mois, dans la solitude la plus complète. Il fut débarqué du vaisseau *les Cinque-Ports*, en 1704, et fut recueilli par le bateau de commerce *The Duke*, le 12 février 1709. Il mourut lieutenant du *Weymouth*, en 1723, à l'âge de 47 ans. Cette tablette, placée près l'observatoire de Selkirk, a été posée par le commodore Parwell et les officiers du vaisseau de Sa Majesté *la Topaze*, en 1868, dans l'île de Robinson-Crusoé. »

Le *Challenger* emmena avec lui une chèvre, descendant de celles que poursuivait et domestiquait Selkirk, et que les matelots baptisèrent du nom de Crusoé. Juan-Fernandez n'est plus tout à fait une île déserte, car on y trouve aujourd'hui quelques Chiliens occupés à la chasse des phoques,

De là, après avoir touché à Valparaiso, l'expédition voulut regagner l'Atlantique. Pour cela, on ne prit pas la route habituelle du cap Horn, toujours battu par les tempêtes et les grosses lames du large ; mais on s'engagea dans les eaux plus tranquilles du détroit de Magellan, où l'on put se livrer à de fréquents sondages et à des dragages fort intéressants par leurs résultats pour les naturalistes.

Le *Challenger* quitta l'océan Pacifique au cap *Tres-Montes*, et ressortit dans l'Atlantique par le travers du cap de la Vierge. Comme certains navigateurs affirmaient que les îles Falkland ou Malouines subissaient un mouvement d'exhaussement lent, mais appréciable, on voulut vérifier le fait, et le *Challenger* s'y rendit à la fin de janvier 1876 ; mais les savants du bord, après de minutieuses observations qui durèrent une quinzaine de jours, constatèrent que le sol n'avait pas bougé depuis le temps de Ross, et que son élévation au-dessus du niveau de la mer était toujours la même. Dès lors, on songea au retour en Angleterre, et l'on suivit l'itinéraire suivant : Montevideo, l'Ascension, Saint-Vincent et Vigo, toujours en sondant, en pêchant, en draguant.

L'expédition du *Challenger* a duré trois ans et demi, c'est-à-dire 713 jours à la mer et 568 dans les ports. Elle a fait en tout 68,500 milles marins, traversé quatre fois l'équateur et cinq fois le 180° du méridien de Greenwich. Dans le courant du voyage, on a sondé 374 fois dans les hauts-fonds, on a observé la température sous-marine 255 fois, on a dragué avec succès 111 fois, et 19 fois seulement sans résultat ; on a pêché à la traîne 129 fois heureusement, et 16 fois sans succès.

Grâce aux soins des médecins du bord, la santé de l'équipage du *Challenger* fut toujours excellente. Au départ, on comptait 243 hommes sur ce navire, et 167 au retour. Cette diminution considérable fut produite par la désertion de 61 matelots dans les différentes et nombreuses relâches que l'on fit ; d'autres suivirent le capitaine Nares, quand il partit de Hong-Kong pour prendre le commandement de l'expédition arctique ; on n'eut donc qu'à regretter la mort de 10 personnes, dont un des naturalistes, le professeur Von Suhen, qui fut emporté par un érésipèle ; la plupart des autres décès furent occasionnés par des accidents : en sondant dans le détroit de Cook, un homme tomba à la mer et se noya ; un mousse fut renversé et tué par le câble de la drague sur lequel il avait eu l'imprudence de marcher ; aux Falkland, un matelot, rentrant à la nuit, manqua l'échelon et tomba à l'eau ; malgré l'obscurité, le lieutenant Carpenter plongea et le retira, mais la tête avait frappé le fond, et le malheureux matelot ne revint pas à lui. Un des maîtres d'école périt d'une attaque d'apoplexie, et son successeur se brisa les reins en tombant dans un précipice de l'île Saint-Vincent.

Dès son arrivée en Angleterre, le *Challenger* fut visité par l'Amirauté, par les sociétés savantes, et même par un public nombreux, curieux et sympathique. Le spectacle qu'il présentait était des plus attachants, et ses laboratoires, encombrés d'instruments scientifiques et de spécimens de haute valeur, faisaient l'admiration des visiteurs. Ces laboratoires étaient pour la plupart établis sur le pont, qui avait perdu toute apparence belliqueuse ; les cabines et les salles des officiers et des savants étaient remplies d'échantillons rapportés de tous les points du globe visités par l'expédition. Partout des instruments, des armes, des produits de l'industrie des sauvages et des tribus à demi civilisées.

Dans les laboratoires des naturalistes, des meubles pleins de petits tiroirs contenaient mille préparations microscopiques, mille spécimens d'êtres vivants inconnus jusqu'ici, recueillis sur des côtes inexplorées ou au fond de la mer. Les grosses pièces étaient plongées dans de l'esprit-de-vin et emballées dans 300 boîtes prêtes à être expédiées à Edimbourg, où, depuis le commencement du voyage, on avait envoyé déjà environ 1,000 grandes caisses d'objets d'histoire naturelle. Parmi tous ces trésors scientifiques, on remarque de nouvelles variétés d'invertébrés, principalement d'*échinodermes*, de *polyzoons*, d'*hydres*, de *rhizopodes*, d'*actinies* et d'*annélides*. On a retiré également une nouvelle espèce de poisson d'une profondeur à laquelle on ne soupçonnait pas qu'un vertébré pût exister ; à 2,000 brasses et plus bas, on a rencontré des crustacés curieux, mais absolument aucun mollusque.

Un des principaux résultats des sondages a été d'établir que les caractères géologiques du fond de la mer sont de deux sortes : dans les profondeurs de 2,000 brasses et moins, le fond est une boue grisâtre, composée de millions de coquilles de globigères et d'autres petits objets qu'on appelle « vase globigérine. » Au delà, les coquilles de foraminifères disparaissent entièrement, et le fond n'est plus qu'un limon d'un brun chocolat. Le filet à la traîne démontra clairement que les foraminifères vivants sont distribués sur une vaste étendue de l'Océan ; et comme, lorsqu'ils meurent, leurs coquilles tombent au fond, quelle que soit sa profondeur, il reste à expliquer pourquoi elles disparaissent au delà de 2,000 brasses. M. Wyville Thompson, qui a constaté un excès d'acide carbonique dans les eaux des grands fonds, estime que cet acide décompose le carbonate de chaux des coquilles, dont le reste des matériaux constitue la boue brune. Avant ces recherches, on croyait que les foraminifères vivaient seulement au fond de la mer, et qu'ils n'étaient distribués que çà et là. Aujourd'hui on sait le contraire, et on a constaté que leur domaine géographique s'étend des tropiques jusqu'aux 45° de lat. N. et S. Dans le cercle antarctique, ils disparaissent et sont remplacés par des *diamotacées* et d'autres végétaux.

La collection de photographies prises pendant le voyage comprend environ 500 vues des plus intéressantes. Une d'elles représente une négresse albinos de Saint-Vincent, dont le type et les traits sont absolument négritiques, mais dont la peau et la chevelure laineuse sont parfaitement blanches. Aux îles de l'Amirauté, on eut toutes les peines du monde à obtenir des indigènes qu'ils se laissassent photographier ; l'appareil leur inspirait une frayeur terrible, et ils s'écartaient de devant l'objectif comme si c'eût été la bouche d'un canon. On ne les décida à poser que lorsque le commandant Thompson leur en eut donné lui-même l'exemple.

Les curieux s'amusaient beaucoup de deux grandes tortues, âgées, dit-on, l'une d'un siècle, l'autre d'un demi-siècle. La plus grande était si forte, qu'elle marchait aussi facilement avec deux hommes sur le dos que si elle n'eût eu que sa propre carapace à porter.

CHAPITRE X

Depuis quelques années, les régions polaires ont conquis de nouveau une place importante dans les préoccupations du monde savant. Le désir d'élucider les questions soulevées par les découvertes des voyageurs Kane et Hayes a fait naître un mouvement qui semble être aujourd'hui à son apogée. Les navigations dans les mers arctiques ne discontinuent pas en quelque sorte : Allemands, Suédois, Norwégiens, Américains, rivalisent de zèle et d'audace pour atteindre le grand but qui est d'arriver au pôle nord lui-même et de planter le drapeau de l'humanité dans l'axe du monde.

On était persuadé autrefois que les régions polaires, étant les plus froides du globe, se trouvaient en toute saison couvertes d'une épaisse couche de glace et de neige. Aujourd'hui, les opinions ne sont plus les mêmes, et l'on a de fortes raisons de croire, au contraire, que, du cercle polaire au pôle lui-même, la température va en augmentant. Il est à peu près démontré, en effet, qu'au delà des amas de glace qui ont arrêté jusqu'à présent les navigateurs s'étend une vaste mer libre, un océan plutôt, ayant en moyenne un rayon de dix-huit cents kilomètres au moins. Le témoignage de Morton, compagnon de Kane, et celui de Hayes surtout, ne permettent guère de conserver des doutes à cet égard. Ces hardis voyageurs n'ont pu, à la vérité, traverser entièrement avec leurs navires la formidable banquise qui environne cet océan; mais ils ont pénétré fort avant dans ses profondeurs et sont remontés, sur sa surface, assez loin pour apercevoir de larges étendues d'eau complétement dégagées de glace.

Ces résultats font qu'on espère, avec quelque raison, pouvoir, un jour ou l'autre, s'élever jusqu'au pôle. Des trois grandes voies qui se présentent aux explorateurs, les mers du Spitzberg, la mer de Baffin et le détroit de Behring, aucune ne semble impraticable; on pense qu'à la fin de la saison chaude les glaces se rompent et se désagrégent suffisamment sur ces points pour livrer passage à un bâtiment qui saisirait le moment favorable.

En 1865, le capitaine de vaisseau Sherard Osborn, de la marine britannique, voulant tenter l'entreprise, soumit un projet d'expédition à la Société de Géographie de Londres. Il proposait de prendre la voie de la mer de Baffin et du détroit de Smith, voie déjà reconnue par les voyageurs Kane et Hayes; de laisser un navire à l'entrée du canal Kennedy comme base de ravitaillement; de pénétrer avec un grand navire dans la mer libre de Kane, qui, suivant lui, ne devait être simplement qu'une brisure dans le glacier polaire; puis de gagner le pôle en traîneau, ce qui nécessiterait vingt-cinq jours de marche à peine.

Ce projet, accueilli dès le début par de chaleureuses sympathies, eût peut-être été réalisé immédiatement, sans l'opposition scientifique du docteur Augustus Petermann, de Gotha. Ce savant géographe, dont les travaux ont donné aux investigations arctiques la première et la plus vigoureuse impulsion, prétendit que la voie de la mer de Baffin n'était pas praticable, que le pôle ne pouvait être atteint en traîneaux, attendu que l'existence d'une mer libre polaire était évidente, et que, par conséquent, la meilleure voie à suivre était celle des mers du Spitzberg à l'époque de la débâcle des glaces.

La dissidence était profonde; elle portait, en effet, non-seulement sur la direction à prendre, mais encore sur l'état des régions polaires. Des débats longs et animés eurent lieu au sein de la Société de Géographie de Londres. Le capitaine Osborn persista à croire que la calotte polaire n'était qu'un immense glacier; de son côté, le docteur Petermann soutint qu'il existait, au pôle, une vaste mer libre, et, pendant quelque temps, les choses en restèrent là.

La théorie du docteur Augustus Petermann se base sur le rôle important que joue le Gulf-Stream (1), comme agent de température, dans la constitution physique de l'Atlantique septentrional. Les conséquences auxquelles l'auteur se trouve conduit sont assez importantes pour que nous en donnions un exposé succinct.

On sait que le Gulf-Stream, qui semble commencer au delà du cap de Bonne-Espérance, traverse diagonalement l'Atlantique du

---

(1) *Bulletin de la Société de Géographie*, octobre 1872, page 374.

sud, s'infléchit vers le cap Saint-Roch, le long des côtes de l'Amérique, puis contourne le golfe du Mexique, ressort par le vieux canal de Bahama en suivant les côtes des Etats-Unis, traverse l'Atlantique du nord en lançant une dérivation considérable vers les Açores, les côtes d'Espagne, de France et du Maroc, et vient atteindre le nord de l'Europe. Ses eaux, d'un bleu sombre, se distinguent nettement sur la surface de l'Océan, au-dessus de laquelle son axe s'élève d'environ deux pieds, au sortir du golfe du Mexique; il a comme des rives indiquées par des sillons d'écume. Sa vitesse est telle, qu'il file quatre nœuds en trente secondes, c'est-à-dire quatre milles marins à l'heure. Nos fleuves terrestres ne peuvent donner aucune idée de ce torrent atlantique.

De nombreuses hypothèses explicatives sont formulées au sujet du mode de génération des courants de la mer, mais elles ne paraissent pas rendre compte de toutes les particularités de leur marche. On pense généralement, et le docteur Petermann est de cet avis, que dans chacun des hémisphères la chaleur des tropiques gonfle les eaux et leur donne une tendance à se précipiter vers les régions froides. M. F. Vallès (1) dit que la cause des courants marins, pour être rationnelle, doit expliquer les deux faits principaux suivants : 1° celui en vertu duquel tous les courants équatoriaux marchent de l'est à l'ouest; 2° celui qui, à partir d'une certaine latitude, porte tous les courants venant des pôles vers les côtes occidentales des continents.

« Or, si l'on considère, ajoute-t-il, comme certain que, dans le mouvement de rotation du globe terrestre, les eaux, dans les zones équatoriales, tournent moins vite que les terres, il en ré-

____

(1) F. VALLÈS, *Causes des courants marins.* (ANNUAIRE DE LA SOCIÉTÉ MÉTÉOROLOGIQUE DE FRANCE, 1869, p. 106.)

sulte immédiatement qu'elles auront un mouvement apparent rétrograde. Elles seront donc heurtées par les côtes orientales , et
délaissées par les côtes occidentales. A la rencontre des premières,
elles subiront des déviations conformes à la configuration des
terres et produiront les courants infléchis et de retour que nous
observons. En même temps , ce mouvement rétrograde produira
un déficit le long des côtes occidentales , déficit qui ne pourra
être comblé que par l'afflux des eaux venant des latitudes polaires.
En substance , telle est la cause essentielle des courants de la
mer. »

Les Anglais arrêtent court le Gulf-Stream à la hauteur de
Terre-Neuve, en plein Atlantique. Le docteur Petermann veut
qu'il poursuive. Suivant lui, à cette même hauteur de Terre-
Neuve, un courant polaire formé de glaces flottantes heurte par le
travers le Gulf-Stream précisément au point d'où ce dernier
envoie vers les côtes d'Espagne sa dérivation orientale. Le Gulf-
Stream résiste et poursuit sa route ; mais il semble que ses eaux
tourbillonnent sous un tel choc. Une partie de son courant,
comme revenant sur elle-même, décrit un arc de cercle dans la
direction du nord-ouest, ne peut traverser le courant polaire , le
côtoie, se dirige vers le nord, et s'engage dans le canal de Dawis ;
elle se glisse le long de la côte du Groënland et se fait encore
sentir à l'entrée du détroit de Smith. L'autre partie du Gulf-
Stream, de beaucoup plus considérable, va baigner les côtes de
l'Irlande et de l'Ecosse, l'Islande, les îles Færoé et Shetland. Là,
le même phénomène qu'auprès de Terre-Neuve se reproduit : le
Gulf-Stream subit de nouveau le choc d'un courant polaire, et ,
cette fois encore , il se divise. Une dérivation assez considérable,
mêlant ses eaux bleues aux eaux vertes du pôle, refoule les glaces
flottantes et gagne la côte occidentale du Spitzberg, tandis que le

courant principal se dirige vers le nord-est, enveloppant les côtes de la Norwége.

Dès lors, le Gulf-Stream touche à sa fin, ou du moins il va se perdre en divers courants secondaires, difficiles à suivre, le long de la Sibérie. Les connaissances actuelles de la géographie sont loin d'être complètes sur cet épanouissement final du Gulf-Stream dans les mers polaires. Selon le docteur Petermann, une conséquence du prolongement de ce courant tiède serait la mer constamment libre découverte par Wrangell, au nord de la Sibérie, et connue sous le nom de *Polynia*. Mais ce n'est là qu'une simple hypothèse ; car plus on se rapproche du Spitzberg et de la Nouvelle-Zemble, moins le cours du Gulf-Stream est facile à tracer. A plus forte raison ne peut-on rien affirmer touchant les côtes de la Sibérie, les îles de la Nouvelle-Sibérie et la fameuse Polynia. Le rôle que le docteur Petermann attribue au Gulf-Stream dans la constitution physique des mers arctiques et par suite dans la direction à donner aux expéditions est donc exagéré. Les échecs essuyés par les explorateurs dans la voie recommandée par le savant géographe prouvent que ce courant ne détruit pas la banquise, d'une épaisseur et d'une largeur considérables, qui s'étend du Groënland à la Nouvelle-Zemble en s'appuyant sur le Spitzberg.

Il est incontestable, toutefois, que le climat exceptionnel des côtes de l'Islande et du nord de la Norwége est dû à l'influence du Gulf-Stream. La température de la mer qui baigne ces côtes est de $+ 8°$ en été, et $+ 2°$ en hiver. Früholm, à l'extrémité de la pointe la plus septentrionale de l'Europe, jouit en hiver du climat de Toulouse.

Tandis que le capitaine Osborn et le docteur Petermann soumettaient ainsi à un débat contradictoire, souvent très-vif, au sein de la Société de Géographie de Londres, leurs vues respectives sur une expédition au pôle, un nouveau projet, conçu de toutes pièces, dans son ensemble et dans ses détails, sans que son auteur eût pu prendre connaissance des documents étrangers, surgit en France. Ce projet était de Gustave Lambert.

On sait comment finit cet homme énergique. Au mois de juillet 1870, un subside de 100,000 fr., voté par le Corps législatif, allait dénouer une situation devenue presque sans issue, lorsque éclata la guerre avec la Prusse. Gustave Lambert, n'écoutant alors que son patriotisme et remettant à plus tard l'exécution de son projet, se fit simple soldat et tomba sous une balle prussienne.

Gustave Lambert était jeune encore ; ancien élève de l'Ecole polytechnique, il avait exécuté déjà plusieurs grands voyages et s'était fait une certaine renommée comme hydrographe. Sa mort, qui constitue une perte pour notre marine, est d'autant plus regrettable, que, grâce à lui, la France allait prendre enfin une part active aux explorations des contrées polaires.

Ce qu'il déploya d'énergie et de persévérance pour provoquer dans le pays des souscriptions publiques ne saurait se dire.

« Je veux, répétait-il, être l'élu, le représentant de ma nation, et je crois lui faire honneur en lui demandant de m'envoyer au pôle nord ; je lui donne volontiers ma vie, j'espère qu'elle me devra un peu de gloire. »

Malheureusement, le goût des grandes entreprises scientifiques n'est plus guère répandu en France. La question du pôle nord, soulevée par Gustave Lambert, ne passionna que fort peu le public, et ce fut bien difficilement que le tiers de la somme indispensable pour une expédition put être recueilli.

Avant de mettre son projet en lumière, Gustave Lambert fit un voyage dans le but spécial et précis de reconnaître les mers arctiques du côté du détroit de Behring. Pendant cette croisière dans les glaces, il étudia scrupuleusement et avidement les spectacles étranges qui se déroulaient sous ses yeux et chercha à établir la règle théorique des phénomènes en même temps que leur caractère pratique.

A son retour, profondément convaincu de la possibilité d'atteindre le pôle nord, après avoir assuré sa conviction sous son double aspect, scientifique et technique, il fit tous ses efforts pour la faire partager à d'autres.

N'osant espérer, au début et dans son isolement, de pouvoir placer la question devant tous sur son terrain de réelle et poétique grandeur, il songea d'abord à déterminer des bailleurs de fonds, par le double appât de l'honneur et de l'or, à lui faciliter l'accomplissement d'une tâche glorieuse, que l'on pouvait rendre lucrative aussi, bien que le gain ne dût intervenir que comme moyen d'action.

Il qualifiait alors de rêve brillant et chimérique la possibilité d'effectuer cette campagne avec l'aide des ressources dues à l'entraînement du seul mobile scientifique. Cependant quelques communications bienveillantes lui avaient fait entrevoir un moyen de succès dans la constitution d'un Comité de patronage dont les membres seraient les parrains de son projet. Il avait force et courage ; il s'engagea résolûment dans cette voie.

Les difficultés ne manquèrent pas, mais rien ne put le décourager. Et si son pas se heurta parfois aux aspérités de la route, le succès du moins couronna ses efforts, grâce souvent aux causeries particulières et aux bienveillantes recommandations de quelques-uns de ceux qui déjà lui avaient accordé leur concours.

Muni d'une liste de noms hautement recommandables, il put se présenter devant la Société de Géographie de Paris, et solliciter

son appui, en s'étayant des résultats déjà obtenus. Cet appel ne
resta pas sans réponse : sur la proposition de son président, la
Société de Géographie décida, sans discussion, qu'elle prenait fait
et cause pour la question du pôle nord. L'Association scientifique
de France donna également son adhésion à l'expédition projetée,
et quelques comités locaux s'organisèrent en province, tantôt sous
des incitations individuelles, tantôt sous le couvert des sociétés
académiques des principales villes. Gustave Lambert put croire
alors, pendant un moment, au succès de ses démarches.

Comme le projet du docteur Petermann, le projet de Lambert
s'appuyait sur le fait d'une mer libre au pôle.

« L'existence d'une vaste étendue d'eau, lisons-nous dans la
brochure *l'Expédition au pôle nord* (1), est affirmée par les considérations relatives aux courants et aux glaces plates ; cet océan
circumpolaire est vraisemblablement gelé sur toute sa surface
pendant la saison d'hiver ; mais la quantité de chaleur versée par
le soleil au pôle, d'après les lois de l'insolation, permet aussi
d'affirmer qu'une débâcle générale doit s'effectuer en juin et juillet.

« Après avoir franchi le détroit de Behring, au plus tôt en juillet,
on se dirige vers l'ouest ; on dépasse le cap Serdze, puis le cap
Nord de Cook, point extrême atteint par ce grand navigateur ; on
se trouve alors au milieu des débris de banquises, entre lesquels
on guide le navire, en faisant sauter avec de la poudre, ou en
coupant avec des scies quelque barrière plus étendue. On gagne
la Polynia (2), mer libre reconnue par Hedenstrom en 1810, par

---

(1) *L'Expédition au pôle nord*, par Gustave Lambert, chef de l'expédition.
Paris, 1868.

(2) L'usage s'est généralement établi parmi les navigateurs des mers
arctiques de donner à ce terme *Polynia* la signification de « mer libre de

Wrangell et Anjou de 1823 à 1825; on traverse précisément en navire les points où le traîneau de Wrangell était arrêté par les flaques d'eau libre qui séparaient les fragments de glaces minces et plates; de là on gagne le pôle nord, avec toutes les ressources accumulées sur le navire, tant au point de vue des instruments d'observation qu'au point de vue de provisions alimentaires et même du confort.

« Dès que l'on admet l'existence d'une mer libre pouvant être congelée entièrement en hiver, mais subissant l'effet de la débâcle en été, le projet du capitaine Sherard Osborn n'est plus praticable que dans la saison froide. L'énergie humaine peut vaincre les difficultés d'exécution, même par les froids rigoureux qui sévissent alors; mais, si l'on peut satisfaire la curiosité humaine, en tant qu'accès du pôle, on ne peut guère recueillir qu'une très-maigre moisson d'observations scientifiques.

« Quant à la direction recommandée par Augustus Petermann, elle a contre elle la barrière énorme de glace qui s'étage sur une profondeur immense jusqu'à la Polynia et qui s'appuie sur le Spitzberg et la Nouvelle-Zemble. L'insuccès des nombreuses tentatives essayées par cette voie, non moins que les montagnes de glaces accumulées dans ces parages, au milieu des banquises plates d'origine maritime, peut faire craindre un nouvel échec.

« Suivant l'adage que j'ai cru devoir formuler, *fuir les terres* doit être la devise du marin polaire. Aussi les marins anglais, l'amiral Ommaney entre autres, qui partage l'opinion générale du

---

glaces ». C'est un sens que ce mot, qui appartient à la langue russe, n'a pas par lui-même. *Polynia* signifie simplement une ouverture, un trou, une rigole dans la glace qui couvre une étendue de mer. M. Wrangell, chez lequel on le rencontre fréquemment, ne l'emploie jamais dans une autre acception.

savant Allemand, désirent-ils plutôt reprendre le chemin de Parry en 1827, sans abandonner toutefois le navire, et après l'établissement d'un centre important de ravitaillement au nord du Spitzberg.

« Dans la direction que nous devons suivre et que j'ai pu étudier pratiquement, il n'a jamais été fait qu'une seule tentative, celle de Cook. Ce grand Anglais avait jugé prudent, à cause des brouillards et des coups de vent de septembre, de revenir hiverner aux îles Sandwich, pour renouveler sa campagne l'année suivante; il fut tué par les indigènes. Cette fin regrettable l'a seule empêché, à mon sens, d'arriver au pôle nord, quoique son but fût seulement d'essayer de longer les côtes de la Sibérie. Les explorations de Wrangell et d'Anjou ont précisé quelques limites de la Polynia, mer libre, constamment même, dit-on, et qui sert de principale base à notre projet.

« La seule objection qui m'ait été faite consiste dans la nécessité d'effectuer au préalable un long trajet maritime pour atteindre le détroit de Behring, en doublant le cap Horn ou le cap de Bonne-Espérance. La voie par le cap Horn est un peu moins longue, et elle peut être parcourue en quatre mois, avec une très-courte relâche aux îles Hawaii. Cette partie du voyage pouvait offrir quelques difficultés, ou même avoir quelque prestige il y a deux siècles; aujourd'hui ce n'est plus qu'une promenade maritime dont le seul inconvénient consiste dans une perte de temps et dans un surcroît de dépenses. Au point de vue spécial de notre campagne, cet inconvénient est racheté par le fait qu'il donne l'occasion de bien connaître l'équipage et de pouvoir débarquer aux îles Sandwich, en les rapatriant, tous ceux qui ne seraient pas assez sûrs d'eux-mêmes pour lutter contre les obstacles ultérieurs.

« Ainsi, en partant de France au mois de février, on peut arriver en juillet à l'entrée en quelque sorte de la Polynia, et l'on doit être en août au pôle nord. J'ajoute qu'en partant en août ou en septembre, on aurait le temps alors d'effectuer de nombreuses relâches sur divers points de la route, et de rassembler des observations variées, entre autres pendulaires, d'un haut intérêt. »

On le voit par cet extrait, Gustave Lambert avait la ferme conviction d'atteindre le but qu'il s'était proposé. Les circonstances, depuis lors, n'ont pas permis de reprendre le projet si tristement suspendu.

A défaut d'une expédition française, nous devons donc nous borner à enregistrer celles des pays étrangers. Dès 1868, le docteur Petermann put tenter la réalisation de ses idées sur une exploration par la voie des mers du Spitzberg. A l'aide de souscriptions publiques, il équipa le navire *la Germania*, petit voilier de quatre-vingts tonneaux. Cette tentative ne fut pas heureuse. La banquise qui s'étend entre le Groënland et le Spitzberg ne put être franchie, et la *Germania* rentra dans le port de Berghen sans avoir fait faire un seul pas à la géographie des régions boréales.

A la même époque, un autre navire, la *Sofia*, commandé par le Suédois Nordenskjœld, pénétra également dans les mers du Spitzberg. Le gouvernement suédois fit, pour la plus grande partie, les frais du voyage. La mission de la *Sofia* était de conduire d'abord en Spitzberg une mission scientifique chargée d'explorer cet archipel, et de chercher ensuite à gagner le pôle parallèlement à la côte orientale du Groënland. La première partie seulement de cette mission put être remplie; comme la *Germania*, la *Sofia* dut revenir après d'inutiles tentatives.

L'année suivante (1869) vit de nouveau une expédition allemande s'engager dans les mers du Spitzberg. Cette seconde ex-

pédition, organisée par le docteur Petermann dans le but de
réparer l'échec de la première tentative, se composait d'un navire
à vapeur baptisé, comme le petit voilier de l'année précédente,
du nom de la *Germania*, et d'une corvette, la *Hansa*. L'itinéraire

Le navire *la Germania* au milieu des glaces.

fut le même qu'en 1868. Les instructions insistaient, toutefois,
sur la nécessité d'atteindre la côte orientale du Groënland.

Suivant le docteur Petermann, cette côte, qui est moins

connue à mesure qu'elle s'élève vers le nord, s'étend jusqu'au pôle et peut-être au delà. Chaque été, un large canal, une sorte de couloir d'eau libre, se forme entre la terre et la banquise. Il serait donc possible, si l'on parvenait à pénétrer dans ce canal, d'atteindre le pôle avec un navire.

Le navire *la Germania* suivit l'instruction ponctuellement. Dans les premiers jours du mois d'août 1869, il atteignit la côte du Groënland. Les suppositions du docteur Petermann étaient justes : un large canal existait entre la terre et la banquise; mais, par malheur, ce n'était que dans la direction du sud. Dans la direction du nord, aucun passage n'était ouvert.

L'expédition se décida alors à passer l'hiver de 1869-1870 dans l'île Pendulum, près de la côte, avec l'espoir qu'une débâcle aurait lieu l'année suivante à la saison chaude. Durant cet hivernage, le capitaine fit des excursions en traîneau et recueillit des observations scientifiques nombreuses. Quant à la débâcle attendue et vivement désirée, elle ne s'effectua pas : les glaces restèrent aussi compactes que le premier jour.

Le but principal ne fut donc pas encore atteint. Cependant cette expédition amena d'importants résultats au point de vue de la science : la côte orientale du Groënland fut relevée sur une étendue considérable; des collections d'histoire naturelle furent recueillies; enfin des études astronomiques et physiques purent être faites avec succès.

Le navire *la Germania* regagna heureusement l'Allemagne dans le courant de l'année 1870. Il n'en fut pas de même de sa conserve *la Hansa*.

Jusqu'à la fin d'août 1869, les deux navires s'étaient maintenus à portée; mais dans les premiers jours de septembre, la *Hansa* se trouva prise dans les glaces et perdit complétement le steamer de vue. On était sous la latitude de 75°. Comme les apparences devenaient de jour en jour plus mauvaises, et qu'il fallait prévoir que le navire pouvait être écrasé par la glace, on fit transporter sur la banquise une grande quantité de provisions de toute nature. Un mois se passa ainsi, au milieu d'appréhensions qui ne furent que trop tôt justifiées. Dans le courant du mois d'octobre, il arriva, comme c'était prévu, que la glace écrasa le navire ; on n'eut que le temps de sauver un peu de bois et des cordages. On se trouva alors avec trois embarcations sur un immense îlot de glace flottante, à la dérive dans l'Atlantique, avec une longue nuit d'hiver en perspective, car le soleil ne devait se lever que dans bien des semaines. Les hommes construisirent une hutte avec du charbon de terre ; et, comme ils étaient bien munis de vivres et de combustibles, ils purent s'installer assez bien, attendant que la glace, dans le courant de l'hiver, fût poussée comme de coutume vers le sud, le long de la côte.

Mais un événement terrible, dont ils étaient continuellement menacés et qui ne leur laissait pas un moment l'esprit en repos, eut lieu au commencement de janvier. L'îlot de glace se sépara en deux, et la rupture eut lieu précisément sous leur hutte. Heureusement, la plus grande partie de la hutte, ainsi que les embarcations et tous les hommes, se trouvèrent sur un même côté de la glace. Cette effroyable catastrophe arriva au milieu d'une tempête. Les naufragés étaient tellement couverts de neige, qu'ils pouvaient à peine se remuer. Ils se construisirent, avec les restes de leur hutte, une petite habitation ; mais plusieurs d'entre eux durent se résigner à coucher dans les embarcations. Cependant l'îlot dè glace sur lequel ils vivaient diminuait tous les jours par la rupture partielle de ses bords, et, chaque fois qu'ils entendaient le craquement de la glace autour d'eux, ils avaient soin de tenir les embarcations prêtes. Enfin, vers le printemps, ils furent poussés jusqu'au 61° de latitude, et alors ils réussirent, à l'aide de leurs chaloupes, à débarquer sur la côte sud-est du Groënland. Leur petite île flottante avait ainsi parcouru plus de deux cents milles, en restant à une distance de cinq à dix milles de la côte, que de temps à autre ils avaient pu entrevoir, bien que plusieurs fois ils eussent pris des montagnes de glace pour la côte elle-même. Après des peines infinies, ils réussirent enfin à doubler le cap Farewell avec leurs embarcations et à atteindre Frédérikshall. L'un d'eux était devenu fou.

En 1870, du mois de juillet au mois de septembre, une reconnaissance scientifique des îles et des canaux de l'est du Spitzberg fut entreprise par M. de Heuglin, en compagnie du comte de Zeil, officier dans l'armée de Wurtemberg. Quoique cette expédition n'ait pas eu pour but l'accès du pôle, nous devons en parler à cause de ses résultats importants.

Les explorateurs distinguèrent du sommet d'une montagne élevée, à une distance considérable vers l'est, une terre à laquelle ils donnèrent le nom de *terre du roi Charles*. De plus, ils firent une étude très-intéressante sur le Gulf-Stream. Suivant eux, ce courant se prolonge, au nord-est, bien au delà du cap Nord, et va baigner les côtes sud-ouest du Spitzberg; de son côté, le courant polaire se divise en deux bras divergents, dont l'un suit la côte orientale du Groënland, tandis que l'autre se porte à l'est du Spitzberg. L'influence de ces courants sur la température des régions arctiques est décisive, et il en résulte que la mer du Nord n'est réellement accessible que vers la fin de l'été.

Deux grandes expéditions, que de terribles événements firent passer tout d'abord inaperçues, signalèrent l'année 1871 : celle de l'Américain Hall, et celle des Autrichiens Payer et Weyprecht.

Le capitaine Fr. Hall était, en 1850, graveur dans la ville de Cincinnati. Ce fut la première expédition organisée aux frais du négociant Grinnell pour la recherche de Franklin qui attira son attention sur les explorations arctiques. Il se prit alors de passion pour ces études, et, pendant dix années, il y consacra tous ses loisirs. Lorsque le docteur Rae découvrit les premières traces des deux équipages disparus, il ne put résister davantage au désir qui l'entraînait vers ces contrées lointaines. Il partit pour le Groënland, où il resta près de deux années. De retour aux Etats-Unis en 1862, il en repartit en 1864 avec deux Esquimaux, nommés Joé et Hannah, qu'il avait ramenés avec lui, et qui ne cessèrent pas de partager sa vie aventureuse. Pendant cinq années consécutives, il explora les côtes de la baie d'Hudson. Il vécut avec les Esquimaux, et comme eux, de viande crue et d'huile de poisson; il se perfectionna dans la connaissance de leur langue et étudia leurs mœurs et leurs traditions.

Lorsqu'il revint en Amérique en 1869, il était admirablement préparé pour une grande expédition au pôle, but suprême de ses efforts. Il s'occupa aussitôt de l'organiser. En attendant qu'il fût statué sur une demande qu'il avait adressée au Congrès pour obtenir son appui, il vécut, avec sa petite famille d'Esquimaux, des lectures qu'il donna sur ses précédents voyages. La réponse du gouvernement se fit longtemps attendre. On lui abandonna enfin un des navires demeurés sans emploi depuis la guerre de sécession. Il choisit un remorqueur de quatre cents tonneaux, qu'il nomma le *Polaris*. Ce navire fut revêtu d'une cuirasse de fer et muni d'une puissante machine à vapeur; rien ne fut oublié de ce qui pouvait assurer le succès du voyage ou protéger la vie de l'équipage. Le département de la marine fournit des instruments nautiques, d'autres destinés aux observations scientifiques, des cartes et des instructions détaillées. Enfin les sociétés savantes et les particuliers envoyèrent des dons de toute nature.

Le départ eut lieu le 26 juin 1871. En quittant New-York, le capitaine Hall promit de faire flotter le drapeau américain sur le pôle : c'était le but unique de l'expédition. Il choisit la route déjà prise par Kane et par Hayes, c'est-à-dire la mer de Baffin et le détroit de Smith. Le 17 août, il écrivit de Good-Haven, station du Groënland, au secrétaire de l'amirauté des Etats-Unis, que tout allait bien et qu'il partait pour le Nord. Ce furent les dernières nouvelles que l'on reçut de lui ; mais, comme on connaissait son caractère déterminé, on ne s'inquiéta que médiocrement de son silence.

Près de deux années s'étaient écoulées déjà, quand, le 30 avril 1873, le navire baleinier *la Tigresse* fit la rencontre, non loin de Terre-Neuve, d'un banc de glace sur lequel se trouvaient dix-sept personnes : huit matelots, deux Esquimaux, deux femmes d'Esquimaux et cinq enfants. Ces malheureux, exténués par le froid et la faim, furent immédiatement recueillis à bord, et deux d'entre eux se firent aussitôt reconnaître : c'étaient le capitaine Tyson et le météorologiste Meyer, qui faisaient partie, ainsi que leurs compagnons, de l'équipage du *Polaris;* ils prétendirent être depuis cent quatre-vingt-dix-sept jours sur les glaces flottantes.

Une telle assertion parut quelque peu invraisemblable et souleva dès le premier abord des doutes sur la véracité ou tout au moins sur l'état mental des voyageurs. Ils furent amenés à New-York, où ils subirent un long interrogatoire. Le capitaine Tyson confirma ses dires et fit alors un récit complet des événements qui avaient signalé le voyage du *Polaris.*

Suivant lui, l'expédition, après avoir traversé le détroit de

Smith, s'était engagée dans les eaux de la mer de Kane et était
arrivée vers la fin du mois d'août 1871 à la limite des terres

Les naufragés du *Polaris*.

connues. A partir de ce point, elle était remontée vers le nord-
est et avait bientôt rencontré un canal assez étroit dont elle

n'avait pu atteindre l'extrémité, à cause des glaces qui obstruaient la route. Un espace de mer libre, à quatre-vingt-dix milles, s'étendait à quelque distance au delà du point d'arrêt de l'expédition. Le capitaine Hall avait voulu continuer, mais le capitaine Buddington, commandant en second, s'y était opposé ; des discussions avaient eu lieu à ce sujet, et l'équipage s'était divisé. Cependant, comme il était impossible de revenir en arrière, on avait résolu d'hiverner où l'on se trouvait. Contrairement à l'attente des voyageurs, la température s'était maintenue à un degré assez élevé, excepté pendant le mois de mars, où elle était descendue une fois jusqu'à 58°. Dans l'intervalle, le 8 novembre 1871, à la suite d'une expédition en traîneaux vers le pôle, le capitaine Hall était mort, paralysé suivant les uns, empoisonné suivant les autres.

Enfin, au commencement de septembre 1872, le *Polaris* avait pu reprendre la route du sud ; mais, engagé dans la débâcle des glaces, il avait subi de telles avaries, que l'on avait jugé nécessaire de le décharger d'une partie de ses approvisionnements. Cette opération avait eu lieu le 15 octobre 1872, pendant une violente tempête qui soufflait du nord-est. Une partie de l'équipage était sur la glace, l'autre partie sur le bâtiment. Tout à coup les glaces s'étaient fendues, et la troupe du capitaine Tyson s'était vue entraînée d'un côté sur un bloc de glace, tandis que le *Polaris* était emporté d'un autre côté au milieu de la brume et de la tempête. Le capitaine Tyson et ses compagnons avaient fait de vaines tentatives pour gagner la terre ; ils avaient dû passer l'hiver de 1872-1873 au milieu de la mer de Baffin, vivant des veaux marins, des oiseaux et des ours qu'ils pouvaient tuer. Et c'était ainsi que, tantôt sur les glaçons, tantôt sur leurs canots, ils étaient arrivés jusqu'à la côte de Terre-Neuve, où le navire *la Tigresse* les avait recueillis.

Le météorologiste Meyer ajouta que, lorsqu'on avait été contraint d'abandonner le *Polaris*, ce navire renfermait déjà de magnifiques collections, et que de nombreuses observations avaient pu être faites. Sur le rivage des terres rencontrées par l'expédition, on avait récolté une quantité extraordinaire de bois flotté amené par les vagues. Le châtaignier, le frêne et le pin avaient été très-distinctement reconnus parmi ces débris.

Durant l'hivernage de 1871 à 1872, on avait joui des phénomènes astronomiques, météorologiques et magnétiques, les plus curieux. Le ciel de ces lointains parages offrait pendant la nuit des spectacles incomparables, des illuminations féeriques, dus à une extraordinaire abondance d'étoiles filantes. De grands vents avaient soufflé de tous les points de l'horizon. Une pluie abondante était tombée en mer, mais sur terre il ne s'était formé que de la neige. Au retour de la saison chaude, le sol s'était trouvé couvert de mousse et parsemé de superbes plantes aux fleurs luxuriantes et fraîches.

Dans les nouvelles régions parcourues, on avait rencontré des troupeaux considérables de bœufs musqués, de loups et de renards. Les canards sauvages, les oies, les oiseaux de terre de toutes sortes, les perdrix des neiges, parcouraient sans cesse l'atmosphère. Les phoques pullulaient, ainsi que les abeilles, les mouches, les papillons et les insectes.

Quant à la mer polaire, annoncée par Kane et par Hayes, elle n'était, suivant le capitaine Tyson et ses compagnons, qu'un détroit d'une très-large étendue, et dont il n'avait pas été possible de juger la profondeur.

Ces récits causèrent une vive émotion aux Etats-Unis, et provoquèrent de grandes défiances. On se demanda si les naufragés avaient abandonné volontairement le navire ou s'ils en avaient été abandonnés, si le capitaine Hall était réellement mort, et si sa mort n'était pas le résultat d'un crime, enfin ce qu'était devenu le *Polaris*. Une enquête ouverte aussitôt fit présumer de plus graves et de plus sinistres révélations, et le navire *Juanita* partit de New-York, sur l'ordre de l'Amirauté, à la recherche des survivants de la catastrophe.

Après trois mois d'anxiété, le jour se fit enfin sur ce véritable drame polaire. La seconde partie de l'équipage du *Polaris* fut rencontrée, comme la première, par un baleinier, le *Ravenscraig*, et ramenée en Europe. Le capitaine en second Buddington confirma alors le récit de ses compagnons sauvés par la *Tigresse*, et fit à son tour un rapport complet.

Au moment où sévit la tempête du 15 octobre 1872, qui sépara du navire dix-sept personnes, la plus grande partie des provisions se trouvait déjà sur le glaçon où l'équipage tout entier comptait se réfugier. La situation devint bientôt affreuse à bord du *Polaris*, à moitié défoncé par les icebergs et emporté au milieu de blocs énormes qui s'entre-choquaient avec un bruit terrible; pas de vêtements, très-peu de vivres et de charbon : c'était une mort certaine et à courte échéance.

Cependant on parvint à atteindre une petite île voisine où le navire fut échoué. Fort heureusement, des Esquimaux campaient non loin de là; ils furent d'un grand secours aux naufragés, et leur procurèrent des peaux et des fourrures, ainsi qu'une ample provision de foies de morses, préservatif certain contre le scorbut.

L'idée vint alors au maître charpentier de construire des embarcations avec les débris du bâtiment. A force de travail et de persévérance, il y parvint, aidé de ses compagnons, et vers le commencement de 1873 ils s'embarquèrent tous. Vingt jours de suite, ils errèrent sur l'Océan, n'ayant pour se réchauffer que la chaleur d'une lampe, et pour reprendre quelques forces qu'une simple tasse de thé. Au bout de ce temps, ils furent aperçus par le baleinier *le Ravenscraig*. Celui-ci, après une détention de vingt-six jours, gagna le nord ; il fit la rencontre du steamer *Arctic*, sur lequel les naufragés furent transbordés et ramenés en Irlande. Parmi eux se trouvait le médecin du *Polaris*, qui affirma que le capitaine Hall était mort d'apoplexie et non empoisonné, comme on l'avait dit tout d'abord.

Ainsi se termina cette expédition, si merveilleusement organisée, et sur laquelle les Etats-Unis avaient fondé tant d'espérances. Mais si le *Polaris* n'a pu gagner le pôle nord, il a du moins considérablement étendu nos connaissances géographiques sur le Groënland, et prouvé, en outre, qu'avec un fort navire il n'est pas impossible de déboucher directement dans la mer polaire.

L'expédition de MM. Payer et Weyprecht nous ramène aux mers du Spitzberg. Le but, cette fois, ne fut pas l'accès du pôle, mais seulement la reconnaissance des parages à l'est du Spitzberg. Ces deux explorateurs, persuadés qu'il existait là une mer navigable, voulurent en tenter l'expérience ; une souscription privée leur donna les ressources nécessaires. Le 24 juin 1871, ils partirent de Tromsoë, en Norwége, à bord de la barque de pêche *l'Eisbar* ; l'équipage se composait de huit hommes, y compris le patron. Ils purent avancer librement, sans rencontrer de glaces fixes. Le 1er septembre, ils arrivèrent en vue d'une mer entièrement libre. Leurs prévisions se trouvèrent ainsi justifiées.

Comme l'*Eisbar* n'était pas équipé pour une longue cam-

pagne, MM. Payer et Weyprecht durent revenir sur leurs pas ; le
4 octobre 1871, ils furent de retour à Tromsoë. Ils conclurent de
leur voyage que la mer située entre le Spitzberg et la Nouvelle-
Zemble devait être désormais la base la plus favorable pour un
voyage au pôle.

« Notre propre expérience montre que l'époque la plus favorable pour l'état des glaces est le milieu, peut-être même la fin
de septembre. Nos relevés de température sous-marine nous in-
diquent que, vers cette époque, un puissant courant, tout à fait
pareil à de l'eau échauffée, contourne le cap Nord où il se
partage, une branche continuant de monter au nord, l'autre se
portant à l'est, la couche s'amincissant et se refroidissant gra-
duellement à mesure qu'elle avance dans ces deux directions. On
regardera comme d'un intérêt pratique que dans ces mers non
visitées, les cétacés sont tellement abondants, que dans mainte
journée nous n'avons pas cessé un seul instant d'en avoir en
vue. »

A la même époque où MM. Payer et Weyprecht trouvaient une
mer ouverte à l'est du Spitzberg, le voyageur anglais Smith et le
capitaine norwégien Ulve remontaient, à bord du schooner
le Samson, jusqu'à une grande distance au nord de cet archipel.
Les conditions de la navigation furent extrêmement favorables,
et les observations sur la température de la mer concordèrent
avec celles des précédents explorateurs.

Nous devons signaler encore, parmi les nombreuses excursions dont les mers boréales furent le théâtre en 1871, celle du
capitaine norwégien Elling Carlsen. Elle amena la découverte de
la cabane en bois construite, plus de deux cents ans auparavant,
sur la côte nord de la Nouvelle-Zemble, par le célèbre Barentz
et ses compagnons. Cette cabane était dans un état de conserva-

tion extraordinaire; tout s'y trouvait comme au moment du départ des voyageurs hollandais. Entre autres objets, le capitaine Carlsen rapporta une horloge, un cadran en cuivre que l'on suppose avoir servi à déterminer les déviations de la boussole, différents volumes dépareillés, et une flûte. Toutes ces reliques ont été acquises par le gouvernement de Hollande.

En 1872, MM. Payer et Weyprecht, encouragés par les résultats de leur expédition de 1871, voulurent en entreprendre une autre beaucoup plus importante. Leur plan, développé dans un mémoire adressé aux corps savants et au public, rencontra les plus vives sympathies. Le gouvernement autrichien donna, comme premiers fonds, une somme de 5,000 fr. Une souscription fut ouverte, et, en très-peu de temps, elle atteignit le chiffre de 175,000 florins, c'est-à-dire plus de 400,000 fr. L'expédition partit, le 13 juin, du port de Bremen-Haven, sur le *Tegetthoff*, steamer de deux cent vingt tonneaux, muni d'une machine de la force de quatre-vingt-quinze chevaux, et capable, au besoin, de marcher à la voile. Les approvisionnements étaient faits pour trois années. Ce fut, avant tout, un voyage d'observations dans les mers de Sibérie.

Dans l'intervalle, les journaux annoncèrent qu'un jeune homme, M. Pavy, avait repris pour son compte le projet d'expédition dont Gustave Lambert fut le promoteur en France, et qu'il se proposait de le mettre prochainement à exécution. Au mois de juin 1872, M. Pavy exposa, en effet, au sein de l'académie de San-Francisco — cette ville devait être son point de départ — le programme de son voyage. Comme Gustave Lambert, il se proposait de prendre la route du détroit de Behring; mais, au lieu d'un navire, il devait employer une sorte de radeau en caoutchouc, susceptible, selon les circonstances, d'avancer sur la glace ou de prendre la mer. En conséquence, son intention était de se rendre par les voies ordinaires au Kamtchatka, où il devait construire son appareil, réunir son équipage et faire ses derniers préparatifs; il devait ensuite gagner le cap Yakan, et, de là, se lancer sur la glace dans la direction du pôle.

La nouvelle se répandit quelque temps après que le départ avait eu lieu et que M. Pavy avait découvert une grande terre dans l'océan Glacial. Cette nouvelle était fausse. Non-seulement le départ ne s'est pas effectué, mais le projet d'expédition a eu un dénoûment misérable.

« Des journaux d'Amérique, lisons-nous dans le *Bulletin de la Société de Géographie* du mois de mars 1873, des journaux d'Amérique nous annoncent que M. Pavy n'a jamais quitté San-Francisco, et que, fasciné par une jeune lionne échappée des boulevards de Paris, il a vu ses bagages vendus à l'encan par voie d'huissier. »

Pendant ce temps, les Suédois renouvelaient une expédition dans le bassin polaire, sous la direction du professeur Nordenskjœld. Cette expédition avait été préparée de longue main; elle avait pour but de rechercher de nouveau le pôle par la route des mers du Spitzberg. Le départ s'effectua au mois de juillet 1872 à bord du *Polhem*, bâtiment spécialement aménagé et commandé par le lieutenant de vaisseau Palander, de la marine suédoise. Deux autres navires, le *Gladan* et un petit vapeur, furent destinés à transporter les matériaux et les approvisionnements. Leur chargement, entre autres objets, comprit toutes les pièces d'une vaste et solide maison de bois, que le professeur Nordenskjœld se proposait de dresser dans l'île Parry, au nord du Spitzberg.

Le 4 août, le vice-président de la Société de Géographie de

Paris reçut des nouvelles de l'expédition, arrivée déjà à un point très-septentrional.

« Notre expédition, disait le professeur Nordenskjœld, a plusieurs buts : pendant l'été, nous chercherons à compléter les connaissances géographiques, géologiques et botaniques du Spitzberg, et à reconnaître, s'il est possible, la terre de Gillis. En automne, deux bâtiments reviendront, et je resterai sur le *Polhem*, à l'île Parry, pour hiverner. Nous monterons un observatoire, pourvu par l'Académie des sciences de Stockholm d'instruments de tout genre. Au retour du soleil, en mars, je compte m'avancer encore plus au nord, sur la glace. Pour cela, j'emmènerai avec moi quarante-cinq rennes qui remorqueront des traîneaux. »

Cette lettre traçait le plan d'un magnifique programme, que l'arrivée subite de l'hiver polaire de 1872 ne permit pas d'exécuter. Dès les premiers jours de septembre, l'expédition se vit bloquée dans la baie Mossel, au nord du Spitzberg occidental. Ce fut là que, bon gré mal gré, il fallut dresser la maison de bois et monter l'observatoire. Les bâtiments qui devaient effectuer leur retour furent forcés d'hiverner avec le *Polhem*. Les équipages étaient consternés. La moyenne de la température avait déjà baissé de 6° 7 centigrades au-dessous de zéro. Le thermomètre était même descendu une fois au-dessous de 29°, et l'on n'était qu'en automne. Qu'allait-il advenir à l'approche de l'hiver?

Heureusement ces craintes ne furent point réalisées. La moyenne d'octobre fut généralement plus basse (— 12° 63), mais l'écart minimum n'alla qu'à — 27 degrés. Ce fut cependant un des mois les plus tristes ; les tempêtes se succédaient ; le soleil, qui ne se montrait plus que par des éclaircies à la surface de l'horizon, finit par disparaître tout à fait le 20 octobre. On entrait dans la grande nuit polaire qui allait durer quatre mois pleins. Heureusement, la maison de bois était spacieuse et chaude ; les approvisionnements en vivres et en combustibles avaient été faits pour deux ans ; et si les équipages de l'escorte du *Polhem* en activaient singulièrement la consommation, au moins était-on assuré de pouvoir aller jusqu'à l'été suivant.

Au mois de novembre, la température s'adoucit ; la moyenne fut de 8° 19 ; le thermomètre remonta même au-dessus de zéro jusqu'à $+$ 2° 6. Dès les premiers jours du mois, le fiord de Wyde-bay, qui se trouve à l'ouest de Mossel-bay, fut complétement dégagé de glaces ; à partir de ce moment jusqu'en février, on vit toujours, soit dans une direction, soit dans l'autre, de grands espaces de mer libre. Il y eut cependant, au mois de décembre, une recrudescence fort inquiétante de froid. La moyenne fut de — 14°46, mais les écarts thermométriques étaient moins grands. En janvier, nouvel adoucissement. Le port avait été débloqué de glaces à plusieurs reprises pendant quelques jours. Vers la fin de janvier, une succession de débâcles fit concevoir aux bâtiments d'escorte la possibilité d'effectuer leur retour, et au *Polhem* celle de pénétrer plus avant vers le nord. On fit les préparatifs de départ. Déjà les navires se mettaient en marche, lorsqu'une tempête éclata soudainement avec une prodigieuse violence. La vapeur était impuissante contre le vent et le choc des vagues. Les trois bâtiments se virent ramenés ou plutôt chassés vers la côte. L'un d'eux talonna même sur des écueils de fond et eut son gouvernail brisé.

Tout sembla perdu pendant quelques instants ; hommes et embarcations allaient être broyés sur les rochers, lorsque, par une sorte de miracle, la température s'abaissa, déterminant une congélation presque subite de la mer ; les flots devinrent plus

résistants et en quelque sorte plus solides ; les vagues semblaient
s'immobiliser sous l'action du froid. On put d'abord se maintenir,
puis atterrir tranquillement. Cette mer, complétement libre
quelques heures auparavant, n'était plus qu'un champ tourmenté
de glaces ; le redoutable élément avait été saisi par la gelée et
solidifié au milieu des fureurs de la tempête.

On dirait, à lire tous ces récits d'expéditions polaires, que
quelque génie mystérieux se fait un jeu d'accumuler les obstacles
et les péripéties les moins attendus sur la route des explorateurs.
A peine était-on réinstallé dans la maison de bois, que, sous
l'action d'un vent modéré, cet immense glacier qui s'était formé
tout d'un coup disparut comme par enchantement. Une fois de
plus, la mer était complétement libre, et présentait une surface
unie au milieu d'un calme irritant. Quelques marins parlaient
déjà de tenter un nouveau départ, lorsque, par un nouveau pro-
dige semblable aux précédents, toute cette immense plaine liquide
se congela d'un seul coup en un seul bloc, et à de telles profondeurs, que l'on comprit cette fois qu'il y en avait pour tout
l'hiver. Il fallut se résigner à l'immobilité. Le mois de février fut
le plus dur de tous. La moyenne de la température était de
22° 7 (centigrades) au-dessous de zéro ; le thermomètre descendit au-dessous de 38 degrés ; et cet écart fut d'autant plus sensible, que des rafales du sud le firent une fois remonter à 1° 6 au-
dessus de zéro. Vers la fin de mars 1873, la mer se trouva libre
de nouveau et sembla assurer une route plus facile vers le sud.
En effet, le 5 juillet, l'expédition fut de retour à Tromsoë. Les
hommes et les bâtiments n'avaient pas souffert, mais l'exploration avait complétement échoué au point de vue géographique.

Quant aux résultats scientifiques, ils furent considérables. Des
observations et des expériences furent faites sur le magnétisme

terrestre et sur les aurores boréales. Mais la plus extraordinaire fut la découverte d'êtres animés en quantités prodigieuses, vivant à l'air libre et se propageant à une température moyenne de 10 degrés centigrades au-dessous de zéro. Le lieutenant français Bellot, qui périt si tristement dans une des expéditions arctiques dirigées à la recherche de sir John Franklin, avait déjà remarqué que, quand on marche pendant la nuit polaire sur le bord des plages, le pied laisse sur la neige une empreinte lumineuse d'un effet magique. On pensait que cette phosphorescence provenait de matières animales en putréfaction. Le même phénomène attira l'attention des savants du *Polhem*. Sur une grande partie des plages de la baie de Mossel, les pas et le frottement d'un corps dur quelconque laissaient une empreinte lumineuse si vive, que les gens de l'équipage en furent effrayés. On recueillit la neige aux endroits où ces effets s'étaient produits, et l'on reconnut qu'elle était remplie de petits crustacés doués de phosphorescence. Ils vivent là par myriades aux températures les plus basses, paraissant affecter spécialement le séjour des neiges qui ont été humectées par l'eau salée.

En même temps que l'expédition du professeur Nordenskjœld, des baleiniers se trouvèrent enfermés dans les glaces, au nord du Spitzberg, et exposés à mourir de faim et de froid. L'un d'eux, le navire *Pepita*, ayant pu s'échapper, apporta à Tromsoë, dans les premiers jours de l'automne 1872, des nouvelles qui firent concevoir les craintes les plus graves. Aussitôt le gouvernement donna ordre à plusieurs navires de prendre la mer et de porter secours aux malheureux séquestrés. Mais tous les efforts furent infructueux ; les navires durent renoncer à lutter contre les vents, les glaces, l'obscurité, en un mot, tous les obstacles des régions polaires.

On a eu depuis quelques renseignements sur le sort des baleiniers. La Société de Géographie de Paris a reçu de Christiania
un récit détaillé de deux drames terribles qui se sont passés
dans ces régions maudites; le premier concerne l'équipage du
navire *le Freya*; le second, celui du navire *le Matillas*. Voici ce
récit, d'après la *Revue politique et littéraire* (numéro du 15 novembre 1873) :

Le capitaine Tobiesen, commandant du *Freya*, se disposait à
retourner en Norwége, après avoir fait une bonne campagne,
lorsqu'à la fin de septembre il se trouva engagé dans les glaces
sur les côtes septentrionales de la Nouvelle-Zemble. Il fit de
vaines tentatives pour découvrir une passe et dut se résigner à
hiverner. Cette perspective était d'autant plus effrayante, qu'il
s'agissait d'un séjour de près de neuf mois dans une contrée sans
ressources, au milieu de la solitude et des ténèbres de la nuit
polaire, avec cette appréhension que le froid, déjà excessif
dans le milieu de l'automne, ne pouvait que devenir épouvantable
en hiver.

Le côté vraiment affreux de la situation était l'absence de
vivres nécessaires pour un tel séjour, car on ne s'était approvi-
sionné que pour la campagne de 1872, et il était inouï que les
routes fussent fermées avant les derniers jours d'octobre. On fit
donc le compte des provisions. Tout bien calculé, on reconnut
qu'elles étaient insuffisantes pour l'équipage, qui se composait en
tout de onze hommes. Il n'y avait à manger que pour quatre ou
cinq personnes; encore fallait-il distribuer les rations avec la
plus parcimonieuse économie. Vouloir garder tout le monde était
vouer l'équipage à une mort certaine. Sept matelots se décidèrent alors à quitter le navire. On leur donna une embarcation
à voiles, quelques boîtes d'allumettes, deux fusils, une petite

provision de poudre et de plomb, une boussole, une lunette, quatorze biscuits, du thé, de la mélasse, de la viande d'ours pour un repas, une marmite, un chaudron et une hache. C'est avec ce maigre viatique qu'ils entreprirent leur effrayante odyssée. Ils laissaient à bord le capitaine Tobiesen, son fils, le premier matelot et le cuisinier.

Les sept matelots traînèrent d'abord leur canot sur les glaces pendant quelques lieues et purent le mettre à flot dans une passe. Ils avaient mis le cap vers le sud, avec l'espoir, soit de rencontrer un navire, soit d'atteindre les îles Waigatz, où l'on est à peu près assuré de trouver au moins un campement de Samoyèdes. Les maigres provisions de bouche furent rapidement épuisées; un ours et quelques phoques qu'ils réussirent à tuer leur fournirent une nourriture bien insuffisante pendant leur navigation. A chaque instant, la mer devenait de plus en plus mauvaise, le vent plus violent, le froid plus vif. Les malheureux eurent à essuyer plusieurs tempêtes. Ils allèrent ainsi pendant trois semaines, ne pouvant apprécier au juste le temps, faute de calendrier. Ils estimaient avoir parcouru une cinquantaine de milles, lorsqu'ils aperçurent deux petites maisons. Ils s'y rendirent avec empressement, pensant y trouver quelques provisions, mais leur espoir fut trompé. Les maisons étaient désertes et complétement vides; elles avaient appartenu à deux Russes qui les avaient habitées pendant quelque temps. Les Norwégiens reconnurent aisément qu'ils se trouvaient dans l'île des Oies, dont le nom pour le moment était une véritable antiphrase.

Cependant la traversée qu'ils venaient de faire dans des conditions aussi déplorables les avaient réduits à un tel état de maladie et de fatigue, qu'ils prirent la résolution de séjourner dans ce triste abri, ne fût-ce que le temps nécessaire au rétablissement de leurs forces. Ils avaient tous les pieds enflés, quelques-uns même des membres gelés. Les deux plus valides se chargèrent des fusils et se mirent en chasse pendant que leurs camarades procédaient aux préparatifs de leur installation. Ils furent assez heureux pour tuer un phoque, deux renards bleus et quatre rennes. Cependant le gibier s'effraya et devint introuvable. Il était impossible de séjourner plus longtemps sur cette plage inhospitalière. Les Russes avaient laissé un petit traîneau qui devenait plus utile que la barque, parce que l'on pouvait s'avancer le long du littoral vers le sud, et que la mer était prise à une assez grande distance du rivage. Après trois semaines d'un repos relatif, on transporta tous les ustensiles de la barque dans le traîneau, auquel s'attelèrent les hommes qui ne portaient pas de fusil. On suivit ainsi la côte, toujours dans l'espoir d'atteindre les îles Waigatz.

Ce second voyage à pied fut aussi pénible que le voyage en barque; le froid était excessif; des tourmentes de neige faisaient perdre la route. Dans une de ces tourmentes, les deux chasseurs disparurent, et avec eux l'espoir des rares provisions de bouche qu'on avait pu recueillir jusque-là. Les cinq matelots qui restaient, presque tous invalides, se comptèrent avec terreur. Qu'allaient-ils devenir? Fallait-il poursuivre leur route avec la presque certitude de mourir de faim? Fallait-il retourner aux maisons abandonnées pour y chercher une agonie un peu moins douloureuse? Dans leur détresse, ils résolurent de s'en rapporter au sort. Le sort décida qu'ils continueraient leur route. Il leur restait encore quelques vivres, qu'ils ménagèrent le plus qu'ils purent. Ils avançaient lentement et avec peine. La nuit, ils se creusaient des trous dans la neige pour dormir; mais il fallait que l'un d'eux montât la garde à l'entrée du trou, soit pour éloigner les ours, soit pour empêcher que la neige, en s'accumulant sur ce triste gîte, ne vînt à en faire crouler la voûte et à étouffer les pauvres gens auxquels elle offrait un si misérable abri, soit même pour remettre sur pied les dormeurs que l'engourdissement aurait fait passer du sommeil à la mort. Bientôt les vivres manquèrent tout à fait. Dans la sixième nuit, l'un d'eux mourut ; les autres, épuisés, à peine capables de secouer leur engourdissement, affamés, malades, laissèrent là leur traîneau et presque tout leur matériel pour s'avancer encore à quelque distance. Ils firent ainsi quatorze milles en deux jours.

Tout semblait fini, quand on découvrit un tas de bois et des traces de traîneaux que la neige n'avait point encore effacées. Il y avait donc des hommes dans les environs ? Une suprême espérance galvanisa ces malheureux, déjà presque réduits à l'état de cadavres ; ils se traînèrent le long des traces qui se prolongeaient pendant quatre à cinq lieues ; ils aboutirent enfin à une cabane habitée par des Samoyèdes. Les habitants de la cabane les accueillirent ou plutôt les recueillirent avec tous les témoignages de la plus vive commisération. Les Samoyèdes étaient au nombre de sept : trois hommes, trois femmes et un jeune garçon ; ils s'étaient établis sur la pointe méridionale de la terre des Oies, à l'endroit appelé Gansinonos, pour y chasser des phoques et des morses, qu'ils comptaient vendre à l'embouchure de la Petchora. Ce petit groupe s'empressa autour des malheureux Norwégiens avec tant de sollicitude, qu'il parvint à les remettre sur pied. Le campement des Samoyèdes était bien monté en provisions de tout genre, et particulièrement en viande de renne, en farine, en thé, en sucre, etc. On s'y servait fort adroitement de vieux fusils à pierre, et l'on disposait, pour aller en chasse, non-seulement des traîneaux dont les traces avaient sauvé les moribonds, mais aussi de petites embarcations légères. Les Samoyèdes possédaient, en outre, un bâtiment plus grand, sur lequel ils avaient effectué leur traversée.

Ce fut là que les matelots norwégiens passèrent le reste de l'hiver, chassant avec leurs hôtes quand le temps le permettait, jouant aux dames ou aux cartes dans l'intérieur de la cabane quand on ne pouvait sortir. A la fin d'avril, on vit tout à coup apparaître les deux chasseurs que la petite troupe avait perdus, lors des tourmentes de neiges, dans le dramatique voyage du contour de la côte. Ils s'appelaient Ole Olsen et Henrik Nielsen.

Les Norwégiens restèrent ensemble à Gɘnsinonos pendant trois semaines. Cependant les provisions amassées par les Samoyèdes s'épuisaient plus rapidement que jamais : il fut résolu qu'on n'entraînerait pas ces pauvres sauvages dans une catastrophe commune. Après tant d'aventures extraordinaires, cinq de ces héroïques matelots en tentèrent une nouvelle. Le sixième, Johan Andersen, ne put se résigner à quitter ses bons amis les Samoyèdes et resta avec eux. Les autres repartirent pour la maison russe, dans le but d'y chercher le canot abandonné. Il fallut le traîner sur la glace pendant deux jours ; mais comme il était trop lourd, et qu'une de ses moitiés, l'arrière, était en partie démolie, on le scia par le milieu, et l'on revint au campement après trois autres jours. Là, avec l'aide des Samoyèdes, on remplaça l'arrière de l'embarcation par une grande peau de phoque.

Ce fut sur cet étrange appareil que nos cinq navigateurs s'embarquèrent sur un bras de mer libre. A force de rames, ils parvinrent en dix jours à atterrir aux îles Waigatz. Ils trouvèrent alors un autre campement de Samoyèdes qui se montrèrent aussi bien disposés que les premiers. Mais il fut, dès l'origine, plus difficile de s'entendre avec eux, parce qu'ils ne parlaient ni le russe ni le finnois. Après une station de huit jours, les naufragés furent transportés en traîneau, par leurs hôtes, vers le sud de l'île. On héla alors un navire qui put les rapatrier. Ils n'étaient que quatre. Le cinquième, Lars Larsen, était resté avec les derniers Samoyèdes, séduit par les douceurs de leur hospitalité. Ainsi, vers le mois d'août, quatre hommes seulement de l'équipage du *Freya* rentrèrent dans leurs foyers, après une succession inouïe de catastrophes. L'un d'eux était mort et enseveli dans la neige, où, sans doute, les ours avaient dévoré son cadavre ; deux autres étaient restés avec les Samoyèdes. Quant au capitaine Tobiesen, son fils, le cuisinier et le premier matelot du *Freya*, on n'en a eu aucune nouvelle.

Le sort de l'équipage du *Matillas* fut encore plus lamentable. Vers le milieu d'octobre, ils se rendirent, au nombre de dix-sept, à Mitterhuk, station du Spitzberg, où le gouvernement norwégien avait eu soin de faire dresser une solide maison de bois, munie en abondance de provisions de toute nature. Il est probable que, parmi les réfugiés, il n'y avait pas de chef énergique et éclairé, en sorte que chacun s'abandonna à ses propres inclinations. Du 15 octobre jusqu'au moment où la nuit polaire vint étendre ses mortelles ombres qui doivent persister pendant trois mois et ne sont dissipées qu'à de courts intervalles par les fulgurations des aurores boréales, les matelots réfugiés se livrèrent à la chasse. Mais il faut croire que ce fut en petit nombre et avec beaucoup de mollesse, car leur journal mentionne, pour toutes pièces tuées, deux ours, deux renards bleus et quelques rennes.

Quand la nuit fut venue, on s'enferma dans la maison, dont on ne sortit guère. Quelques hommes, également en minorité, se livrèrent pendant quelque temps à des travaux de menuiserie, qu'ils ne tardèrent pas à abandonner. Il semblait à la majeure partie qu'étant bien chauffés, bien nourris, bien éclairés, ils n'avaient qu'à attendre leur délivrance dans l'inaction et dans le sommeil. On s'entassa dans une seule pièce pour y faire un plus gros feu ; on ne se donna pas même la peine de faire la cuisine et de régler les détails de l'existence quotidienne. On se contenta de consommer les conserves, qui ne demandaient aucune préparation. L'inertie fut telle, qu'une grande partie des boîtes renfermant de l'essence de viande de Liebig fut consommée sans avoir été même délayée dans de l'eau tiède.

Cette inaction, cette insouciance, la malpropreté qu'elles engendraient, ne tardèrent pas à produire leurs effets. Le 2 décembre, un premier homme tomba malade ; le 19, un second ; le 24, *presque tous* sont attaqués. Il fallut bien alors occuper une seconde chambre, dans laquelle les malades furent couchés sur de bons matelas et soignés par deux de leurs camarades restés seuls valides. La température, qui avait varié en décembre de 16 à 20 degrés de froid, descendit le 7 janvier à 25 degrés, et aggrava les maladies d'une manière effrayante. Le 19, deux hommes moururent.

A cette époque cependant, et malgré la persistance du froid, le journal mentionne que les eaux du fiord de Mitterhuk n'étaient pas encore prises. L'état sanitaire des naufragés n'éprouva aucune modification pendant plusieurs jours ; mais dans la seconde moitié de février les symptômes s'aggravèrent. Le 21 février eut lieu le troisième décès. Le froid est alors de 29 degrés ; mais on voit poindre les premiers rayons du soleil à l'horizon. Cependant l'un des gardiens restés valides tombe malade à son tour et confie la rédaction du journal à un de ses compagnons. « Il n'y a plus ici, écrit le nouveau rédacteur, qu'un seul homme bien portant pour garder tout le monde. Que le Seigneur ait pitié de nous! »

A partir de ce moment, le journal ne fait plus que consigner des observations thermométriques et les dates des nouveaux décès. Le 28 février, le froid est à 31 degrés, maximum de l'hiver. Dans la première quinzaine de mars, la température s'adoucit pour redescendre ensuite, du 16 au 26, à 25 et 30 degrés. Le 4 avril, les observations thermométriques cessent; dix nouveaux décès ont été enregistrés jusqu'à ce jour. Un onzième décès est signalé le 19 avril par une main nouvelle, et la mention de ce décès est suivie d'une phrase qui semble attester le délire de son rédacteur.

Tels sont en résumé, et en se conformant aux indications du journal, les principaux et douloureux incidents de cet hivernage.

Il nous reste maintenant à dire dans quel état fut trouvée la maison de Mitterhuk quand le bâtiment du capitaine Mack y parvint, le 18 juin dernier. Le 16 juin, le capitaine Mack était arrivé dans l'Ifsjord, mais avait dû, après de vaines tentatives, renoncer à pénétrer le jour même jusqu'à l'établissement de Mitterhuk. Le 17 au matin, il envoya une embarcation commandée par un harponneur. Après dix heures d'absence, cet homme revint, apportant la nouvelle qu'il ne restait aucun être vivant à Mitterhuk. Il n'avait pu découvrir que des cadavres, et sur l'un d'eux était attaché un billet du capitaine Telessen de Bergen, commandant le vapeur *Ellida*. Ce billet disait que le capitaine de l'*Ellida* avait débarqué le jour précédent et recueilli tous les papiers que l'on avait pu trouver à Mitterhuk. Le lendemain, l'*Ellida*, revenant d'Adventfay, rencontra le bâtiment du capitaine Mack, et les deux commandants se rendirent ensemble à terre. Ils arrivèrent à l'établissement vers trois heures du soir. Aux abords de la maison étaient amoncelés des habits, des cou-

vertures de lits, des fourrures et d'autres objets. Cette accumulation insolite provenait sans doute des vêtements et du cou-
chage des hommes décédés, dont on redoutait à tort ou à raison
que la maladie ne fût contagieuse. Un peu plus loin, les yeux
tombèrent sur un grand cadre de bois recouvert d'une toile gou·
dronnée. On s'en approcha, la toile fut soulevée, et les visiteurs
reculèrent d'effroi en constatant qu'elle recouvrait cinq cadavres.
Ce spectacle n'était rien cependant en comparaison de celui qu'on
allait trouver dans l'intérieur de l'habitation.

Quand on ouvrit la porte de la première pièce, il fallut se re-
jeter en arrière, tant était infecte l'odeur qui s'en dégagea. Deux
ou trois hommes résolus parvinrent cependant à pénétrer dans
l'intérieur en retenant leur respiration et ouvrirent en toute hâte
les portes et les fenêtres. Pendant une heure entière, il fallut
multiplier les fumigations dans toutes les pièces pour en rendre
le séjour supportable.

On put alors contempler un effroyable spectacle. Les réfugiés
avaient occupé deux chambres. Dans celle de droite étaient étendus six cadavres, amaigris, décomposés, moisis, d'un aspect
hideux. Dans celle de gauche, trois morts étaient couchés dans
des lits; un quatrième était étendu sur une caisse, les jambes
pendantes, la tête appuyée sur la main droite. Ce dernier devait
être le plus élégant et le plus soigneux de sa personne; il portait
une veste et un bonnet fourrés. Ses mains étaient gantées de laine
blanche. Le côté extérieur de son visage était bien conservé;
l'autre côté devait avoir été fortement blessé, car il avait laissé
couler le long de la caisse un ruisseau de sang. On a pensé qu'il
était le dernier survivant, et que, se voyant seul au milieu de tant
de morts, il avait été pris de délire et s'était blessé à la tête dans
un de ses derniers accès. Les trois autres corps étaient affreux....

On recueillit les débris de leurs derniers aliments, trois biscuits, quatre ou cinq tablettes de sucre, une boîte de légumes secs, non entamée.

Tous ces pauvres gens furent enterrés par l'équipage de l'*Ellida*, à l'exception de deux qu'on ne put retrouver. Cette triste cérémonie accomplie, on retourna à l'habitation pour faire l'inventaire des approvisionnements. Il restait encore des vivres de toute espèce et du chauffage en abondance. On retrouva une grande quantité d'outils de menuiserie. Les approvisionnements en conserves de viandes hermétiquement fermées étaient presque intacts; il en était de même des légumes secs et des pommes de terre. Ces malheureux ne s'étaient nourris, jusqu'au dernier moment, que de viandes salées, la plupart à l'état de crudité, de lard, de lait de conserve et de bouillon de Liebig à l'état de pâte. La chambre commune où les marins passèrent la première partie de leur hivernage était encombrée d'ordures et des débris les plus infects. On ne découvrit que peu de traces d'un travail manuel : une ébauche de la coque d'une embarcation, un pupitre et quelques objets insignifiants (1).

En mettant en regard les deux récits qu'on vient de lire, nous avons eu l'intention d'en faire saisir plus vivement le contraste. D'un côté, chez les matelots du *Freya*, la lutte est incessante et héroïque; les ressources sont nulles ou à peu près, non-seulement en vivres, mais aussi en vêtements, en instruments de travail, en combustibles, en munitions; personne n'est assuré, non-seule-

____

(1) *L'Année géographique*, par M. Vivien de Saint-Martin; années 1870, 1871, 1872. — *Bulletin de la Société de Géographie de Paris*. — *La Nature*, revue des sciences, hebdomadaire, année 1873. — *La Revue politique et littéraire*, année 1873.

ment du lendemain, mais même de l'heure qui va suivre. A chaque instant, il faut déployer des efforts surhumains pour échapper à une mort imminente : la veille est sans repos, le sommeil sans abri. Pourtant la vie se perpétue au milieu de dangers incessants : il faut lutter à chaque minute contre la faim, le froid, les ours, la torpeur et la mort. Sur sept matelots du *Freya*, six pourtant survivent à une vaillante agonie de sept mois, agonie qui se déroule dans des abris plus froids que la tombe, ou bien dans des voyages pédestres presque impossibles et dans des traversées fantastiques. De l'autre côté, nous voyons un groupe considérable d'hommes arrivés en pleine santé dans un établissement presque confortable, qui s'abandonnent à l'incurie et à la torpeur, négligent les soins les plus essentiels de la vie de chaque jour, et périssent misérablement, contre toute attente, laissant, après leur mort, le spectacle le plus hideux que puissent enregistrer les annales des sinistres maritimes.

La conclusion nous semble bien facile à tirer. Elle met en relief le vieil axiome : « Aide-toi, le ciel t'aidera. » Il y a, en effet, autant de miracles dans l'infatigable activité des marins du *Freya* que de misères dans l'apathie des marins du *Matillas*. Il faut reconnaître que le premier des préceptes hygiéniques, dans les régions polaires, est de déployer incessamment une dépense de forces presque surhumaines. C'est aujourd'hui une vérité plus que démontrée que le scorbut n'est efficacement combattu que par la vie active à l'air libre, et que la nourriture et les médicaments sont beaucoup moins efficaces.

En 1875, le professeur suédois Nordenskjœld, qui s'était déjà signalé trois ans auparavant par un important voyage au Spitzberg, entreprit une nouvelle expédition d'ordre exclusivement scientifique. Ce fut un riche Suédois, M. Oscar Dickson, de

Gothembourg, qui en fit tous les frais. Placée sous les ordres du professeur Nordenskjœld, elle se composait de MM. Kjellman et Sundstrœm, botanistes, agrégés de l'Université d'Upsal, Theel et Stusberg, zoologistes, et de douze matelots baleiniers de Norwége.

Le plan était de partir au commencement de juin du port norwégien de Tromsoë pour le sud de la Nouvelle-Zemble, puis, à mesure que la glace fondrait, de remonter vers le nord en suivant la côte ouest, et, après avoir contourné la pointe septentrionale, de redescendre le long de la côte orientale et de gagner l'embouchure de l'Obi ou de l'Iénisséi, grands fleuves sibériens qui se jettent dans la mer Glaciale. M. Nordenskjœld devait remonter un de ces fleuves et retourner en Europe par la voie de terre, tandis que le navire reviendrait à Tromsoë en côtoyant la Sibérie. On pensait que celui-ci pourrait être de retour en octobre. Pendant toute la durée de la campagne, on devait se livrer à de nombreuses observations physiques et géologiques, draguer le fond de la mer pour y recueillir des animaux marins, et étudier avec soin la flore de ces contrées désolées.

Pendant longtemps on avait considéré une semblable expédition comme impraticable, mais les baleiniers suédois et norwégiens avaient constaté dans ces dernières années que la mer de Kara était navigable en été. Un capitaine baleinier norwégien, M. Johannsen, avait exploré ces parages et avait reçu pour cela une médaille d'argent de l'Académie des sciences de Suède ; plus tard, il avait gagné une médaille d'or pour avoir exécuté la circumnavigation de la Nouvelle-Zemble ; plusieurs de ses confrères l'avaient imité depuis. Le voyage était donc parfaitement faisable, et une expédition scientifique pouvait obtenir de très-beaux résultats dans une région où n'avait jusqu'alors pénétré aucun savant. C'est ce qui tentait vivement M. Nordenskjœld et ses compagnons.

Ils partirent donc de Tromsoë, le 8 juin 1875, à bord du yacht *le Prœven* (l'*Entreprise*); mais, bien que remorqués par un petit vapeur, ils ne purent gagner le large que le 14, à cause des vents contraires. Le 17, on doublait le cap Nord, et le 21 on arrivait à la Nouvelle-Zemble.

Cette terre est une île double séparée par un détroit, le *Matochkine-Char*; elle est entourée d'une ceinture de glace compacte, dans laquelle se forment deux passages pendant l'été, l'un en face du Matochkine-Char, l'autre à la hauteur du *cap nord des Oies*; c'est par celui-ci que pénétra le *Prœven*, qui jeta l'ancre le 22 juin dans une petite baie mal protégée, au nord du cap des Oies.

Pendant le voyage, on avait souvent fait, quand le temps le permettait, des sondages et des dragages, des études sur la vie des animaux et des diatomacées, près de la surface de la mer, sur la température de l'eau à diverses profondeurs, etc. Ces expériences furent fréquemment couronnées de succès, et les heureux résultats obtenus font augurer que le naturaliste aurait de riches moissons à faire dans ces parages. On essaya plusieurs fois d'un nouvel instrument de dragage, l'extracteur sous-marin du docteur Viberg, qui répondit parfaitement au but que l'inventeur s'était proposé, et qui se montra surtout d'une manœuvre très-facile.

Après une halte de deux jours, le *Prœven* leva l'ancre et fit route vers le nord, en mouillant tantôt ici, tantôt là, quand l'endroit semblait favorable. C'est ainsi qu'on arriva au Matochkine-Char, dont on visita plusieurs points du 7 au 13 juillet. La mer avait été à peu près libre de glace jusque-là, le long de la côte;

mais au nord du détroit la banquise apparut si dense et si proche de la côte, qu'on dut abandonner le projet de remonter plus avant vers le nord. Mais comme dans la partie ouest du Matoch-kine-Char la glace était brisée, M. Nordenskjœld crut pouvoir gagner l'est et la mer de Kara par cette voie, et dans ce but poussa jusqu'à Tchirakina, d'où il entreprit une course en cha-loupe pour juger de l'état de la glace. Pendant ce temps, M. Sundstrœm faisait l'ascension d'une montagne haute de 3,000 pieds, située dans le voisinage, au sommet de laquelle il plaça un thermomètre à minimum. Les deux observateurs consta-tèrent, chacun de leur côté, que le détroit était encore couvert à l'est d'une couche de glace si épaisse, que cette année elle devait résister longtemps à la température de l'été polaire. Non loin de là, à la baie de Skodde, on recueillit une belle collection de fossiles jurassiques dont la comparaison avec ceux que l'on ren-contre dans les mêmes couches à des latitudes moins élevées sera d'un haut intérêt pour les géologues.

L'abondance des glaces décida M. Nordenskjœld à redescendre vers le sud, abandonnant ainsi l'exploration du nord et de l'est de la Nouvelle-Zemble. Il résolut en conséquence de chercher à pénétrer dans la mer de Kara par le détroit de ce nom (Porte-de-Kara) ou par celui d'Iongor, l'un au nord, l'autre au midi de la grande île de Waigatz.

Le *Præven* quitta le Matochkine-Char le 13 juillet et n'arriva que le 25 à la Porte-de-Kara, qui se trouva, elle aussi, fermée par les glaces. Une tempête terrible avait éclaté dans ces parages, et elle dura du 26 au 30, avec une telle violence, qu'on fut bien heureux de se mettre à l'abri sur la côte méridionale de l'île de Waigatz. Ce ne fut que le 30 qu'une embarcation put tenir à la mer et permettre d'aller à terre. On y recueillit une collection de fossiles, cette fois siluriens, qui ont cela de particulièrement curieux pour les Suédois, qu'ils sont presque semblables à ceux de l'île de Gothland, dans la Baltique.

Ce fut là qu'on rencontra pour la première fois des Samoyèdes, que la vue du navire avait attirés sur la côte, et qui étaient venus dans des traîneaux d'une hauteur extraordinaire, servant en été comme en hiver, et attelés de trois ou quatre rennes. On les amena à bord sur leur demande, et on les y régala aussi bien que possible.

Malgré les rafales du nord-ouest qui devaient chasser les glaces et les entasser dans la mer de Kara, M. Nordenskjœld résolut d'y entrer, et, le 31 juillet, il faisait appareiller pour le détroit d'Yougor, où le *Prœven* fut saisi par un calme plat. Le 2 août, le détroit fut franchi heureusement, et l'on reconnut avec joie que la mer de Kara était complétement libre. On se dirigea immédiatement vers la longue péninsule appelée *Yalmal* par les Samoyèdes, qui sépare la mer de Kara du golfe où se jette l'Obi. Le vent était si faible, qu'on ne l'atteignit que le 8 août; M. Nordenskjœld y débarqua sur la côte nord-ouest, afin d'y faire des déterminations astronomiques, ainsi qu'il en avait déjà fait beaucoup sur la côte occidentale de la Nouvelle-Zemble et dans le détroit d'Iongor.

Pendant une courte excursion que firent MM. Nordenskjœld et Sundstrœm, ils remarquèrent des pas d'hommes, dont quelques-uns marchaient pieds nus, et même des traces de passage de traîneaux. Sur le rivage se dressait un autel formé d'ossements de phoques, de rennes, etc., et surmonté d'idoles grossièrement taillées dans des morceaux de bois flotté, dont les yeux et la bouche avaient récemment été teints de sang. Des crânes d'ours et de rennes étaient suspendus à des bâtons crochus. A côté, il y

avait un petit four et un tas d'os de rennes, qui étaient vraisemblablement les débris d'un festin de sacrifice. Non loin de là ils
trouvèrent un piége à renard.

Après quelques heures de relâche, le *Prœven* cingla de nouveau vers le nord jusqu'à ce qu'il eût rencontré d'infranchissables
banquises, par 75° 30' de latitude nord et 70° 30' de longitude
est. M. Nordenskjœld se décida à suivre le bord de la glace dans
la direction de l'est, ce qu'il fit pendant quelques jours ; puis,
voyant que la barrière polaire se continuait sans interruption, il
résolut de se rabattre sur les côtes de Sibérie.

Pendant la lente navigation sur la mer de Kara, l'expédition
avait pu se livrer journellement à des travaux hydrographiques,
à des sondages, à des dragages, etc., dans des eaux visitées pour
la première fois par des savants. On recueillit une foule d'animaux
sous-marins, d'espèces bien plus variées qu'on ne pouvait le
prévoir. M. Nordenskjœld, dans des lettres adressées à divers
savants, à M. Daubrée (de l'Institut), entre autres, cite « des
espèces colossales d'isopodes, des cumacées particulières, quantité d'amphipodes et de copépodes, un grand et fort joli alecto,
des ophicérides d'une remarquable grandeur, des astérides très-
bien dessinées, d'innombrables mollusques. »

Quand le *Prœven* fut à la hauteur des bouches de l'Iénisséi,
M. Nordenskjœld résolut de se diriger vers ce fleuve, et il entra
dans son estuaire le 15 août 1875. Le drapeau suédois fut hissé
au grand mât du *Prœven*, et la baie au fond de laquelle l'Iénisséi
se jette dans la mer fut appelée la *baie Dickson*, du nom du généreux promoteur de l'expédition. « Nous étions donc parvenus,
dit M. Nordenskjœld, à un but que depuis des siècles de grandes
nations maritimes s'étaient en vain efforcées d'atteindre. »

En s'avançant vers le port, les voyageurs suédois aperçurent

un grand ours blanc qui paissait fort paisiblement sur la plage,
en compagnie de plusieurs rennes. Il quitta bientôt ceux-ci et se
dirigea lentement vers la partie du rivage située vis-à-vis du
mouillage du *Prœven,* où il s'endormit. M. le docteur Theel voulut essayer de tuer cet animal et il se fit descendre en canot à
terre. Il débarqua le plus silencieusement possible et il s'avança
en rampant vers l'ours; mais celui-ci, rapidement éveillé, se
dressa aussitôt et marcha courageusement vers le chasseur; une
balle de remington, tirée à une distance de 40 pieds, l'arrêta,
sans le tuer cependant, car elle ne pénétra pas dans le crâne,
mais le lui fendit seulement entre les yeux, le long du front.
L'ours s'enfuit aussitôt, mais une seconde balle vint l'achever en
lui perforant le poumon et le haut du cœur. Quand on dépouilla
cet animal, on ne trouva que des végétaux dans ses entrailles, et
les baleiniers norwégiens prétendirent que c'était un vieux
Landt Konge (roi de terre) trop paresseux pour aller à la
chasse.

« Je considère cet incident comme de bon augure, dit
M Nordenskjœld; l'ours avait régné seul en maître dans ces régions pendant des milliers d'années, mais son règne va finir; on
verra de nombreux navires visiter ces contrées, et établir le trafic
de l'Europe dans les immenses territoires du bassin de l'Irtisch,
de l'Obi et de l'Iénisséi. »

C'est dans la baie Dickson que l'expédition se scinda, le
Prœven devant retourner en Norwége par la mer de Kara et
l'océan Arctique, M. Nordenskjœld regagnant l'Europe par la
Sibérie.

Dans les parages qu'on venait de quitter, on s'était livré, entre
autres observations, à l'étude de la nature de l'eau de mer. Celle
qui se trouve sur la surface est douce, du fait des grands fleuves

sibériens qui débouchent dans cette mer, et il s'ensuit ce cas curieux que la plupart des animaux extraits du fond, où l'eau est très-salée, meurent rapidement quand on les met dans de l'eau puisée à la surface. On avait fait également des études sur la température de l'eau à différentes profondeurs, qui ont donné un résultat très-intéressant. Par de nombreuses observations faites le long de la côte occidentale de la Nouvelle-Zemble, depuis le Matochkine-Char jusqu'au détroit d'Iongor, devant le cap Grebeni, dans la mer Glaciale, par 75° 30' de latitude N. et 82° de longitude E., et enfin à l'embouchure de l'Iénisséi, M. Nordenskjœld a reconnu que la température de l'eau de la surface de ces mers est très-variable et dépendante de celle de l'atmosphère, du voisinage des glaces, de l'affluence d'eau douce de l'Obi et de l'Iénisséi, tandis que la température de l'eau à la profondeur de 20 mètres descend à un ou deux degrés centigrades au-dessous de zéro ; ainsi, dans la partie septentrionale de la mer de Kara, où l'eau de la surface est presque douce, et pendant l'été, un flacon rempli de cette eau, plongé à 20 mètres de profondeur, se congelait aussitôt. La même expérience avait été faite à la Nouvelle-Zemble et au détroit d'Iongor.

Le 19 août, MM. Nordenskjœld, Sundstrœm et Stusberg, quittant le *Prœven*, s'embarquèrent sur l'*Anna*, svelte embarcation du Nordland norwégien qu'ils avaient amenée dans l'intention de remonter un des grands fleuves sibériens ; c'est ce qu'ils firent sur l'Iénisséi jusqu'à Doudinski, où ils trouvèrent un bateau à vapeur russe qui les transporta dans l'intérieur du pays. M. Nordenskjœld arriva le 29 octobre à Ekaterinenbourg, sur le versant asiatique de l'Oural, et le 5 novembre suivant il assistait avec ses deux compagnons à une séance de la Société impériale de géographie de Saint-Pétersbourg, où ils furent accueillis et félicités chaleureusement.

De son côté, le *Prœven*, sous le commandement de M. Kjellmann, avait levé l'ancre peu d'heures après le départ de
M. Nordenskjœld. Avant de gagner le large, il fut contraint de
louvoyer le long de la côte entre les îles *Severovostotchni*. Le
but de M. Kjellmann était d'essayer encore une fois de visiter la
côte nord-est de la Nouvelle-Zemble, que la saison plus avancée
devait rendre plus abordable qu'auparavant.

Le 21 au matin, le *Prœven* se trouvait par le travers de l'embouchure de l'Obi, quand éclata une violente tempête du nord-
nord-est. Le bâtiment eut à lutter péniblement contre le vent qui
le poussait tantôt vers les bouches de l'Obi, remplies de bancs de
sable et d'écueils, tantôt vers la presqu'île qui sépare le bassin
de ce fleuve de celui de l'Iénisséi. On avait à craindre d'être jeté
sur l'île Blanche, entourée à plusieurs lieues de distance de bas-
fonds qui n'ont pas plus de cinq brasses de profondeur. La tempête empêchait l'usage des voiles, mais heureusement elle entraîna le *Prœven* dans un fort courant qui l'emporta à presque un
degré au N.-E. de sa course.

Le 23 août, on rencontra la banquise compacte et infranchissable au N. et au N.-E., brisée à l'O. et au N-O. On suivit la
glace dans la direction du N.-O., mais on constata bientôt qu'on
risquait d'être saisi par elle, et M. Kjellmann se décida à faire
virer de bord et à se diriger de nouveau vers le sud. Pendant
cinq jours, le *Prœven* navigua dans des brouillards qui ne laissaient la terre apparaître qu'à de rares et brefs intervalles, bien
qu'elle ne fût qu'à deux ou trois lieues. Enfin on ne songea plus
qu'à regagner la Norwége, où l'on arriva, dans le port de Haun-
nerfest, au commencement de septembre.

Les importants résultats de cette expédition et l'habileté dont a
fait preuve M. Nordenskjœld ont engagé la Société d'encourage-

ment de Russie à charger ce dernier de l'exploration scientifique d'une voie maritime allant du nord de la Russie au détroit de Behring. M. Nordenskjœld a accepté cette mission, qu'il comptait accomplir dès l'été de 1876.

M. Nordenskjœld a en effet accompli cette mission. Il est allé du nord de la Russie au détroit de Behring, où il est arrivé, en longeant les côtes de la Sibérie, vers le milieu de l'année 1879.

Il ne nous semble point inutile de donner ici une courte biographie du courageux et savant voyageur suédois.

Adolphe-Erik Nordenskjœld est né en 1832, à Helsingfors (Finlande). Son père était ingénieur des mines et minéralogiste distingué. Revenu dans son pays d'origine, la Suède, il prit part aux expéditions que ce pays envoya dans les mers polaires en 1857 et en 1861. Il prit ensuite le commandement de celles qui eurent lieu en 1866, 1868, 1872 et 1875, et qui accrurent notablement les connaissances géographiques sur les régions arctiques. En 1868, il poussa avec la *Sofia*, son bâtiment, jusqu'à la plus haute latitude qu'un navire eût atteinte jusqu'alors. En 1870, il visita le Groënland et pénétra dans l'intérieur plus loin qu'on ne l'avait jamais fait. En 1872, il hiverna au Spitzberg avec l'intention de gagner le pôle nord au moyen de traîneaux attelés de rennes ; des circonstances fâcheuses et indépendantes de sa volonté l'empêchèrent seules de mettre ce projet à exécution.

Depuis 1858, M. Nordenskjœld est professeur de géologie et directeur de la partie minéralogique du musée royal de Stockholm, qu'il a enrichi d'un gigantesque aérolithe de fer natif, tombé et recueilli au Groënland, dont on a vu un fac-simile à l'Exposition géographique de Paris en 1875. Il a été récemment élu membre correspondant de notre Académie des sciences en remplacement du célèbre et regretté Livingstone.

Tandis que la Suède, la Norwége et l'Autriche organisaient
ainsi de nombreuses expéditions polaires, la Russie gardait un
rôle inactif, et l'Angleterre semblait avoir renoncé à toute tentative nouvelle. Cependant, dans le courant de l'année 1872, le
capitaine Osborn, de la marine britannique, remit en lumière le
projet d'exploration qu'il avait soumis en 1865 à la Société de
Géographie de Londres, et dont l'exécution s'était trouvée
ajournée par suite de la divergence des opinions sur la route à
suivre. Sept années d'efforts infructueux dans la direction des
mers du Spitzberg lui semblèrent une preuve suffisante de l'impossibilité de pénétrer dans les glaces de ce côté, et il proposa
de nouveau de prendre la route de la mer de Baffin et du détroit
de Smith comme étant celle qui promettait le plus de résultats
favorables à la science, et, en même temps, le moins de risques
pour la vie des navigateurs.

Le plan du capitaine Osborn fut approuvé entièrement, cette
fois, par la Société de Géographie de Londres, qui s'adressa au
gouvernement pour lui demander d'organiser une expédition
arctique. A côté des résultats que les sciences géographiques,
physiques, astronomiques, naturelles, etc., peuvent attendre de
l'exploration du pôle Nord, elle faisait valoir l'honneur de l'Angleterre, l'intérêt qu'elle a à ne pas abandonner un champ où sa
marine s'est tant distinguée autrefois. M. Gladstone était alors
premier ministre ; il répondit que le budget de l'Angleterre avait
d'autres dépenses à supporter que celles d'une expédition arctique.
M. Gladstone tomba. Quoique représentant au pouvoir le parti
conservateur, M. Disraéli se montra, en cette circonstance,
plus libéral que son prédécesseur, et il décida l'envoi d'une expédition.

C'était au mois de novembre 1874. On ne perdit aucun moment

pour équiper des navires, former les équipages, préparer des approvisionnements, les instruments, les instructions spéciales pour toutes les branches d'études, toutes les sciences dont l'expédition devait être chargée. Les deux navires choisis pour l'expédition, l'*Alerte* et la *Découverte,* furent fortifiés pour résister au choc des glaces.

Le commandant de l'expédition est le capitaine Nares, qui, comme enseigne, a pris part à l'expédition arctique du *Résolu* en 1852-54 ; les autres officiers de l'expédition ont été pris dans l'élite de la marine anglaise, et aucun matelot n'a été admis dans les équipages sans avoir subi un examen médical qui atteste de ses forces physiques et de sa bonne santé. On a aussi tenu compte, dans le recrutement des matelots, des arts d'agrément et du talent théâtral. L'expédition a ainsi dans son équipage orchestre et troupe de théâtre. Les deux navires emportent instruments de musique, décorations, costumes, et tout un appareil scénique, avec lequel on cherchera à tromper la longue nuit de l'hiver polaire. Bien que l'expédition se fasse aux frais du budget de l'empire britannique tout entier, il est à remarquer qu'elle est presque entièrement formée d'Anglais (en prenant ce mot au sens étroit) ; les deux médecins sont Irlandais et les trois « quartiers-maîtres de la glace » sont Ecossais. Il fallait, en effet, pour ce dernier emploi, qui consiste à guider le navire au milieu des glaces, du haut d'une espèce de hune appelée *nid de pie,* des hommes expérimentés ; on les a empruntés aux *steamers* baleiniers de Dundee (Ecosse) qui vont tous les ans chasser la baleine dans la baie de Baffin. Un des officiers de l'expédition, le second du capitaine Nares, M. Markham, avait, il y a deux ans, pris part à la campagne d'un de ces baleiniers de Dundee pour se familiariser avec les manœuvres toutes particulières que réclame la navigation dans la glace.

La route choisie pour cette expédition est celle de la baie de
Baffin et du détroit de Smith. C'est celle par laquelle Hayes et
Hall atteignirent une très-haute latitude, par laquelle ils auraient pu pousser plus loin encore, si leurs expéditions, entreprises particulières, avaient été convenablement équipées. Les
expéditions allemande et autrichienne ont montré que par
Novaïa-Zemlia, par le Spitzberg et par l'est du Groënland, on
peut atteindre une latitude élevée. La route par le détroit de
Smith présente de grands avantages à divers points de vue. C'est
le seul point où une ligne de côtes se dirige vers le pôle; et dans
les circonstances même les plus défavorables, un navire peut, par
cette route, atteindre une station d'hivernage sous une latitude
très-élevée, et l'on peut de cette station espérer atteindre le pôle
en traîneau. Le voisinage de la terre permet de faire des études
géologiques, botaniques, zoologiques. On sait, par les précédents
explorateurs, que la vie animale abonde dans le haut du détroit
de Smith, que phoques, morses, ours, bœufs musqués, rennes,
oiseaux y abondent; la chasse peut donc fournir des provisions
de viande fraîche utile à la bonne santé de l'équipage. En outre,
il sera aisé à l'expédition de maintenir ses communications avec
le monde civilisé par l'intermédiaire des baleiniers, qui vont,
chaque été, chasser la baleine, le phoque et le morse dans la
baie de Baffin. Au cas où une catastrophe détruirait leurs navires, les explorateurs ont la ressource de retomber sur la terre
ferme et de diriger leur retraite dans la mer de Baffin, où ils seront recueillis par les baleiniers.

Les conditions scientifiques se trouvent par cette route réunies
à une grande sécurité. L'expédition est approvisionnée pour
trois ans. Aucune autre n'a jamais eu d'aussi grandes chances de
succès.

L'*Alerte* et la *Découverte* quittèrent Portsmouth le 29 mai 1875, jour anniversaire de la naissance de la reine Victoria, suivies du *Valeureux*. Ce dernier navire était chargé d'un supplément de charbon et de provisions qu'on devait transborder à Godhavn dans les navires d'exploration. Ceux-ci n'en étaient pas moins déjà lourdement chargés, car ils emportaient trois ans de provisions et de charbon, et il y a moins de place libre dans les steamers, à cause de l'emplacement nécessaire à la machine. Le poids des provisions à bord de l'*Alerte* était de 134 tonnes (1), outre 178 tonnes de charbon. La *Découverte* en avait à peu près autant, les deux navires étant à peu près de même dimension.

La traversée de l'Atlantique se fit par un mauvais temps, que leur lourd chargement rendit encore plus sensible aux navires. C'est le 11 juin que le vent du nord-ouest se mit à souffler avec violence, entrecoupé de furieuses rafales. La tempête, dès le début, sépara le *Valeureux* des autres navires. Le 13, la *Découverte* se sépara à son tour de l'*Alerte*. Enfin, le 27, après une succession de gros temps, l'*Alerte* se trouva à l'est du cap Farewell, se dirigeant sur le cap de la Désolation, sur la côte ouest du Groënland. C'est le 27 juin que l'*Alerte* vit pour la première fois de la glace, spectacle nouveau pour une partie de l'équipage. Le 28, le *Valeureux* fut en vue, et les deux navires remontèrent la côte du Groënland. Le 29, l'*Alerte* traversa un courant de puissants glaçons, quelques-uns longs de 2 à 300 mètres, et il en reçut plusieurs chocs violents. Dans la nuit de ce jour, il eut à supporter un nouvel ouragan : la mer se troubla, et de hautes vagues perpendiculaires tombant sur le navire le firent rouler panne sur panne et lui firent embarquer des lames par

---

(1) La tonne vaut 1,015 kilogrammes.

l'arrière et par l'avant. Une lame terrible tomba dans la grande
chambre, et plusieurs voies d'eau se déclarèrent au pont supé-

Les vaisseaux *l'Alerte* et la *Découverte* quittant les côtes d'Angleterre.

rieur. Le 1ᵉʳ juillet, on aperçut la *Découverte*, qui avait eu le
même temps. La longue succession des gros temps avait forte-

ment éprouvé le gréement des deux navires et laissé de sérieuses traces. Deux baleinières de valeur avaient été défoncées et démolies, une sur chaque navire, et il y avait encore d'autres dégâts à bord des navires.

Après le 1ᵉʳ juillet, l'*Alerte* et la *Découverte* remontèrent la côte de conserve, dépassant Sukkerton le 3, Holsteinborg et ses dangereux récifs le 4, les *icebergs* échoués au large de Rifkoll le 5. Le matin du 6, l'*Alerte* et la *Découverte* jetèrent l'ancre dans le port de Godhavn ou Leively, à l'extrémité sud-ouest de l'île de Disco, où le *Valeureux* était déjà arrivé le 4.

Godhavn, tout chef-lieu qu'il est des possessions danoises, n'est qu'une bourgade de 12 à 15 huttes ou maisons, avec une centaine d'habitants, métis d'Esquimaux et de Danois pour la plupart. Cependant, outre les personnages officiels, il se trouve toujours dans chaque établissement un serrurier et un tonnelier danois engagés par le gouvernement de Copenhague. Tous les indigènes sont vêtus de peaux. Mais le costume des femmes est particulièrement pittoresque ; elles ont des bottes en peau de chien avec la fourrure en dedans, qui montent jusqu'au-dessus des genoux, et par-dessus des espèces de mocassins en peau de phoque généralement teints de couleurs gaies ; les culottes sont aussi en peau de phoque avec le poil en dehors, et attachées par des rubans de calicot blanc ; elles sont vêtues d'une espèce de blouse de calicot de couleur, garnie de fourrures au col et aux manches ; la chevelure est disposée en un haut chignon, natté avec des rubans de couleur.

Les savants de l'expédition firent quelques observations et constatèrent que la flore du Groënland, qui semblerait devoir être arctico-américaine, est tout à fait européenne. C'est là un fait fort curieux. On fit une excursion à Ovifak, d'où le professeur

Nordenskjœld avait emporté tant et de si gros météorites. Bien qu'un Esquimau ait assuré en avoir vu tomber deux nouveaux l'an dernier, bien qu'il en ait montré la place, on n'a rien pu retrouver ; les deux aérolithes en question ont dû **être** entraînés dans la mer par l'action combinée des eaux et de la glace à l'époque du dégel.

Les trois vaisseaux anglais quittèrent Godhavn le 15 juillet, pour se rendre à Rittenbenk, où la *Découverte* devait prendre des chiens, et le *Valeureux* extraire du charbon d'un gisement de houille, afin de remplacer celui qu'on lui avait pris et revenir plus aisément en Angleterre. Rittenbenk est également dans l'île de Disco. Le 16, la séparation eut lieu ; l'*Alerte* et la *Découverte* prirent deux embarcations au *Valeureux* pour pourvoir au vide qu'avait fait la tempête du 13 juin, et le 17 juillet ils s'enfoncèrent définitivement dans le Nord.

Le *Valeureux* se heurta contre un rocher à Holsteinborg et dut y rester quelques jours pour réparer ses avaries ; puis il s'en retourna lentement en faisant pendant tout le mois d'août de nombreux sondages et dragages, fort intéressants à la fois pour la géologie, la géographie et la botanique des grands fonds sous-marins. Mais toute l'attention et toute la sollicitude publiques sont tournées vers le commandant Nares et les siens, et l'on espère qu'ils reviendront sains et saufs de leur courageuse expédition, après avoir, sinon réussi à atteindre le pôle, du moins à en approcher plus que tout autre.

CHAPITRE XI

LES TERRES ARCTIQUES

Résultats des expéditions polaires. — Quelques détails géologiques. —
Principales formations de l'écorce terrestre du pôle nord. — Les mines de
houille. — Empreintes de feuilles d'arbres. — Dépôts de bois. — Troncs
d'arbres mêlés de fer. — Vestiges d'animaux antédiluviens. — Défenses de
mammouths. — Elévation du niveau des terres arctiques. — Preuves d'une
submersion antérieure. — La flore fossile. — Les forêts arctiques. —
L'époque glaciaire. — Une hypothèse. — La race des Esquimaux. — Son
origine. — Son dépérissement. — Triste existence des peuples des régions
arctiques. — Les chiens esquimaux. — Leur utilité. — Manière de les
atteler. — Leur intelligence extraordinaire. — Les Esquimaux du Groënland. — La pêche. — Le kayak. — Un tour de force. — L'*oumyak* ou
bateau de femmes. — Les établissements du Groënland. — Identité des
usages et des mœurs parmi les nombreuses peuplades d'Esquimaux. — La
débàcle des glaces. — Résumé.

Les *terres arctiques* sont les territoires découverts par les explorateurs dont nous avons succinctement raconté les voyages.
Quoique encore insuffisamment connues, elles sont formées en
général d'iles que séparent de nombreux détroits.

La réunion de quatre de ces détroits, ceux de Lancastre, de
Barrow, de Melville et de Banks, constitue le grand passage du
nord-ouest recherché pendant si longtemps. On est maintenant
assuré de la communication entre l'océan Atlantique et le grand
Océan; mais cette communication demeure impraticable.

La voie que quelques aventuriers de génie se sont frayée à travers les glaces n'a pas encore été ouverte aux balles de coton et au calicot vainqueur, et il est à peu près certain qu'il en sera toujours ainsi.

Entre le point extrême de navigation atteint par l'est et le point extrême de navigation atteint par l'ouest, il existe un certain espace invinciblement obstrué par la glace et qui n'a pu être traversé qu'à pied. Cette sorte d'isthme infranchissable que l'intrépide Mac-Clure a trouvé devant lui, il y a plus de cinquante ans que Parry le rencontra aussi, et tout fait croire qu'il n'a été et ne sera jamais rompu.

C'est donc au point de vue scientifique, bien plus qu'au point de vue pratique et utilitaire, qu'il faut envisager les résultats des audacieuses tentatives dont les régions boréales ont été le but depuis le xve siècle. Qui sait d'ailleurs si la science moderne, déjà mère de tant de prodiges, ne trouvera pas demain, dans ces résultats, une victoire nouvelle sur les forces de la nature?

La géologie des terres arctiques offre à l'étude un sujet des plus intéressants; mais les éléments en sont encore trop épars pour pouvoir être soumis à un travail d'ensemble. Les quelques détails qui suivent sont empruntés à M. de Lanoye, que nous avons déjà eu l'occasion de citer plusieurs fois, et forment un appendice plein d'intérêt à sa traduction du voyage du docteur J.-J. Hayes (1).

Les principales formations ou assises que présente l'écorce terrestre dans l'intérieur du cercle polaire et l'ordre de leurs

---

(1) *La Mer libre du pôle,* par le Dr J.-J. Hayes, trad. de l'anglais par F. de Lanoye; 1 vol. gr. in-8°, orné de nombreuses gravures.

gisements sont des granits et des gneiss (1) primitifs, des dépôts dévoniens et siluriens, des couches de houille et de lias, des dépôts tertiaires comprenant d'épais lits de charbon et de lignite surmontés de dépôts plus récents de bois non encore fossilé, enfin des dépôts fossiles de la période quaternaire renfermant des dépouilles d'espèces encore existantes.

Depuis l'île de Disco, près des côtes du Groënland, jusqu'à l'île du Prince-Patrick, dans l'archipel Parry, s'étend une zone de dépôts houillers. A l'embouchure du fleuve Måckensie, dans les îles Garry, se trouvent aussi des mines de houille qui s'enflamment spontanément quand elles viennent en contact avec l'atmosphère. Les troncs d'arbres qui les composent, confusément entassés dans une position horizontale, ont conservé leurs formes et résonnent comme le fer. Dans d'autres couches, passées à l'état de houille, la contexture du bois a totalement disparu.

Entre les couches de lignites sont interposés des lits de terre de pipe et d'argile plastique qui contiennent, outre des parcelles d'ambre, des empreintes de feuilles diverses appartenant à la flore du nord des Etats-Unis. Ce fait extrêmement curieux prouve d'une façon irrécusable qu'à une époque fort ancienne le climat des terres arctiques était tout différent de celui d'aujourd'hui.

---

(1) *Granit*, pierre fort dure et grenue. — *Gneiss*, roche dont le quartz, le feldspath, sorte de minéral très-dur, et le mica, pierre brillante, feuilletée et écailleuse, forment les éléments. — *Lias*, pierre calcaire dure et d'un grain très-fin. — *Lignite*, bois fossile employé comme combustible. — *Dépôt dévonien*, formé de roches à base argileuse. — *Dépôt silurien*, formé de débris d'animaux vertébrés, surtout de poissons et de reptiles.

En effet, ces feuilles dont on a pu constater à l'aide du microscope les nervures, les contours et même le duvet parfaitement moulés dans la terre, ont dû pousser sur les lieux et se trouver ensuite doucement déposées sur de la vase molle, dans des eaux dormantes. Si elles avaient été apportées de loin, les frottements et les courants ne les auraient certainement pas laissées aussi intactes. Les régions arctiques produisaient donc autrefois des végétaux qui, à l'époque actuelle, ne peuvent croître que douze degrés plus au sud.

On trouve d'ailleurs dans différents endroits des terres arctiques des dépôts de bois plus récents. Sur les bords de l'embouchure du fleuve Mackensie, il y a des collines d'une centaine de pieds environ de hauteur qui renferment de grandes quantités de troncs de sapins recouverts d'une espèce de terre végétale noire.

Un dépôt de ce genre fut trouvé par le commandant Mac-Clure dans une vallée de l'île de Baring; il s'élevait à plus de 100 mètres au-dessus du niveau de la mer. Le naturaliste Armstrong, qui accompagnait l'expédition, en fit l'examen.

« Les extrémités des troncs et des branches des arbres, dit-il dans son journal, faisaient saillie hors de l'argile grasse dans laquelle ils étaient empâtés. En creusant à quelque profondeur, nous nous aperçûmes que toute la montagne était d'une formation ligneuse, composée de troncs et de branches d'arbres. Les uns, d'une couleur foncée et un peu ramollis, étaient à moitié carbonisés ; les autres, tout frais encore et avec leurs formes parfaitement conservées, étaient durs et fermes. Dans quelques endroits, le bois, aplati et écrasé par le temps, ne présentait qu'une surface unie où l'on retrouvait quelques traces de charbon.

« Il y avait des troncs dont le diamètre était de vingt-six pouces. D'autres trempaient dans l'eau, tout en conservant la contexture du bois. Des glands et des pommes de pin en grande quantité commençaient à se pétrifier. Plusieurs arbres tombaient en poussière sous les coups de nos haches, et, aussi loin que s'étendirent nos fouilles, nous ne pûmes trouver que de l'argile et des arbres, et dans certains endroits la décomposition de ceux-ci formait le sol même. Nous trouvâmes à la surface de cette colline et de celles qui l'environnent plusieurs fragments isolés pétrifiés. Quelques-uns étaient mêlés de fer et rendaient sous le marteau un son métallique. De petits ruisseaux contenant du fer et du soufre coulaient à la surface du sol. »

Les côtes septentrionales de l'Asie présentent également d'immenses dépôts de bois. On y remarque des branches et des racines de bouleau et de saule. A travers ces gisements, on découvre des os de quadrupèdes antédiluviens mêlés aux débris végétaux. Les îles Liakhoff surtout renferment des montagnes ligneuses très-élevées. En gravissant ces montagnes, on y rencontre partout du charbon de bois incrusté dans une gangue de la couleur de la cendre, mais si dure, qu'on peut à peine l'entamer avec un couteau. Au sommet, il y a une longue rangée de poutres fixées perpendiculairement dans le grès. Ces poutres furent enfoncées sans doute par des hommes, car c'est encore aujourd'hui l'habitude des Esquimaux.

Une autre particularité des îles Liakhoff, c'est la quantité de défenses de mammouths qui s'y trouvent. Le sol, mélangé de sable et de glace, en contient tellement, que l'on dirait qu'elles forment la principale matière de l'île. Quelques-unes de ces défenses pèsent jusqu'à 400 livres.

Sur le côté américain du détroit de Behring on rencontre aussi en abondance des dents d'éléphants fossiles, et même des crânes auxquels le poil adhère encore.

Les terres arctiques présentent, en outre, à leur surface, des coquilles de mollusques de la même espèce que ceux des mers environnantes. Ce fait confirme la théorie du soulèvement des rivages et des îles, théorie que professent les habitants des côtes de la Sibérie et certains voyageurs qui ont bien étudié l'Amérique septentrionale. Le professeur Haughton dit qu'il est évident que les bords des détroits de Lancastre et de Melville se sont élevés de cinq cents pieds depuis une période géologique relativement récente. Les habitants des deux continents pensent également que les fondrières et les déserts empiètent journellement sur les forêts.

On peut hardiment conclure de tous ces faits que les terres arctiques étaient autrefois couvertes de grands bois et habitées par des animaux qui émigraient annuellement en grandes troupes, comme font ceux qui les ont remplacés sur le sol actuel. D'un autre côté, tout concorde à prouver que ces terres ont été submergées complétement. La question est de savoir si cette submersion a eu lieu avant ou après l'apparition des forêts et des animaux; l'opinion générale est qu'elle a eu lieu avant cette apparition.

La flore arctique fossile, telle qu'on la connaît jusqu'à ce jour, d'après le savant professeur Oswald Heer, de Zurich, renferme cent soixante-deux espèces, parmi lesquelles comptent quelques-uns des végétaux les plus gigantesques du monde.

Les pins et les sapins ne le cédaient en rien à leurs frères américains d'aujourd'hui; quelques arbres à feuilles caduques ressemblaient au hêtre et au châtaignier de notre époque. Le peuplier et le platane étaient également représentés; le saule, au contraire, était très-rare; et cela est d'autant plus curieux, qu'aujourd'hui cet arbre, à l'état nain, forme à lui seul un bon

quart de la végétation ligneuse arctique. Le bouleau, le syco-
more, le magnolia, le noisetier, le tilleul, une sorte de prunier et
deux espèces de vignes croissaient au Groënland.

Quel contraste avec ce qui existe maintenant! Plusieurs théories prétendent, il est vrai, que ces fossiles sont des bois portés
par des courants vers le nord et que la présence d'ossements antédiluviens dans les terrains polaires s'explique par un cataclysme
qui a eu lieu à une époque indéterminée. Mais ces théories sont
repoussées par la majorité des géologues. Il paraît démontré, en
effet, que l'époque glaciaire fut d'un caractère tout différent, en
Europe, de celui qu'elle a en Asie et en Amérique, et que,
tandis que les glaciers recouvraient les montagnes des îles
Britanniques et les plaines de l'Allemagne, d'épaisses forêts,
formées d'arbres de toute dimension et de toute nuance, de
lianes capricieuses, d'arbrisseaux et de luxuriantes fougères,
s'étendaient en ceinture autour du pôle, sinon sur le pôle lui-
même, et les éléphants sibériens se multipliaient et pâturaient
sur les bords d'un océan dont les vagues ne roulaient aucun
glaçon.

Le professeur Heer, comme conclusion de ses nombreuses recherches, émet, au sujet du changement si terrible qui s'est
opéré dans l'état des régions polaires, l'hypothèse suivante :
l'action réchauffante du soleil a pu être plus intense à certaines
périodes qu'à d'autres, et peut-être que notre système solaire tout
entier, qui, en réalité, n'est qu'un atome plongé dans l'ensemble
universel des tourbillons stellaires et se mouvant dans une or-
bite d'une inconcevable étendue, traverse parfois des régions où
la température est supérieure à celle de la région céleste où nous
nous trouvons dans la période actuelle.

Ce n'est pas ici le lieu de discuter les causes du refroidissement des régions arctiques ; quelles que soient d'ailleurs ces causes, il est aujourd'hui hors de doute qu'à une certaine époque les terres qui avoisinent le pôle nord présentaient un tout autre aspect.

A l'appui de cette théorie, on peut encore invoquer les traditions confuses que l'on retrouve chez les indigènes, traditions suivant lesquelles leurs ancêtres auraient vécu autrefois fort loin au nord. Les vestiges d'anciennes huttes découverts par Kane et par Hayes, bien au delà de la limite des terres actuellement fréquentées par les chasseurs, confirment ce fait.

Le dépérissement des Esquimaux est une autre preuve dont on doit tenir compte. Ce peuple, avant-garde de la race humaine sur le sol américain, s'étendait, au xiie siècle de notre ère, de puis les terres les plus septentrionales jusqu'aux rives du Potomac et de la Delaware, où les Scandinaves le rencontrèrent pour la première fois et lui donnèrent le nom de Misérable. Celui d'Esquimau, qui veut dire Mange-cru, lui fut donné, suivant Charlevoix, par les Abénakis.

Vers la fin du xive siècle, les Esquimaux pénétrèrent dans le Groënland, où florissaient depuis quatre cents ans des établissements scandinaves. La tradition prétend que cette invasion fut accompagnée de la peste noire et qu'elle occasionna ainsi la ruine de la contrée.

Suivant les meilleurs auteurs, les Esquimaux ont une origine asiatique ; ils se rattachent aux Samoyèdes et aux Sibériens. Quant à eux-mêmes, ils s'attribuent la qualification d'*Innits,* ce qui signifie *les hommes.* Tous les voyageurs qui se sont trouvés en rapport avec eux s'accordent à dire que dans un temps très-court ils auront presque complétement disparu. Les tribus nomades du nord de l'Amérique atteignent rarement le chiffre de cent individus. Elles ne soutiennent leur pauvre existence qu'au prix des plus énergiques combats contre des obstacles souvent insurmontables. Souvent des Esquimaux restent sans nourriture pendant des journées entières; ils ne la conquièrent jamais qu'au prix du danger; aussi le lien qui les rattache à la vie est-il bien faible.

Dans les pays où la nature du sol et la rigueur moins grande des hivers permettent à certains herbivores de trouver dans toutes les saisons une nourriture qui n'est jamais bien abondante, quelques peuples sont pasteurs, et ont des troupeaux de rennes plus ou moins nombreux; ainsi, pour ne parler que du nord de l'Asie, un Samoyède passe pour riche lorsqu'il a cent rennes, un Tongouse en a quelquefois jusqu'à mille, un Koriak plusieurs milliers, et l'on assure même que parmi les Tchouktchis il y a tel homme qui en possède jusqu'à cinquante mille. Le renne supplée à la fois à la brebis par sa toison et sa chair, à la vache par son lait, au cheval par la vitesse de sa course et son aptitude à traîner des fardeaux.

Les hyperboréens de l'Amérique, au contraire, n'ont jamais su tirer parti de la docilité de cet animal pour s'en faire un utile auxiliaire dans leur lutte contre la nature marâtre; ils n'ont vu et ne voient encore en lui qu'un gibier, qu'ils poursuivent pour sa chair, son pelage et son bois. Ces groupes attardés de notre espèce ne demandent qu'à la chasse et à la pêche leur subsistance de chaque jour. Ils n'ont d'autre champ de récolte que la mer, et doivent attendre que la marée ou le changement de saison ouvre quelques fissures le long desquelles ils errent à la recherche des phoques ou des morses qui viennent y respirer. Les chances incertaines de ces chasses difficiles les forcent de s'abriter en hiver sous de grossières huttes de neige et de changer souvent de résidence ; en été, ils n'ont que les oiseaux aquatiques en place des animaux marins qu'ils ne savent guère capturer lorsque les glaces ont dérivé au large.

Parmi les espèces inférieures répandues autour d'eux, les Esquimaux n'ont su domestiquer que le chien ; il est leur plus précieux trésor ; seul il empêche la femme, les enfants, l'Esquimau lui-même, de mourir de faim, et rien ne peut le remplacer. Cet animal est extrêmement malheureux : toujours soumis à de rudes travaux, il ne reçoit, pendant une grande partie de l'année, que la plus maigre pitance, et il est traité avec fort peu de douceur par ses maîtres, auxquels ses services sont cependant d'une importance capitale. Son caractère se ressent de ces mauvais traitements : il est très-voleur, et on ne parvient jamais, à quelque correction qu'on le soumette, à lui faire perdre l'habitude de s'emparer de tout ce qui est à sa portée. Cependant les femmes, qui le traitent généralement avec plus de douceur, qui prennent soin de lui, s'en font mieux obéir.

Sans le courage et la sagacité de leurs chiens, les Esquimaux courraient risque de manquer souvent de ressources. Ces animaux aperçoivent le trou d'un veau marin dans la glace, et sentent un renne ou un ours à une énorme distance. Ils sont attelés au traîneau au moyen d'un seul trait de dimension variable ; les plus longs sont les meilleurs, ils ne s'emmêlent pas si facilement et donnent un tirage plus direct de la part des chiens placés sur les côtés.

Quand on forme un attelage, le point le plus important est le choix d'un bon chef de file : on appelle ainsi le chien qui précède les autres et qui doit les diriger. Pour ce choix, on n'a égard ni à la taille, ni à l'âge, ni au sexe ; ce que l'on cherche, c'est que le chien soit intelligent et qu'il ait du nez. Le chef de file se trouve à trois pieds environ en avant de tout l'attelage.

Le conducteur du traîneau est assis, les jambes écartées et les pieds touchant presque à la neige. Il porte à la main un fouet long de vingt pieds, y compris le manche, qui a environ dix-huit pouces, et se terminant par une mince lanière de nerf durci, avec laquelle il peut faire couler le sang à volonté; il sait même, s'il est habile, indiquer d'avance l'endroit où il touchera.

Ce n'est que par un long exercice qu'on peut apprendre à se servir d'un pareil fouet; mais les Esquimaux sont accoutumés à le manier dès l'enfance, et cela fait chez eux une partie essentielle de l'éducation. Du reste, en conduisant leurs traîneaux, ils évitent autant que possible de faire usage du fouet, dont l'effet immédiat est toujours défavorable, et, loin d'accélérer la marche, ne fait d'abord que la retarder.

Le chien qui a reçu un coup de fouet se jette généralement sur celui qui est le plus près de lui et le mord; celui-ci en fait autant à un troisième, et bientôt le désordre est dans tout l'attelage; souvent même, après que le calme est rétabli, il se trouve que les traits des harnais sont mêlés, et on perd beaucoup de temps à les débrouiller. On ne se sert donc guère du fouet que pour infliger un châtiment à quelque chien.

Pour leur faire hâter le pas, ou les faire tourner à droite ou à gauche, il suffit ordinairement de la voix. Les Esquimaux, comme nos charretiers, ont certains mots que les chiens entendent fort bien. Le chef de file en particulier y est fort attentif, et ne manque guère d'obéir, sutout si, avant de lui donner l'ordre, on a eu soin de l'appeler par son nom. Dans ce cas, on le voit tourner la tête par-dessus l'épaule, sans d'ailleurs ralentir son pas, comme pour indiquer qu'il a compris.

Quand le traîneau suit une route fréquentée, le conducteur n'a aucune peine à prendre, et le chef de file suit les traces, lors même qu'elles sont à peine visibles pour l'œil de l'homme. Dans la nuit la plus noire, il sait également se conduire, et, conservant le nez sur la piste, il dirige le reste de l'attelage avec la plus étonnante sagacité ; même dans les tempêtes les plus violentes, et lorsque la neige a recouvert le chemin, il est très-rare qu'il s'égare.

Dans l'été, les chiens ne sont pas attelés aux traîneaux, mais alors ils servent de bêtes de somme, et tous, en suivant leurs maîtres à la chasse, ils portent un fardeau de vingt à trente livres. Si dans cette saison ils ont encore beaucoup de fatigue, du moins ils sont assez bien nourris, et peuvent se gorger des débris de baleine, de morse et de veau marin dont les homme ne font pas usage (1).

Le dernier refuge de la race des Esquimaux semble être le Groënland. Cette contrée ne présente pas d'ailleurs le même aspect désolé que les terres de l'Amérique septentrionale ; la vie y est aussi moins pénible. Quelques établissements peu importants, fondés par les Danois, les Frères Moraves et les Anglais, se rencontrent sur la côte occidentale. Sur 28,000 individus qui composent la population du pays, 8,000 sont convertis, et tous les jours les missionnaires s'efforcent d'augmenter ce nombre.

Les indigènes sont de la famille des petits Esquimaux ; tous ceux qui entrent en relation de commerce avec les Européens perdent bientôt les mauvais instincts de leur race et témoignent quelque désir de s'instruire. La pêche est leur unique occupation, et le phoque compose toute leur richesse : le phoque les nourrit, les chauffe, les éclaire, et leur donne de quoi acheter auprès des agents européens les divers objets dont ils ont besoin.

_____

(1) *Magasin pittoresque*, année 1833.

Les Esquimaux vont à la pêche dans leur *kayak* : c'est une embarcation très-étroite, amincie aux deux bouts, légère comme une écorce de liège, glissant sur l'eau comme un patin sur la glace ; elle a environ 5 mètres et demi de longueur, 25 centimètres de profondeur et 45 centimètres de largeur, vers le milieu seulement.

La carcasse du kayak est en bois léger et recouverte de peaux de phoque rendues imperméables, et si admirablement cousues par les femmes, au moyen de fil de nerfs de veau marin, que pas une goutte d'eau ne passerait à travers les coutures. Le dessus du canot est garni comme le fond ; seulement, pour donner passage au corps du pêcheur, on a laissé une ouverture parfaitement ronde et entourée d'une bordure de bois. L'homme entre dans cette ouverture jusqu'à la ceinture ; il lace le bas de sa blouse, également imperméable, à la bordure de bois, et se trouve ainsi solidement fixé à son kayak, où l'eau ne saurait pénétrer.

Ce n'est plus dès lors un batelier ordinaire, ce n'est plus le pêcheur dans sa barque ; c'est l'homme avec des nageoires, l'homme devenu poisson. Une seule rame, d'environ 2 mètres de long, aplatie à chaque bout, qu'il tient par le milieu et plonge alternativement à droite et à gauche, lui sert à se diriger et à exécuter les mouvements les plus rapides, les manœuvres les plus étranges.

Le kayak n'a pas plus de lest que de quille et rase la surface de l'eau ; la partie supérieure en est nécessairement la plus lourde ; aussi faut-il une longue habitude pour le conduire avec succès, et jamais danseur de corde n'eut besoin de plus de sang-froid que le pêcheur esquimau. Sur ce frêle esquif, il se lance sans hésiter dans la tempête et se glisse à travers les écueils blancs d'écume ; cette lutte sauvage est sa vie, et, en dépit de la mer furieuse, il court à la poursuite des phoques, et ne craint même pas d'attaquer la baleine. Quelquefois aussi il a recours à la ruse; il endort l'oiseau de mer par des sifflements, et quand il le voit arrêté, battant de l'aile, la tête immobile, le regard fixe, il lui lance une de ses flèches, et rarement il manque son coup.

Pour un verre d'eau-de-vie et un peu de tabac, l'indigène assis dans son canot donne souvent aux Européens qui abordent sur les côtes du Groënland l'étonnant spectacle de ce qu'on peut appeler la haute école du kayak. Cet exercice consiste à se renverser sous l'eau, la tête en bas, et à opérer un tour complet sur l'axe de l'embarcation. Tous néanmoins ne font pas ce tour de force, qui exige autant d'adresse que de sang-froid; car la plus légère erreur de mouvement serait un danger pour l'homme, la perte de sa rame serait la mort.

Outre le kayak, qui ne peut servir qu'à l'homme, et pour la pêche seulement, les Esquimaux du Groënland ont une autre embarcation, appelée *oumyak*, destinée spécialement aux besoins du ménage et au transport des effets du campement d'été à la station d'hiver. C'est une large machine quadrangulaire, rappelant par sa forme et son peu de profondeur les bacs grossiers de nos petites rivières.

L'oumyak est construit des mêmes matériaux que le kayak, c'est-à-dire d'une membrure de bois ou d'os de cétacés, revêtue de peaux de phoques si bien cousues et tannées, qu'elles sont imperméables, et si solides, que, malgré leur transparence parcheminée, qui laisse entrevoir sous elles la couleur et la profondeur des ondes, elles supportent le poids de huit, dix et jusqu'à douze personnes.

Les femmes seules font usage de l'oumyak; jamais un Esquimau ne monte à bord de cette embarcation, même quand sa famille y voyage; il se contente de l'accompagner dans son kayak

L'oumyak, bateau de femmes groënlandaises.

et de lui servir de guide. Ce sont les femmes qui rament à tour de bras et se dirigent elles-mêmes.

Les quelques établissements européens qui existent au Groënland se ressemblent tous; ils se composent généralement d'une chapelle, de la maison du gouverneur, d'un certain nombre d'habitations en bois goudronné destinées aux employés, et enfin d'une vingtaine de huttes et de tentes disséminées çà et là.

Ces huttes et ces tentes sont identiques à celles de toutes les autres peuplades d'Esquimaux, depuis la presqu'île d'Alaska, à l'ouest de l'Amérique septentrionale, jusqu'au cap Farewell, au sud du Groënland, et depuis la baie d'Hudson jusqu'au fond du détroit de Smith. Non-seulement l'intérieur d'une habitation de la baie Norton, près du détroit de Behring, est la répétition exacte d'une hutte de Groënlandais, mais les mœurs, les caractères physiques, le langage, l'attitude, l'habillement des habitants de ces deux gîtes, séparés par cent dix degrés de longitude, sont semblables.

Tous les Esquimaux, quel que soit leur habitat (1), préfèrent la viande et le poisson crus à toute autre nourriture, l'huile de cétacé et le sang chaud de mammifère à toute autre boisson.

Ils n'ont dans leurs tanières d'hiver, comme dans leurs huttes d'été, d'autre feu que celui d'une lampe fabriquée en pierre ollaire, et alimentée par une longue tranche de graisse de phoque; leurs canots et les instruments de pêche qui y sont attachés sont pareils et disposés de la même manière; enfin, et c'est un des faits les plus remarquables de l'anthropologie, leurs errements sociaux, leur mode d'adoption, de mariage, de funérailles, ne présentent rien de différentiel; ils ont les mêmes croyances superstitieuses, et reconnaissent, en tremblant à un égal degré, le pouvoir mystérieux des *angekoks* ou sorciers.

____

(1) Manière de vivre.

Chez ces êtres, pour qui la satisfaction du corps est primordiale, le mal du pays existe cependant. Presque tous les Esquimaux amenés en Europe, après les premiers moments de la surprise, ont témoigné le désir de revoir leurs régions de glaces, leurs huttes graisseuses. Ce n'est pas qu'ils s'attachent à un lieu de résidence plutôt qu'à un autre ; le goût des migrations est au contraire un de leurs traits caractéristiques.

La poursuite de leur nourriture quotidienne, dont les veaux marins et les morses font tous les frais, explique d'ailleurs ce goût. Divisés en petites bandes errantes, ils se tiennent constamment le long des côtes, et voyagent d'autant plus lentement, que leur chasse est plus abondante ; si d'aventure ils prennent un morse, ils ne s'éloignent pas de la carcasse tant qu'il reste quelque chose à ronger. Comme les amphibies auxquels ils font la guerre habitent surtout les rives de la mer Glaciale ou des détroits qui y conduisent, ils préfèrent ces régions désolées à celles où ils pourraient trouver une température un peu moins rigoureuse.

Du reste, dans tous les pays de l'extrême nord, l'hiver règne en tyran pendant huit ou neuf mois. Il n'y a, à proprement parler, ni printemps, ni été, ni automne, mais seulement un mélange incomplet et avorté de ces trois saisons. C'est alors qu'a lieu la débâcle des glaces polaires, quand le soleil de plusieurs mois, entr'ouvrant les glaciers et les faisant glisser lentement vers la mer, met à l'eau des montagnes qui peuvent s'élever de 50 à 1,500 pieds. Elles fondent, craquent, éclatent avec des détonations formidables. Des champs de glaces aussi, les uns larges comme la France entière, suivant Kellet, les autres agglomérés, d'autres encore rompus en fragments, se dirigent du nord au sud. Kane et Hayes ont décrit cette immense débâcle, les apparitions subites d'icebergs hauts comme quatre de nos cathédrales, rasant le frêle navire, puis disparaissant dans la nuit, ou encore les féeries de la lumière verte, bleue, rose, étincelant sur des falaises d'opale et de diamant.

Dans la saison chaude (1), des troupes de baleines géantes, *balaena mysticetus,* se glissent à travers le tumulte des glaces dans les détroits ou dans les baies, où les harponneurs les attendent. Il y a trente ans, James Bain en vit une file de cent pour le moins, par le sud de la baie de Pond, qui se dirigeaient vers le détroit de Lancastre. D'autres sortes de baleines, des narvals, qui nagent serrés les uns contre les autres en ligne de bataille, des milliers de dauphins fourmillent dans les eaux polaires. Sur les glaçons, des multitudes de phoques, qui fournissent aux Esquimaux leurs chauds vêtements, le *pagophilus* qui disparaît de décembre à mai et de juillet à septembre, le *halichoerus grypus,* dont la peau est aussi épaisse que celle d'un bœuf, le phoque à capuchon, espèce guerrière et dangereuse, se tiennent à l'affût du saumon, plongent à la recherche des crustacés, se relèvent de trois minutes en trois minutes pour faire la garde, ou dorment aux rayons du soleil.

Les morses, dont le courage aveugle peut être si terrible au chasseur, et tellement abondants autrefois, que les Normands payaient le tribut de Saint-Pierre avec leurs dents d'ivoire, étendent aussi leurs lourdes masses sur les îlots flottants, harcelés par des insectes parasites comme les crocodiles du Nil. De temps en temps, de légers oiseaux viennent les délivrer et se posent sur leurs mufles, garnis de ces rudes moustaches avec

---

(1) *Bulletin de la Société de Géographie*, octobre 1872. Etude sur le Gulf-Stream, par E. Masqueray.

lesquelles ils draguent le fond de la mer. L'homme en fait de
grands massacres. Dans le seul Groënland danois, deux espèces
de phoques perdent en moyenne par an 70,000 individus.

Les eaux de la mer de Baffin et du détroit de Davis sont particulièrement propres à ce développement sans limites de la vie
animale. Tempérées par la foule des glaces qui flottent enveloppées d'eau douce, elles enfantent un monde d'algues et de crustacés ; leur couleur est verte ou plutôt grisâtre, et souvent elles
sont ternies par les terres que les lames détachent des rivages ou
qu'entraînent avec eux les icebergs. Tant pour leur richesse que
pour leur rapidité, ces eaux peuvent être comparées aux grands
fleuves nourriciers d'Amérique et d'Asie. Elles roulent vers
l'Atlantique, plus salées et par conséquent plus denses, bien au
delà de leur embouchure, entre le Labrador et le cap Farewell,
avec une vitesse extraordinaire. On a vu des icebergs poussés
jusqu'au milieu de l'Atlantique, à la hauteur de Gibraltar. Les
baleines, comme refoulées à la fin de l'été, et d'ailleurs effrayées
par l'hiver polaire, viennent se reproduire sur les côtes du
Labrador. Les troupes de morses apparaissent dans le mois de
décembre à Terre-Neuve et sur les côtes de la Nouvelle-Ecosse.

Nous ne reviendrons pas en détail sur les mœurs, les coutumes, les usages, les superstitions des habitants des terres
arctiques. Le lecteur a pu lire dans les chapitres précédents les
descriptions qu'en ont faites les explorateurs dont nous avons
rapporté les voyages.

Maintenant, si l'on demandait, après cet aperçu général,
quelles peuvent être les espérances d'une expédition polaire, nous
dirions qu'elles doivent se réduire à peu de chose quant aux
intérêts pratiques, car il est douteux que l'humanité tire jamais
grand parti de ces terres arides. Mais il ne faut pas juger d'après

les bornes d'un étroit horizon, en se hâtant de dire : Cela est utile, cela est inutile. Tout est connexe dans le vaste champ de la pensée. Il n'est pas une *inconnue* scientifique dont la solution soit indifférente au progrès général ; et quiconque soulève un coin du voile de la nature rend aux générations suivantes, sinon au temps présent, un service inappréciable.

CHAPITRE XII

On se rappelle que le reporter Henri Stanley, correspondant du *New-York Herald*, allait porter, pour le compte de son journal, des secours à Livingstone, qu'il rencontra en novembre 1871 à Oujiji, sur le lac Tanganyika. A peine revenu en Europe, l'intrépide voyageur se prépara aussitôt à une nouvelle expédition dans l'Afrique inconnue, et, en 1874, il partit aux frais du *New-York Herald* de New-York, et du *Daily Telegraph* de Londres, pour explorer le grand lac Victoria-Nyanza, découvert par Speke et Grant, et qui semble jouer un rôle important dans le régime du Nil. Il était accompagné de trois Européens, MM. Pocock frères et M. Frederik Barker, et emportait avec lui deux bateaux démontés, la *Lady Alice* et le *Livingstone*.

La première étape du voyage, de Zanzibar à Mpouapoua, dans
l'Ousagara, se fit sans encombre. De Mpouapoua, Stanley se di-

ZANZIBAR. — La citadelle.

rigea droit au nord vers le lac Victoria, traversant des régions
inexplorées; d'abord ce fut le désert de Mgounda-Mkali qu'il
fallut passer, en dépit de ses jungles épais. La route de Stanley

et des siens les conduisit alors dans l'Ougogo septentrional. A partir de ce moment, l'expédition eut beaucoup à souffrir; les chefs des tribus qu'elle rencontrait la rançonnèrent impitoyablement pour la plupart. Cependant il arrivait qu'après avoir parcouru des plaines arides où la nourriture était rare et chère, on arrivait dans des régions accidentées où les provisions étaient abondantes, le peuple poli et les chefs bienveillants.

Il fallut passer par des régions où la guerre sévissait, dont la population était perfide, d'autres en proie aux déprédations des féroces Ouahumbas du nord et des Ouahebous du sud. Les éléments contribuaient aussi à entraver la marche de Stanley, car des pluies torrentielles régnaient constamment ; aussi la maladie et la mort faisaient-elles des vides dans le personnel de l'expédition, et des désertions nombreuses eurent lieu parmi les porteurs. Enfin, le 31 décembre 1874, on sortit de l'Ougogo. Après un repos de deux jours, Stanley continua sa route vers le nord par un plateau qui, disait-on, s'étendait jusqu'au grand lac Victoria, objectif de l'explorateur. Il se trouvait alors à l'ouest du pays des Ouahumbas, dont il put éviter les attaques.

Deux jours plus tard, il arrivait aux confins de l'Ousandaoui, contrée fameuse pour ses éléphants, et il passait bientôt dans l'Oukimbou. Là, dans une localité nommée Mouhalala, les guides Ouagogos de Stanley s'enfuirent ; il fut donc forcé d'en engager d'autres. Ceux-ci lui assurèrent qu'en trois jours il arriverait à Ourimi ; aussi ne fit-il acheter de provisions que pour deux jours ; mais, dès la nuit venue, les nouveaux guides disparurent à leur tour, laissant l'expédition à l'entrée d'un vaste désert inconnu. Celle-ci continua bravement sa route en avant; mais le lendemain le sentier qu'elle avait suivi cessa tout à coup, et l'on se trouva en face d'un massif épais d'euphorbes et d'acacias où se croisaient seulement les traces des éléphants et des rhinocéros.

En vain les hommes les plus habiles cherchèrent une issue, on fut contraint de s'ouvrir une route en se servant de la seule boussole pour guide. Pour se frayer un passage dans cette masse de végétation, il fallait trancher les lianes à coups de sabre, arracher des buissons, se glisser par des espèces de galeries naturelles, profiter des moindres éclaircies. Dès le soir du troisième jour, on comptait un décès. Le quatrième jour on ne fit que 14 milles, et la marche fut plus difficile que jamais; l'eau manquait absolument et l'on mourait de faim; ce jour-là cinq hommes manquèrent à l'appel.

Enfin, le cinquième jour, on arriva à un petit hameau nouvellement créé, appélé Ouveriveri, et qui n'était habité que par quatre nègres et leurs familles. Ces gens n'avaient rien à vendre; à peine avaient-ils de quoi se nourrir eux-mêmes. Cependant Stanley résolut de s'arrêter là et d'y faire reposer son monde, tandis que vingt de ses hommes les plus robustes s'en allaient acheter des provisions à Souna, à 29 milles au nord-ouest de là.

Pendant ce temps, Stanley alla à la chasse, mais sans rien trouver, à l'exception de deux petits lionceaux dont il garda la peau.

« En retournant au camp, dit-il, je fus si frappé des visages défaits de mes pauvres gens, que j'aurais pleuré, si je n'avais craint d'exciter leur terreur à l'endroit de notre destinée. »

Pour atténuer un peu leur faim, Stanley fit vider une caisse de tôle et la fit mettre, remplie d'eau, sur le feu; puis, prenant dans sa pharmacie cinq livres de farine d'avoine d'Ecosse et trois boîtes de *Revalenta arabica*, il fit avec cela de la bouillie. Il y avait là 220 hommes à satisfaire! Ce fut tout ce qu'on put leur donner pendant 48 heures. Mais quelle ne fut pas la joie de Stanley quand il entendit les coups de feu et les joyeux vivats des hommes qui revenaient de Souna chargés de grains! Les malheureux affamés se repurent ce soir-là, et le lendemain ils demandèrent d'eux-mêmes à marcher en avant, ayant hâte d'abandonner ce pays de la faim.

Enfin on arriva à Souna, dans l'Ourimi. La population y est splendide de beauté physique, et l'on peut en juger aisément, vu son absolue nudité; seules les femmes enceintes portent une peau de chèvre. Ces Ouarimis sont d'une nature très-défiante, et Stanley eut grand'peine à obtenir d'eux et de leurs vieillards, qui sont leurs seuls chefs, des provisions et la permission de traverser leur territoire. Six personnes moururent des fatigues et des privations précédentes, et trente étaient tombées malades, parmi lesquelles on comptait Edouard Pocock, un des Anglais qui accompagnaient Stanley en sous-ordre. Il était atteint de la fièvre typhoïde.

Malgré cela, malgré le nombre croissant de malades, la prudence exigeait qu'on ne restât pas à Souna et qu'on tâchât de gagner une contrée où la population fût plus sympathique et mieux disposée à fournir des vivres. Vu le grand nombre des porteurs malades, les soldats durent se charger des fardeaux. M. Pocock fut placé dans un hamac et porté à dos d'hommes. Mais il n'alla pas loin; à quelques heures de Souna, à Tchionagou, il rendit le dernier soupir et fut enterré là, pendant la nuit, au pied d'un arbre dans lequel on grava une croix. Le pauvre jeune homme mourait juste au point où commence le bassin du Nil, et il repose précisément à la ligne de séparation des eaux.

De ce point, tous les ruisseaux, tous les cours d'eau coulaient vers le nord, et, monté sur une hauteur, Stanley constata la pente marquée du terrain dans cette direction. On marcha en avant, et deux jours après, à Mangara, eut lieu le premier acte d'hostilité des Ouarimis contre l'expédition. Un ancien serviteur de Kirk, Kaif Halleck, fut attiré dans un piége par les naturels et haché en morceaux. Ne pouvant connaître les coupables, Stanley ne tira aucune vengeance de ce crime, et, continuant sa route, il arriva, le 21 janvier 1875, dans l'Itouron, et campa près du village de Vinyata.

Ce fut là qu'il fit la découverte d'une rivière importante, le Lioumbou, qui coule vers l'ouest et draine toutes les eaux de la contrée; l'hiver, c'est un cours d'eau large et profond, et même dans la saison sèche, il a encore 20 pieds de largeur et 2 de profondeur. A Vinyata, les voyageurs furent encore reçus froidement; et malgré la fertilité de cette vallée, malgré l'abondance du bétail, les naturels furent loin de s'empresser de vendre des provisions.

Cependant la générosité avec laquelle Stanley payait tout ce qu'on lui apportait engagea les Ouatourous au commerce d'échange, et le grand sorcier de la vallée, qui jouit là de prérogatives royales, se présenta au camp européen, où il n'eut pas à se plaindre de la libéralité du voyageur américain. Malheureusement, on avait dû profiter de cette halte de quelques jours à Vinyata et du beau soleil pour faire sécher tout le matériel de l'expédition ; ce qui excita la cupidité des indigènes, lesquels ne songèrent plus qu'à piller toutes ces richesses.

Le matin du troisième jour, le sorcier revint demander des cadeaux qu'il reçut ; puis, une demi-heure après, le cri de guerre : *Hehou! Ah! Hehou!* retentissait dans les deux cents villages de la vallée. Les voyageurs crurent d'abord qu'il était poussé contre quelques maraudeurs des tribus voisines, et chacun vaquait tranquillement à ses occupations : ceux-ci puisant de l'eau, ceux-là coupant du bois, d'autres allant acheter des provisions.

Soudain apparut près du camp une centaine de nègres, en grand costume de guerre, tous nus, coiffés de plumes d'aigles, de milans et d'outardes, ou bien de crinières de zèbres et de girafes ; ils tenaient des arcs et des flèches de la main gauche et brandissaient des lances de la droite.

Stanley interdit à ses hommes de commencer l'attaque, le camp étant bien placé pour être défendu aisément ; mais le nombre des Ouatourous augmentant sans cesse d'une façon inquiétante, il envoya vers eux un jeune homme qui parlait leur langue, pour leur demander ce qu'ils voulaient. Ceux-ci répondirent qu'un des hommes de Stanley avait volé du lait et du beurre dans un village, et qu'ils venaient en exiger le prix. On satisfit à leur demande en donnant 4 mètres de toile, ce qui représentait dix fois la valeur de ce qui avait été précédemment dérobé ; aussi les anciens se déclarèrent-ils satisfaits ; mais cela ne faisait pas le compte des guerriers, qui continuèrent à rôder en grand nombre autour du camp.

Sur ces entrefaites, arriva un des porteurs blessé au visage et au bras, et qui dit qu'étant occupé avec un de ses compagnons à couper du bois, ils avaient été attaqués subitement par les nègres ; son compagnon était tombé percé de douze javelines, et lui, il avait pu s'échapper, le nez brisé d'un coup de bâton et le bras traversé par une sagaie.

Aussitôt on se mit à élever des retranchements autour du camp, et on se prépara à bien recevoir l'ennemi. Les Ouatourous s'approchèrent et décochèrent une volée de flèches sur les voyageurs. Soixante hommes de Stanley se déployèrent aussitôt sur le devant du camp et commencèrent le feu ; pendant ce temps, soixante autres déblayaient le terrain et faisaient une épaisse muraille de ronces et de broussailles autour du camp, où l'on élevait des plates-formes destinées aux meilleurs tireurs de la troupe.

Combat contre les Ouatourous.

Une fois tout préparé, on sonna la retraite, et les soixante combattants revinrent en bon ordre, après avoir tué 15 hommes à l'ennemi et lui en avoir blessé bien davantage ; un chien, *Bull*, à Stanley, s'était même distingué dans l'engagement, en saisissant un Ouatourou par la jambe jusqu'à ce qu'on l'eut dépêché d'un coup de snyder. La nuit se passa tranquillement.

Le lendemain, Stanley, qui voulait en finir, forma quatre colonnes qui sortirent du camp, chacune dans une direction différente, avec ordre de saisir tout le bétail et d'incendier tous les villages qu'elles rencontreraient. Il était indispensable de donner une sévère leçon à ces agresseurs. Les Ouatourous furent vite mis en déroute et poursuivis avec ardeur jusque sur les bords du Lioumbou. Un détachement, sous les ordres de Fardjalla Christie, s'engagea trop en avant, et fut bientôt cerné par une foule immense d'indigènes ; le détachement fut promptement exterminé, à l'exception d'un seul homme qui, grâce à ses bonnes jambes, put rejoindre le camp.

On se porta immédiatement au secours du second détachement, que les Ouatourous attaquaient à son tour ; deux hommes étaient déjà tombés, et le chef Ferahan avait reçu un coup de lance dans le flanc. Une décharge bien dirigée de la part des troupes de renfort dispersa les assaillants, que les deux détachements poursuivirent jusqu'aux extrémités nord et est de la vallée. Pendant ce temps, les deux autres colonnes atteignaient le sud et le sud-est de la vallée et mettaient le feu aux villages, dont plus d'une vingtaine furent détruits ce jour-là. Le soir, les hommes revinrent au camp, chargés de grains et ramenant des bestiaux en grande quantité ; mais 21 d'entre eux manquèrent à l'appel.

Le jour suivant, la bataille recommença ; soixante hommes descendirent toute la vallée en détruisant tout ce qui avait échappé la veille ; ils prirent d'assaut, après une légère résistance, un grand village où ils trouvèrent des masses considérables de grains, et auquel ils mirent le feu. Les Ouatourous en avaient assez; aussi laissèrent-ils dès lors l'expédition continuer paisiblement sa route vers le nord.

On entra bientôt dans l'Iramba. Là, à Mgongo-Tembo, Stanley constata que sur 300 hommes qu'il avait au départ de Zanzibar il ne lui en restait plus que 194. Ce nombre était encore respectable, et lui permettait de pousser ses explorations énergiquement plus avant dans l'inconnu; mais les pertes éprouvées n'en étaient pas moins douloureuses, surtout celle du brave et infortuné Pocock.

Dans l'Iramba, on se trouva sur le terrain des incursions d'un célèbre chef de bandes africain, Mirambo. On prit souvent Stanley et sa troupe pour cet homme redouté et ses aventuriers; mais les conflits se terminèrent toujours heureusement, grâce au teint des Européens, qui n'avait aucun rapport avec celui du célèbre brigand. Il en fut de même dans l'Ousoukouma, qu'on traversa, ainsi que l'Ousmaou, avant d'arriver sur les bords du lac Nyanza.

Sur cette route, on passa par la plaine de Loumamberri, ainsi nommée d'après la rivière qui l'arrose. Ce doit être un ancien bras ou golfe allongé du grand lac, car, bien qu'à 3,775 pieds au-dessus du niveau de la mer, elle n'est qu'à quelques pieds au-dessus du lac Nyanza ou Victoria. On fut heureux de s'y trouver à la saison sèche; car, pendant la saison des pluies (*masika*), cette plaine se couvre d'eau et redevient un véritable lac.

On apprit aussi que le Lioumbou, après un parcours de 170 milles, entre dans l'Ousoukouma, où il prend le nom de Monangah, puis 100 milles plus loin il devient le Chimiyou, et se jette sous cette dénomination dans le lac, à l'est de Kadjchyi, la localité où Stanley établit son camp et son quartier général. C'est de Kadjehyi qu'il écrivit et expédia une de ses lettres, le 1ᵉʳ mars 1875 ; c'est là qu'il fit monter le *Lady Alice*, dont tous les morceaux étaient parvenus au bord du Victoria-Nyanza, et qui ne tarda pas à se balancer élégamment sur ses ondes.

Grâce à son bateau *la Lady Alice*, Stanley pouvait explorer à son aise le grand lac Victoria-Nyanza. Découverte par Speke, cette belle et immense nappe d'eau douce, sorte de mer intérieure, n'avait eu que quelques points reconnus par ce grand voyageur, qui y avait vu une des sources du Nil, ou tout au moins un des réservoirs qui alimentent ce fleuve. Plus tard, Livingstone, d'après les rapports de certains indigènes, avait émis l'hypothèse que le lac Victoria était plutôt une région lacustre, composée d'un certain nombre de lacs de dimension ordinaire. C'était donc un important problème à résoudre. Stanley a mené cette œuvre à bonne fin, et s'est convaincu que le Victoria-Nyanza ne constitue qu'un lac immense, donnant ainsi raison à Speke.

C'était surtout la partie orientale qu'il fallait explorer, car elle était totalement inconnue ; aussi entreprit-il un voyage de circumnavigation entre l'Ousoukouma, où il était campé, et l'Ouganda, royaume du célèbre roi Mtésa, l'hôte de Speke et de Grant.

Entre le district d'Outchambi, dans l'Ousoukouma, et la rivière de Chimiyou, se trouvent deux petits États, ceux de Lima et de Magou, sous la domination de chefs indépendants. Au delà du Chimiyou, à l'est, est le Maganza, contrée montagneuse, mal peuplée et remplie d'éléphants, qui y attirent les chasseurs. Ce pays est continué, toujours sur la côte et en allant vers l'orient, par le Manason, aussi riche en proboscidiens que le Maganza.

Là on rencontre un golfe, le golfe de Speke, au delà duquel la région change entièrement de nature et d'aspect : c'est une vaste étendue de marais qui devait faire partie du lac autrefois, et qu'on nomme l'Ouiridiedi; la population en est très-sauvage et différente de celle de l'Ousoukouma; la Ruana l'arrose et va se jeter, par deux embouchures, dans le golfe de Speke. Viennent ensuite les pays de Chalisi, d'Ouramba et d'Ourouri; ce sont, sauf ce dernier, des montagnes dénudées, séparées par des plaines stériles; seule, une bande étroite de roseaux sur le bord du lac manifeste que la végétation n'est pas absolument éteinte dans ces parages.

L'Ourouri n'est séparé d'une grande île, nommée Oukereoue, que par le détroit de Roudjechi. Cette île et celles qui l'entourent, Nifouah, Ouezy, Irangara, Kamassi, etc., sont d'une fertilité admirable, riches en bestiaux et en éléphants. Les Ouakereoués qui les habitent sont des gens laborieux, entreprenants et très-portés au commerce; leurs canots se portent sur tous les points du lac, et beaucoup d'entre eux vont faire des affaires au loin dans l'intérieur. Leur roi, Loukoudjeh, fut très-aimable pour M. Stanley.

Celui-ci, après avoir conduit la *Lady Alice* hors du détroit de Roudjechi, en se dirigeant vers le nord, aperçut une haute montagne en forme de table, le Majita ou Mazita. Speke, qui l'avait vue de loin, l'avait prise pour une île, et Stanley fut sur le point d'en faire autant; mais, s'étant approché de sa base, il reconnut que le Majita s'élevait de 3,000 pieds au-dessus du lac, au milieu d'une plaine basse, presque au niveau de celui-ci, et qui, s'étendant à perte de vue au nord et à l'est, rendait l'illusion très-possible. Il semble que toute la côte orientale du Victoria-Nyanza est ainsi une grande plaine. Depuis l'embouchure du Chimiyou,

on avait passé devant plusieurs gros affluents du lac, le Rouana,
la Mara, le Mori, etc. La partie de l'Ourouri que Stanley côtoya
est un pays renommé pour ses pâturages et ses troupeaux. Plus
loin, il se trouva en face de l'Ougeyeya, qu'il appelle « l'eldorado
des chercheurs d'ivoire et la source de fortune pour les chasseurs
d'esclaves. »

Il traversa d'abord la baie de Kavirondo, bordée de montagnes
élevées, et par un promontoire qui se montra bientôt comme étant
une île montueuse. Au nord-est de la baie est l'embouchure de la
Gori, non loin de celle de la Kavi, cours d'eau qui n'a d'importance que dans la saison des pluies. Là notre voyageur apprit
qu'à quinze jours de marche, vers l'est, se trouve une contrée où
des collines basses projettent de la fumée et parfois du feu ; ce
pays est nommé Sousa et est situé dans le Masaï. Tous les cours
d'eau se dirigent vers le lac ; mais à vingt jours de marche il y a
un petit lac d'où s'écoule une rivière qui se jette dans le Pangaïn.

La *Lady Alice* s'engagea entre l'île d'Ougingo et la chaîne gigantesque de l'Ougeyeya dominée par le majestueux mont Gochi.
Là cessent les coups de vent, là s'apaisent les vagues turbu-
lentes ; c'est le refuge assuré de toutes les barques battues par la
tempête qui s'arrête devant les escarpements de l'île Ougingo et
le sommet du Gochi ; ce dernier est l'objet d'un culte de la part
des bateliers, qui chantent plusieurs hymnes en son honneur.

Stanley passa la nuit près d'une île Kiouah, qu'il nomma île du
Pont, à cause d'une arcade de basalte de 20 pieds de long sur
12 de large. Le lendemain, à midi, il se trouva sous l'équateur,
et, 4 milles plus loin au nord, il remarqua que l'eau était déco-
lorée et qu'un léger courant du sud-ouest se faisait sentir. A la
vue d'une baie qui semblait l'estuaire d'une grande rivière et qui
paraissait s'enfoncer indéfiniment dans les terres à l'est, il crut

avoir découvert un grand cours d'eau ; mais, une heure après, il s'aperçut que c'était un vaste golfe, celui de Makidimo. On jeta l'ancre près d'un village et on tenta d'attirer l'attention de quelques pêcheurs tout nus et d'un extérieur farouche ; mais ceux-ci se retirèrent à la hâte et allèrent se cacher avec leurs femmes et leurs enfants.

Un peu plus loin, la *Lady Alice* entra dans un autre golfe beaucoup plus considérable encore, formé par une large rivière, l'Ougoouch. Là les hippopotames furent aussi hardis que les indigènes étaient poltrons à Makidimo ; si la *Lady Alice* n'eût pas été construite de façon à redouter les attaques de ces énormes pachydermes amphibies, et si ses flancs eussent été à l'épreuve de leurs dents puissantes, on aurait pu se livrer à une chasse intéressante ; mais Stanley ne voulut pas compromettre l'avenir de son expédition pour le plaisir d'un instant de sport, et il fit prendre la fuite à sa légère embarcation devant deux hippopotames de taille formidable, qui la poursuivirent assez longtemps avec acharnement.

Cette course amena nos voyageurs devant la côte du Mahata, couverte de villages annonçant une densité de population toute particulière. Voulant apprendre les noms de ces localités, on s'approcha du bord et on jeta l'ancre à 50 mètres. Une demi-douzaine d'individus, vêtus seulement de bracelets et de couronnes en petites coquilles terrestres, s'approchèrent et firent connaître que leur pays s'appelait le Mahata ou Maheta ; ils n'en voulurent pas dire davantage avant qu'on eût débarqué. Mais, quand ils crurent qu'on allait le faire, il surgit des buissons une telle masse d'hommes armés, qu'on n'eut que le temps, à bord de la *Lady Alice*, de lever l'ancre et de mettre hâtivement à la voile. Croyant que l'embarcation, en doublant un petit cap,

passerait à portée de flèche ou de javelot, ces nègres perfides
coururent à la pointe ; mais leur dessein avait été prévu, et

La *Lady Alice* poursuivie par des hippopotames.

Stanley gagna le large et cingla vers le nord, jusque vers un
îlot désert où l'on passa la nuit.

Le jour suivant, on côtoya le Ndourou et le Ouangano, et l'on entra dans une baie qui forme l'extrémité nord-est du Victoria-Nyanza. Du côté est de la baie est le Manyara, contrée accidentée et montueuse ; au nord-est, la rivière Yagama se jette dans le lac, sur une côte plate ; à l'ouest est le Mououanda et le promontoire de Changa, tandis qu'une grande île allongée de l'est à l'ouest, Ousougourou, ferme en quelque sorte l'entrée de la baie.

Les rapports, cette fois, de Stanley avec les indigènes de Mououanda furent excellents ; ils lui vendirent toutes sortes de provisions et lui donnèrent une foule de précieuses indications géographiques. Mais, en continuant son voyage autour de Victoria-Nyanza, Stanley eut quelque peu maille à partir avec les habitants de la côte septentrionale ; pendant que la *Lady Alice* côtoyait l'île d'Ouvouma, à quelques mètres du rivage, une grande quantité de nègres, en embuscade derrière des arbres, lui lancèrent une volée de gros morceaux de rochers qui, si l'un d'eux l'avait atteinte et lui avait brisé une de ses frêles membrures, l'eussent coulée ; mais l'embarcation put s'enfuir à toutes voiles, non sans que Stanley eût tué d'un coup de revolver le plus en vue des agresseurs.

Quelques milles plus loin, dans le chenal qui sépare l'île d'Ouvouma de l'île de Bougeyeyo, l'expédition fit la rencontre de treize grands canots montés par une centaine d'hommes armés de boucliers, de lances et de frondes. Le premier canot s'avança en présentant des corbeilles de patates douces comme pour les vendre. La *Lady Alice* continua sa marche, tout en laissant les canots s'approcher. Ceux-ci l'entourèrent bientôt, et leurs équipages commencèrent à se livrer à une foule de larcins ; on les menaça des armes à feu, et aussitôt les naturels de saisir leurs boucliers et de brandir leurs lances; un des canots s'éloigna, et l'un de ceux qui le montaient commença à agiter quelques colliers qu'il avait volés, défiant Stanley et les siens de venir les lui reprendre. Le voyageur américain n'hésite pas à abattre ce voleur d'un coup de fusil. Ses compagnons allaient faire usage de leurs sagaies, quand les armes à tir rapide firent leur office et tuèrent trois hommes, ce qui épouvanta le reste. On les poursuivit dans leur fuite à coups de fusil à éléphants, dont les gros projectiles endommagèrent sérieusement les canots.

L'expédition arriva ensuite devant les chutes Rippon, dont le bruit se fait entendre de très-loin; le paysage, fort bien décrit, du reste, par Speke, sans être sublime, est néanmoins des plus pittoresques. Quelques îlots émergent dans le canal et près du rivage; à l'entrée s'étendent obliquement au sud-ouest les grandes îles d'Ouziri et de Ouanzi; mais l'œil du spectateur est plus attiré par l'eau écumante des rapides que par les contours du rivage; et toute l'attention est portée sur la surface unie du lac brisée soudainement, au milieu d'un bruit épouvantable, sur des rocs de gneiss et d'hématite qui s'élèvent blancs et roux au-dessus des eaux; c'est par là que s'écoulent en grandes masses les ondes du lac Victoria, et que se forme le Nil Blanc proprement dit.

Après avoir suivi la côte de l'Ikira, en face de l'île d'Ouziri, Stanley arriva enfin sur les rives de l'Ouganda, royaume de Mtésa. A l'île de Kriva, il prit des guides pour se faire conduire à la capitale de ce potentat. Il relâcha à l'île de Kibibi, et arriva enfin dans la baie en fer à cheval d'Oukafou, d'où il expédia des messagers à Mtésa, pour le prévenir de sa visite. Plus loin, il reconnut que la rivière nommée *Louadjerri* par Speke n'est qu'un fiord allongé, profond et étroit, appelé en réalité *Louaserri,* c'est-à-dire « eau dormante; » il y constata l'existence du flux et du reflux qui existent, paraît-il, dans tous les golfes de l'Ouganda.

A Beyal, Stanley fut reçu par une flotte de canots envoyés à sa rencontre par le roi Mtésa, et qui le convoyèrent jusqu'à la baie Murchison, qui se trouve être un bel et large golfe. Le chef envoyé par Mtésa, Katakiro, conduisit Stanley à Ousavara, où il lui assigna une habitation confortable, pourvue de vivres en abondance. Dans l'après-midi, il fut prévenu que le roi l'attendait; il suivit, pour se rendre à l'audience, une grande rue de 80 pieds de large et d'un demi-mille de long, et dans laquelle 3,000 hommes faisaient la haie en agitant des drapeaux et en faisant un vacarme assourdissant avec leurs fusils, leurs tambours et leurs fifres criards. Le roi Mtésa vint au-devant de lui, lui tendit la main et le fit asseoir à ses côtés; ils ne purent rien se dire d'abord, à cause du tapage infernal que faisait le cortége.

Mtésa est un homme de 34 ans, grand et élancé, aux larges épaules; sa physionomie est sympathique; il a de grands yeux, un nez et une bouche plus corrects que dans le type nègre proprement dit; ses dents sont magnifiques et d'une blancheur éclatante. Il était vêtu d'un costume d'Arabe de Zanzibar. Il s'est récemment converti et il a fait convertir son peuple d'autorité, au moins en apparence, à l'islamisme, à la suite du voyage à sa cour d'un Arabe riche, intelligent et fort aimable, Hamis-ben-Abdallah.

Ses grands officiers étaient comme lui vêtus à l'arabe, ainsi que ses gardes du corps, au nombre de 200, tous armés de fusils et composés d'anciens serviteurs de Baker, de fugitifs de Zanzibar, de quelques Arabes de l'Oman et de Ougandas choisis avec soin. Derrière le trône de Mtésa, simple fauteuil de fabrication locale, se tenaient debout les porte-écus, les porte-lances, les

Réception de Stanley par le roi Mtésa.

porte-fusils du roi ; à ses côtés étaient les grands dignitaires de sa cour.

Stanley resta quelques jours dans cette localité, Ousavara, en compagnie de Mtésa, qui passa en son honneur une revue de ses flottes de canots, véritable régate de 85 embarcations montées par 2,500 marins, qui fut fort applaudie des assistants, parmi lesquels brillaient au premier rang et en grande tenue les 300 femmes du roi. Celui-ci se livra le lendemain à la chasse aux oiseaux d'eau et mena Stanley voir un *dhow* qu'il faisait construire pour naviguer sur le lac. Le troisième jour, grandes manœuvres des troupes de terre, et le quatrième, départ pour Oulagalla ou Ouragara, capitale du royaume d'Ouganda.

Mtésa a fait faire dans les alentours de sa résidence plusieurs larges et grandes routes qui seraient carrossables, si on connaissait l'usage des voitures dans cette partie de l'Afrique. A mesure que Stanley s'approchait d'Oulagalla, la route qu'il suivait s'élargissait de plus en plus et arrivait enfin à 150 pieds de large. De là, il put contempler la ville située sur une colline dominant une riche campagne couverte de jardins, de plants de bananiers et de grasses prairies. Au milieu de cabanes plus grandes que les autres se dressait un mât, au sommet duquel flottait un énorme pavillon, le nouvel étendard de l'Ouganda. Ces cabanes étaient le palais de Mtésa, vaste agglomération de constructions entourée de cinq rangs de palissades et de cinq cours circulaires, et autour de laquelle passait un chemin de 100 à 200 pieds de largeur, d'où rayonnaient six ou sept magnifiques boulevards bordés d'arbres et de maisons. La demeure propre de Mtésa était un édifice spacieux et élevé, bien bâti en joncs et en herbe, dont le toit était supporté par de forts et hauts troncs d'arbres, et tapissé de toile à l'intérieur.

Quatre jours après arrivait M. Linant de Bellefonds, jeune Français, colonel au service du khédive et membre de l'expédition du colonel Gordon dans les régions du haut Nil, qui venait pour conclure un traité entre le roi Mtésa et le gouvernement égyptien. C'est le 11 avril 1875 que notre compatriote arriva chez le roi nègre. Une pluie torrentielle, raconte-t-il dans des notes qui ont échappé aux Baris qui le massacrèrent à son retour de l'Ouganda, une pluie torrentielle avait régné toute la nuit; le matin, les arbres, surtout les bananiers, secoués par le vent, versaient l'eau emmagasinée dans leurs larges feuilles en douches désagréables sur les malheureux passants; heureusement, M. Linant et ses soldats soudaniens purent se refaire un peu chez la reine-mère; à midi, ils se remirent en marche, au son du tambour et du clairon, avec un cortége de 10,000 personnes gambadant et faisant un bruit épouvantable. Enfin ils arrivèrent le soir au palais de Mtésa, où les attendait un logis confortable.

Le lendemain, 12 avril, à deux heures, M. Linant de Bellefonds fut reçu par Mtésa avec un cérémonial analogue à celui qu'on avait eu pour Stanley; mais quel ne fut pas l'étonnement de notre compatriote en voyant un Européen à côté du roi! Mtésa les introduisit dans sa salle de réception. C'est, dit M. Linant de Bellefonds, un couloir de 12 mètres de long sur 4 mètres de large, dont le plafond, incliné vers la porte, est soutenu par des colonnes en bois de drem qui forment dans la salle deux nefs latérales; la partie centrale est libre et mène au trône du roi; les deux nefs, au contraire, sont occupées par les courtisans; à chaque pilier est adossé un garde du corps, en grand manteau rouge, turban blanc orné de poils de singe, culotte blanche, tunique noire bordée de rouge, et armé d'un fusil.

Mtésa est vêtu du caftan blanc à bande rouge, bas, babouches, veste en drap noir brodé d'or; il porte un sabre de Zanzibar à poignée d'ivoire incrustée d'argent et un bâton de commandement ; il s'assied sur un siége en forme de fauteuil de bureau ; ses pieds reposent sur un coussin placé sur une peau de léopard, posée elle-même sur un tapis de Perse ; une défense d'éléphant, bien polie, est devant lui, et, quoique musulman, ses boîtes à fétiches sont à ses pieds ; à droite et à gauche, un garde tient une lance ; l'une est de cuivre, l'autre de fer : ce sont les armoiries de l'Ouganda.

Au moment de son départ, M. Linant de Bellefonds voulut accompagner Stanley jusqu'à son port d'embarquement, et nous donnons ici le récit de cette excursion d'après les lettres échappées au massacre dont M. Linant de Bellefonds a été la victime à son retour de l'Ouganda.

En quittant la capitale de Mtésa, les deux voyageurs européens contournèrent la colline sur laquelle est bâti le palais du roi. Tout le long de la route, ils traversèrent de luxuriantes plantations de bananiers et de patates douces. Ils eurent à franchir un canal de 40 mètres de large, où toute la boue du pays semblait s'être concentrée ; ils passèrent sur un pont de madriers non équarris et de branchages, suffisant pour des piétons, mais à peu près impraticable pour les mules de M. Linant, qui tombèrent dans la boue, d'où l'on eut toutes les peines du monde à les retirer.

Plus loin, la route gravit une chaîne de collines couvertes de fourrés impénétrables, repaires des hyènes et des léopards. Mais, arrivés au point culminant, les voyageurs jouirent d'un spectacle merveilleux, et qui les paya bien de leurs peines : à leurs pieds, le lac étendait sa vaste nappe d'argent sur laquelle étaient enchâssées comme des émeraudes de nombreuses îles verdoyantes, les unes doucement arrondies, les autres bizarrement dentelées ; le long du rivage, des masses d'un vert sombre étaient formées par des bouquets de bois dont les arbres baignaient leurs racines dans les ondes fraîches et limpides du Victoria-Nyanza. A l'est, un ruban argenté se déroule sur le sol et va se perdre dans le lac; c'est cependant le canal fangeux de tout à l'heure. Une heure plus tard, la troupe s'arrêtait au bord du lac, et MM. Linant de Bellefonds et Stanley trinquaient avec de l'eau qu'ils y avaient puisée.

On était à Ousovara, rendez-vous de chasse de Mtésa, qui s'y rend fréquemment pour exercer son adresse sur les crocodiles. D'innombrables cabanes et de beaux jardins couvrent le sol. Une belle avenue, ombragée d'arbres magnifiques, baptisée par Stanley du nom d'*avenue des Champs-Elysées*, conduit à l'habitation du roi, entourée de huttes réservées à sa maison et à ses gardes. C'est dans une des plus belles que les deux voyageurs s'installent, car tout cet ensemble de cabanes est pour le moment complétement désert.

Rien n'est prêt pour le départ de Stanley. L'amiral de l'Ouganda doit l'accompagner avec trente canots jusqu'à son campement d'Ousouvouma; mais cet officier a eu la fâcheuse inspiration d'emmener avec lui tout son harem; le roi, instruit de ce fait, a envoyé chercher toutes ces femmes et les a fait reconduire à la capitale, la mission de l'amiral étant une affaire sérieuse et non une partie de plaisir.

Le soir de leur arrivée, nos deux voyageurs se promenèrent sur les bords du lac, admirant des arbres énormes dont l'ombrage immense abriterait aisément jusqu'à 500 personnes; des plantes grimpantes font un vêtement au tronc et aux maîtresses branches de ces géants des forêts équatoriales. Le sol qui forme la rive est riche en minerai de fer et couvert d'une mousse épaisse d'un vert jaunâtre, qui fait ainsi un doux tapis pour les promeneurs.

La nuit du 15 au 16 avril 1875 fut excellente. Bien que M. Linant de Bellefonds n'ait eu pour lit qu'un tas de foin avec un sac de pommes de terre pour oreiller, il dormit à merveille, en dépit des hordes de puces qui occupaient ces huttes de courtisans nègres ; les moustiques, malgré le voisinage du lac, furent plus rares.

La flotte de Mtésa était prête, et l'on résolut, ce jour-là, de faire une excursion préliminaire dans la baie d'Ousavara. Les canots de l'Ouganda ne sont rien moins que bien faits ; ils ont de 10 à 12 mètres de long sur 1 ou 1 et demi de large ; ils sont faits de planches réunies par des liens d'osier, recouvertes d'écorce et d'argile. Aussi les Ouagandas n'ont-ils jamais pu venir à bout de dominer sur le lac avec ces lourdes et disgracieuses machines ; ils n'ont même pu se rendre maîtres de l'île d'Ouvouma, dont les habitants, dès qu'ils voient approcher ces canots, plongent dans le lac et viennent sous l'eau couper les cordes d'osier qui retiennent les diverses parties de l'embarcation. A l'arrière, le timonier est sur un siége élevé ; à l'avant se dresse une longue pièce de bois en cou de cygne, ornée de deux cornes d'antilope ; ces canots ne vont qu'à la rame, l'usage de la voile étant absolument ignoré dans ces contrées.

La flotte de Mtésa escorta la *Lady Alice*, le yacht de Stanley, dans son excursion, commandée par l'amiral, qui la dirigeait au son du tambour battu à bord de son canot. Le paysage était enchanteur : d'un côté, le lac à la surface immense et paraissant sans bornes comme la mer ; de l'autre, le rivage dont les coteaux vêtus de vert tendre baignaient leurs pieds dans l'eau limpide.

C'est le 17 avril que Stanley effectua définitivement son départ ; à cinq heures, la flotte des Ouagandas se mit en mouvement ; la *Lady Alice* était toute prête, chargée de provisions et le bagage à bord. Après s'être chaleureusement serré les mains, MM. Stanley et Linant de Bellefonds se séparèrent avec une profonde émotion.

Stanley sur les bords du lac Victoria.

Stanley sauta sur son yacht, où ses hommes l'attendaient, prit la barre et fit hisser le drapeau étoilé des Etats-Unis. La *Lady Alice* bondit sur les petites vagues du lac, faisant bouillonner l'eau sous sa proue. Stanley saluait son compagnon de voyage de la main, agitait un mouchoir, tandis que M. Linant de Bellefonds faisait tirer à ses hommes une salve de coups de fusil en l'honneur du hardi voyageur américain.

Hélas! ces deux hardis explorateurs ne devaient plus se revoir. Tandis que l'un regagnait sain et sauf son campement d'Ousouvouma, d'où il donnait encore de ses nouvelles à l'Europe, l'autre, le jeune Français, tombait misérablement à son retour sous les coups des Baris.

Outre son yacht *la Lady Alice*, Stanley avait avec lui deux canots, au lieu de trente embarcations que Magassa, amiral de Mtésa, avait l'ordre de lui fournir. Ce grand-officier, malgré les injonctions de son maître, ne se souciait guère d'accompagner le voyageur blanc dans sa navigation aventureuse; aussi fit-il naître une foule d'empêchements qui forcèrent Stanley à partir sans lui. Ce dernier, après avoir passé devant l'embouchure de la Kadjera, le plus important affluent du lac Victoria après le Chimiyou, suivit la côte occidentale des lacs le long du plateau de l'Ousongoro. L'accueil des indigènes à la première halte, à Kadjya, fut très-sympathique et porta Stanley à bien augurer des bonnes dispositions de la population de ces parages.

Il dut en rabattre le lendemain à Makongo. Là notre voyageur trouva les habitants gravement occupés à aspirer leur bière ou *pombé*, au moyen de longs chalumeaux de paille, absolument comme ses compatriotes le font pour les *sherry cobblers* ou les *mint-julep* d'au delà de l'Atlantique. Le chef paraissait à peu près ivre et disposé, comme dit Stanley, à voir deux hommes blancs plutôt qu'un. Pourtant l'attitude de ces naturels parut bienveillante, et les voyageurs s'endormirent bien tranquillement.

Dans le courant de la nuit, ils furent réveillés par une furieuse batterie de tambours et par des cris perçants. Les Ouagandas eurent beau prétendre que c'étaient là des manifestations en l'honneur de l'homme blanc ; Stanley eut la prudence de ne pas les croire, mais de faire charger les fusils et dresser les matelas en guise de retranchements. Toute la nuit, le bruit continua, sans cependant que rien fût tenté contre les voyageurs ; mais, dès le point du jour, ceux-ci se trouvèrent en présence de 500 guerriers, armés d'arcs, de lances et de boucliers, rangés en demi-cercle et fermant toutes les issues, sauf celle du lac. Ce fut un spectacle saisissant pour Stanley, qui se croyait en sûreté, se sachant encore sur un territoire soumis à Mtésa. Ces guerriers noirs n'avaient point cependant, alors, la tenue des sauvages quand ils sont sur le point de se battre ; pas de cris, pas de rugissements, pas de gestes ; une attitude calme, ferme et déterminée. Les voyageurs n'osaient faire un mouvement, de peur de donner involontairement le signal de la lutte, et le silence le plus complet régnait sur cette scène dramatique.

Alors parut le chef, qui, avec son bâton, fit reculer ses hommes de quelques pas ; alors, s'avançant vers le bateau, il le frappa et ordonna aux gens de Stanley de le mettre à flot ; il y aida même. Un autre chef survint et demanda sévèrement à notre voyageur pourquoi il avait osé tirer son bateau si haut sur la rive ; à quoi il lui fut répondu que c'était à cause du ressac ; mais le premier chef interrompit la conversation en disant aux étrangers de s'en aller sur l'heure et d'aller camper à 4 milles de là, sur l'île Mousira, où on leur apporterait des provisions.

On conçoit avec quel empressement Stanley et les siens obéirent à cette bienheureuse injonction ; mais, comme les Ouagandas des deux canots étaient encore à terre, engagés dans une vive et bruyante altercation avec les naturels de Makongo, ils ne s'éloignèrent que d'une centaine de mètres, prêts à balayer le rivage à coups de fusil, si l'on tentait de faire du mal à leurs alliés. Ceux-ci se décidèrent aussi à s'embarquer et à se rendre à l'île Mousira, où, pour toutes provisions, on ne leur envoya que trois régimes de bananes.

Dans l'après-midi, on aperçut enfin l'amiral Magassa, qui s'en alla camper bien tranquillement dans une île voisine avec toute sa flotte. Pour hâter ses mouvements, Stanley résolut de gagner une autre île distante de 35 milles et qu'il nomma l'île Alice, où il n'arriva qu'à minuit, après avoir été abandonné par les deux canots ouagandas, dont l'équipage était effrayé du temps menaçant.

Une lumière qu'on voyait sur la côte conduisit la *Lady Alice* dans une anse bien abritée, où quelques pêcheurs de Bambireh étaient en train de préparer du poisson auprès du feu. Les hommes de Stanley étaient si affamés, qu'ils voulaient se jeter sur ce poisson, à la grande terreur des propriétaires; mais leur maître les en empêcha et acheta d'un bon prix une quantité de poisson suffisante pour le souper de tout le monde.

Au jour, on se trouva dans un véritable abri, dont les rocs entassés formaient toiture et étaient tous noircis par la fumée des pêcheurs. Les habitants de l'île Alice se montrèrent pacifiques, mais si exigeants dans leurs demandes en échange des vivres nécessaires à l'expédition, que, pour ne pas mourir de faim, Stanley se décida à se rendre à Bambireh, grande île très-peuplée, à 25 milles au sud-ouest de l'île Alice.

Le temps était effroyable, et la pluie, le vent, la houle avec le tonnerre et les éclairs forcèrent la *Lady Alice* à jeter l'ancre près d'une autre île, qu'on appela l'île Barker, vers minuit. Jusqu'au jour, on dut lutter contre la tourmente, et à l'aube on se laissa emporter par une brise carabinée du nord-est qui, en trois heures, mena Stanley et les siens dans la bonne petite baie de Kadjauri, à l'extrémité sud-est de Bambireh.

Nos voyageurs étaient tout réjouis à la vue des belles pentes gazonnées sur lesquelles paissaient de gras troupeaux, et ils se promettaient, en gens affamés, un bon repas de bananes mûres, de lait frais, de viande savoureuse. Mais, en approchant du rivage, ils eurent l'ennui d'entendre le cri de guerre des naturels, et Stanley dut faire charger et armer les fusils. Le yacht s'arrêta à 20 mètres du bord : aussitôt les dispositions des insulaires parurent se changer favorablement, et, avec des démonstrations amicales, ils engagèrent les voyageurs à aborder.

A peine la quille du bateau eut-elle grincé sur le sable, que les sauvages se précipitèrent dessus et le tirèrent, avec tout son équipage à bord, sur le rivage. On peut s'imaginer le nombre d'hommes qui étaient là quand on songe que le tout pesait bien 4,000 livres. Deux fois Stanley leva son revolver pour tuer et être tué; mais ses hommes l'en empêchèrent, en lui disant que ces gens paraissaient leurs amis et que tout irait bien. Il n'en était rien pourtant, et le tumulte augmentait avec le nombre des indigènes. On dardait les lances sur les voyageurs, on les visait avec les flèches, on les regardait avec des yeux égarés et qui sortaient des orbites ; tous ces prétendus amis étaient changés en furies ; ils frappaient du pied le sol et le bateau, ils écumaient, ils grinçaient des dents, ils fendaient l'air du tranchant de leurs lances.

Leur chef Chekka les empêcha cependant de verser du sang, réservant sans doute les étrangers pour un sacrifice solennel. Stanley demeura calme et impassible dans sa vigilance, et ses

compagnons l'imitèrent. Pendant ce temps, les interprètes haranguaient les indigènes avec dignité, leur expliquaient sans bassesse le but du voyage et leur donnaient l'assurance de leurs
sentiments pacifiques. Cette attitude et ces paroles calmèrent un
peu ces sauvages affolés.

Pendant trois heures, Stanley, assis à la poupe de son yacht,
dut assister sans bouger à ce spectacle, bien résolu à vendre
chèrement sa vie, mais méditant cependant sur les meilleurs
moyens d'échapper au danger. Il fit offrir au chef Chekka, qui
paraissait exercer une autorité despotique sur ses sujets, des
étoffes et des verroteries. Celui-ci demanda quatre pièces de
toile et dix colliers de grosses perles pour permettre aux étrangers de se retirer en paix. Mais le traître à peine eut-il reçu cette
sorte de rançon, qu'il ordonna à ses guerriers de s'emparer des
rames du bateau, ce qu'ils firent avant qu'on eût eu le temps de
s'y opposer. Puis tous se retirèrent dans leur village pour y
discuter sur le sort des étrangers en déjeunant.

En ce moment, une femme s'approcha du yacht et dit à Stanley
de tâcher de manger du miel avec Chekka : c'était, selon elle, le
seul moyen de sauver leur vie à tous. En conséquence, Stanley
envoya un homme de l'équipage au chef pour lui offrir la fraternité de l'homme blanc, à quoi on lui répondit de ne rien craindre
et que la cérémonie aurait lieu le lendemain. Cela ne rassura pas
Stanley, qui recommanda à ses hommes de veiller sur leurs armes
pour qu'on ne les saisit pas comme les avirons, et de ne pas
quitter la *Lady Alice*.

Dans l'après-midi, les naturels se rassemblèrent de nouveau
sur une colline située à 100 mètres du bateau ; leurs tambours ne
cessèrent de résonner, et bientôt il y eut 500 guerriers réunis
autour de Chekka, qui pérorait avec de grands gestes. Cinquante

hommes vinrent prendre le tambour de Stanley, en lui disant, par bravade, d'apprêter ses armes, car on allait bientôt couper le cou à lui et aux siens. Dès qu'ils furent suffisamment éloignés, Stanley, qui était dans le bateau, cria à ses hommes de faire un suprême effort pour remettre le yacht à flot, et ses onze compagnons lui obéirent si bien et si subitement, que la *Lady Alice* fut lancée d'un coup dans une eau profonde, entraînant avec elle tout l'équipage, qui dut se mettre à la nage. A cette vue, les sauvages poussèrent un épouvantable hurlement de rage et coururent comme le vent à leurs canots. Stanley, cette fois, n'hésita pas à décharger sa carabine à éléphant avec ses deux balles coniques au milieu d'eux, puis il aida un de ses hommes à remonter à bord, le chargeant d'en faire autant aux autres, tandis que lui continuerait à faire feu sur les assaillants. Il tira ensuite les deux coups chargés de chevrotines de son fusil double; ce qui fit tant de ravages, que les noirs, sans riposter, se réfugièrent sur la colline.

Cela donna le temps à tout l'équipage de la *Lady Alice* de remonter à bord, et, comme il n'y avait plus de rames, de démonter les bancs pour s'en servir comme de pagaies. Deux fois de suite, Stanley abattit des indigènes qui voulaient mettre leurs canots à l'eau; enfin, apercevant à bonne portée le chef inférieur qui avait volé le tambour de l'expédition, il le visa bien avec sa carabine à éléphant et le tua net, ainsi que deux autres guerriers qui se trouvaient derrière lui. Ce dernier coup de feu découragea les sauvages, qui laissèrent la *Lady Alice* se mettre en mouvement et sortir de la baie.

Sur ces entrefaites, apparurent deux canots partis d'un autre point de la côte pour poursuivre les voyageurs. Stanley les laissa approcher à 100 mètres de son yacht, tout en chargeant sa carabine de balles explosives ; en quatre coups de feu , il tua cinq hommes et coula les canots, à la vue de la population de Bambireh, animée d'une rage impuissante, et qui ne put plus que crier : « Partez ! et puissiez-vous être engloutis par le lac ! »

Une légère brise de terre entraîna le yacht à 8 milles au sud-est de Bambireh ; puis, le vent étant tombé, on dut ramer toute la nuit pour ne se trouver, au matin, qu'à 20 milles de cette île de traîtres. Heureusement que, vers midi, s'éleva un grand vent du nord-ouest qui entraîna la *Lady Alice*, avec une rapidité de 5 nœuds à l'heure, vers les îles *Sosoua* ou *Gosoua*, en vue desquelles elle arriva le soir. Malheureusement, il s'éleva une tempête violente qui empêcha les voyageurs d'aborder et leur fit passer une nuit atroce au milieu de rochers et d'îles inconnues , habitées par des tribus qui tueraient ou rendraient esclaves les naufragés, sur des eaux peuplées de crocodiles, et sous la menace de mourir de faim s'ils échappaient à ces périls. Enfin, le lendemain, la tempête s'étant calmée, on put gagner une île qui fut nommée l'île du Refuge.

Elle était inhabitée, mais heureusement pas depuis longtemps, car il y avait des traces de culture ; on y récolta donc des bananes vertes en abondance et un fruit de la forme d'une cerise, mais ayant le goût de la datte. Stanley eut encore la chance de tuer deux paires de gros canards ; ce qui permit à tous de réparer leurs forces épuisées par le dénûment et les émotions. On resta deux jours à se refaire et à se reposer à l'île du Refuge.

Stanley se dirigea ensuite vers l'île Singo, puis vers l'île Ito, dont les croupes verdoyantes semblaient leur promettre un facile ravitaillement. Mais il y fut reçu à coups de pierres par les indigènes, et, les cartouches ayant été mouillées pendant l'orage, il n'eut autre chose à faire qu'à s'éloigner de ces rives peu hospitalières.

Deux jours après, on doublait la péninsule de Ouiro, dans l'Oukéréoué, et l'on voguait sur les ondes grisâtres du golfe de Speke. Là seulement on put se procurer d'abondantes provisions, patates, lait, miel, bananes, œufs et poulets, et se refaire après les jeûnes forcés auxquels on avait été soumis sur la côte occidentale du lac Victoria.

En quittant ces lieux, la *Lady Alice* faisait gaîment voile vers l'Ousoukouma et vers Kadjeligi, où l'attendait le reste de l'expédition, lorsqu'au milieu du lac elle fut assaillie par une nouvelle tempête nocturne, signalée par une grêle serrée.

Pendant toute la nuit, le yacht fut le jouet du vent et des flots, et son équipage commençait à croire que la malédiction des gens de Bambireh allait avoir son effet, quand, à l'aube, on trouva qu'on n'était plus qu'à 20 milles au nord-ouest du camp de Kadjeligi, en vue duquel on ne tarda pas à arriver.

Dès que les voyageurs furent aperçus, de vives et joyeuses acclamations s'élevèrent du bord du lac, suivies bientôt de salves de mousqueterie, et, aussitôt que le yacht fut à portée, Stanley fut saisi par ses fidèles serviteurs, qui l'emportèrent au camp en riant, en chantant, en dansant, en menant enfin le plus grand vacarme de bonheur du monde.

La circumnavigation du lac Victoria était heureusement terminée.

Le premier soin de Stanley fut, tout en se reposant de ses fatigues, de satisfaire à la curiosité de ses gens en leur racontant les merveilleuses aventures de son voyage autour du lac Victoria. Puis il interrogea à son tour Frank Pocock sur ce qui s'était passé à Kadjehyi depuis son départ.

Il apprit d'abord le décès du pauvre Frederik Barker, mort de maladie, dix jours avant son arrivée, et en l'honneur duquel on avait élevé sur sa tombe un grand tumulus de pierres, auquel Stanley rendit une pieuse visite ; six hommes étaient morts en outre de la dyssenterie et des fièvres.

Pendant les cinquante-sept jours d'absence de Stanley, les membres de l'expédition restés à Kadjehyi avaient été accablés de fausses nouvelles touchant le sort de leur chef. On leur avait dit d'abord que le yacht avait été saisi à deux jours de là par les indigènes de Magou ; sur quoi cinquante hommes s'étaient mis en marche pour faire rendre la liberté à Stanley et à ses compagnons. Le bruit était absolument faux, on s'en convainquit aisément.

Plus tard, la nouvelle du combat naval avec les Ouavouma leur revint considérablement exagérée et faussée, puisqu'on disait Stanley tué par ces pirates.

Un événement plus grave fut la découverte d'une conspiration tramée par Kipindjiri, prince de Loutari, Kourrereh, prince de Kayenzi, et le chef de l'Igousa, dans le but d'attaquer le camp et de s'emparer des bagages de l'expédition. Ce fut Kadouma, chef du pays où se trouve Kadjehyi, qui dévoila le complot aux capitaines noirs de Stanley ; ceux-ci prirent leurs dispositions pour se défendre, distribuèrent des munitions à leurs hommes et envoyèrent des espions chez leurs adversaires. La conjuration échoua par suite de la mort du chef de l'Igousa et de la fuite de Kourrereh.

Voyant que Stanley ne revenait pas, les chefs de l'expédition réunirent leurs soldats et les porteurs en un grand meeting, où il fut décidé que si le *Bana Mkouka*, ou « Grand-Maître, » ne revenait point avant quinze jours, on lèverait le camp au commencement de la nouvelle lune et on regagnerait l'Ounyanyembé. Heureusement pour lui, Stanley arriva à temps, à la fin de la lune, un jour avant l'époque fixée pour le départ.

On se reposa pendant quelques jours. Aussi bien fallait-il attendre l'amiral Magassa et ses canots pour pouvoir transporter tout le monde dans l'Ouganda. Il était déjà venu autrefois dans l'Ousoukouma ; son retard était donc inexplicable, d'autant plus qu'il avait avec lui deux des meilleurs serviteurs de Stanley qui devaient le presser fort d'arriver. Après neuf jours d'attente, pas de Magassa. Il fallait donc se résoudre à entreprendre un long et dangereux voyage le long des bords du lac, pour se rendre chez Mtésa, qui attendait son ami Stanley, et de là essayer de pénétrer jusqu'au lac Albert.

Le bruit de cette résolution se répandit vite dans le pays, et au moment du départ Stanley reçut une ambassade de Rvouma, roi de l'Ouzinza méridional ou Miveri, lui apportant le message suivant :

« Rvouma envoie ses salutations à l'homme blanc. Il n'a pas besoin de ses étoffes, de ses verroteries, de ses marchandises, et l'homme blanc ne doit pas traverser son pays. Rvouma ne veut pas voir l'homme blanc ni aucun autre homme à longue chevelure rouge, à face blanche, aux gros yeux rouges. Rvouma ne le craint pas ; mais si l'homme blanc s'approche de son pays, Rvouma et Mirambo le combattront. »

Que faire ? La voie de terre était fermée. Stanley savait que Rvouma était assez fort pour repousser deux expéditions comme la sienne. Il avait 150 mousquets et plusieurs milliers d'archers et de lanciers ; en outre, le terrible Mirambo se trouvait à un jour de marche de l'Ourina, c'est-à-dire à trois jours de Kadjehyi. Forcer la route était une entreprise périlleuse et hasardée, car, même au cas où l'on aurait réussi, on y aurait perdu trop de monde, ce qui amènerait la ruine de l'expédition.

L'idée, d'autre part, d'abandonner son itinéraire et de se diriger vers le Tanganyika désespérait Stanley, qui maudissait Magassa, et qui cherchait partout où il pourrait bien se procurer des canots en quantité suffisante pour embarquer tout son monde et le conduire dans l'Ouganda.

Stanley apprit enfin que Loukondjeh, roi de l'Oukéréoué, serait probablement en mesure de lui fournir la flotte de canots nécessaire. Mais il était tombé malade par suite des fatigues de son dernier voyage et de ses inquiétudes actuelles. Il dut donc envoyer à Loukondjeh une ambassade composée de Frank Pocock et de Kadouma, munie de présents et chargée de lui demander le prêt de 40 canots pour emmener l'expédition dans l'Ouganda.

Au bout de douze jours, elle était de retour avec 50 canots et 300 bateliers ; mais ceux-ci avaient l'ordre de conduire Stanley et tous les siens dans l'Oukéréoué. C'était le frère du roi qui était l'amiral de cette flotte, et Stanley lui déclara que quand même Loukondjeh lui offrirait son royaume, ses esclaves et ses troupeaux, l'expédition n'irait jamais dans l'Oukéréoué, qu'il voulait des canots pour aller où il désirait se rendre, qu'il allait d'ailleurs se rendre près de Loukondjeh et qu'il lui expliquerait ses intentions lui-même.

Stanley, rétabli du reste, mit donc à la voile sur la *Lady Alice*, et au bout de deux jours débarquait, dans son plus bel attirail, près de la capitale de Loukondjeh.

Le surlendemain de son arrivée lui fut fixé pour jour d'audience. Le moment venu, l'équipage de la *Lady Alice* se rangea en bon ordre, dans ses plus beaux uniformes, et se mit en marche au son du clairon. Dix minutes après, on arrivait dans une plaine où, sur une butte, le roi Loukondjeh était assis, entouré de guerriers. C'était un jeune homme au visage sympathique et de teint assez clair, vêtu de robes de soie rouge et jaune et de damas, qui

parut à Stanley bien disposé pour lui. En effet, quand ce dernier
demanda une audience privée, celle-ci lui fut accordée aussitôt.

Le voyageur exposa aussitôt au roi ce qu'il voulait, lui détailla
le nombre de canots dont il avait besoin, le trajet qu'il avait à
faire, et, condition essentielle, les cadeaux qu'il lui ferait s'il
acquiesçait à ses demandes. Loukondjeh l'écouta attentivement,
et, après avoir commencé par déprécier ses canots qu'il disait
pourris, incapables de porter tous les hommes et tous les bagages
de Stanley, il finit par en promettre à celui-ci autant qu'il en aurait besoin. L'hospitalité du roi d'Oukéréoué fut des plus larges,
et ses hôtes ne manquèrent de rien auprès de lui. Enfin, au bout
de quinze jours, Loukondjeh eut un entretien secret avec Stanley,
où il lui annonça qu'il mettait 50 canots à sa disposition, mais il
ajouta que ses sujets ne voulaient point aller dans l'Ouganda, et
qu'ils croyaient bien que ces canots n'étaient envoyés à Kadjehyi
que pour ramener l'expédition de l'homme blanc dans l'Oukéréoué. Il lui conseillait donc de ne rien dire, mais, une fois rendu
à son camp, de s'emparer des canots et de leurs rames, et de
contraindre ainsi les Ouakéréoués à le conduire où il voudrait.

Quand Stanley fut à Kadjehyi, il s'aperçut qu'il n'y avait que
23 canots ; il résolut néanmoins de suivre les conseils du roi, et il
se saisit de ces embarcations. Comme les Ouakéréoués en assez
grand nombre prirent une attitude menaçante, Stanley les fit
chasser du camp et du bord du lac. Trois jours après, les canots
emportaient les deux tiers de l'expédition et des bagages ; après
une traversée de cinq jours, on arrivait à l'île du Refuge, à mi-
chemin de l'Ouganda. Comme le continent habité par des peuplades hostiles n'était qu'à 6 milles de là, Stanley fit fortifier l'île,
qui devint une citadelle à peu près imprenable pour des nègres.
Il revint ensuite à Kadjehyi pour y prendre le reste de son expédition.

A son arrivée, il découvrit que le chef du pays, Kadouma, était disposé à aider son frère Kapindjiri à le faire prisonnier pour en tirer une énorme rançon. Il n'en fit rien paraître, traita bien Kadouma, fit de petits présents à sa femme favorite jusqu'au moment de son départ. Ce jour-là Kadouma et Kapindjiri vinrent se placer sur le rivage avec une grosse troupe d'hommes armés. Stanley procéda à l'embarquement des siens comme si de rien n'était, mais en faisant tenir les fusils armés ; puis, quand tout fut terminé, il monta en canot sous la protection évidente de ses soldats prêts à faire feu. Déjà Kadouma s'était retiré de la bagarre qu'il prévoyait, et Kapindjiri n'osa rien faire.

La traversée fut assez difficile, par suite du mauvais état des canots ; en arrivant à l'île du Refuge, il n'en avait plus que 15 qui furent capables de continuer à naviguer. Kidjadjou, roi de toutes les îles du sud-ouest du lac, et son fils, le roi de l'Itaouagumba, se montrèrent favorables à l'expédition, qu'ils fournirent de vivres à bon marché, et à laquelle ils vendirent 3 canots. Stanley se rendit ensuite à l'île de Mahyiga, à 5 milles au sud de Bambireh, et là il se décida à infliger une sévère punition aux indigènes de cette dernière île qui l'avaient mis naguère en si grand péril.

Il envoya d'abord un messager à Bambireh pour ordonner aux habitants de lui livrer leur roi et deux des principaux chefs, sous peine d'être immédiatement attaqués. Puis il fit venir à son camp le roi d'Iroba, qui s'y rendit avec trois de ses nobles. Stanley les fit mettre aux fers et déclara à leurs canotiers qu'il ne les délivrerait que s'ils lui amenaient prisonniers le roi de Bambireh et les deux chefs. La précaution était bonne, car les insulaires de Bambireh renvoyèrent le messager de Stanley avec mépris ; mais, durant la nuit, leur roi fut saisi par les gens d'Iroba et conduit à Stanley, qui fit mettre aussitôt ses otages en liberté, en leur ju-

rant de ne jamais attaquer leur île ni leur peuple. Il fit également
avertir le roi d'Ihandjiro, Autari, qu'il eût à racheter de la des-
truction Bambireh, qui est sa tributaire. Ce roi dépêcha aussitôt
son fils et deux chefs; mais ceux-ci se montrèrent si perfides, que
notre voyageur les retint en otages.

Sur ces entrefaites arrivèrent sept grands canots de l'Ouganda,
envoyés par Mtésa dans l'Ousoukouma pour y chercher un Arabe
que le roi attendait. Le chef de cette flottille, Sabadou, fut requis
par Stanley de ne pas poursuivre sa route avant d'avoir conduit
l'expédition dans l'Ouganda. Il apprit au voyageur américain que
l'amiral Magassa était revenu avec les avirons de la *Lady Alice*,
en disant que Stanley et son équipage étaient morts. Mtésa l'avait
fait mettre d'abord en prison, puis l'avait envoyé par terre à la
recherche de nouvelles du blanc. Sabadou finit enfin par accéder
au désir de Stanley et demeura avec lui.

Deux jours après, des Ouagandas de Sabadou, qui avaient été
chercher des vivres à Bambireh, furent attaqués par ces sauvages
indomptables, qui blessèrent huit hommes et tuèrent un chef de
Kattaoua, qui était avec eux. Il n'y avait plus à hésiter à punir
ces incorrigibles bandits ; dans dix-huit canots, on embarqua deux
cent quatre-vingts hommes, dont cinquante avaient des fusils.
On arriva à deux heures de l'après-midi en vue de Bambireh,
dont toutes les hauteurs étaient garnies de vedettes. A l'aide de
sa lorgnette, Stanley les vit courir vers un bouquet de platanes
situé sur une éminence qui commande l'entrée du port du sud
de l'île. C'était là qu'était rassemblée l'armée de Bambireh.
Stanley ne voulait pas exposer la vie des siens ; aussi, se faisant
suivre exactement de tous ses canots, il évita le port, et, doublant
un cap, il entra dans une vaste baie, d'où il aperçut l'ennemi qu'il
avait ainsi tourné. Les guerriers de Bambireh étaient trop nom-

breux pour qu'on les attaquât dans leur bois de platanes ; aussi Stanley fit-il mine de vouloir débarquer de l'autre côté de la baie, où le terrain se présentait en vastes et douces pentes gazonnées.

A cette vue, les sauvages quittèrent leur position et se précipitèrent en foule là où Stanley voulait précisément les voir. Quand la flotte de notre voyageur fut à 100 mètres du rivage, il fit mettre tous les canots par le travers et ordonna de tirer sur un groupe d'une cinquantaine de noirs. Plusieurs furent tués et un plus grand nombre blessés. Les autres se divisèrent, mais ne s'en avancèrent pas moins bravement jusqu'au bord du lac, en lançant des nuées de pierres et de flèches. Stanley fit avancer encore ses canots à 50 mètres de la rive, et on commença le feu ainsi à petite portée. Au bout d'une heure, les sauvages battirent en retraite ; puis , comme la flotte de Stanley sembla vouloir opérer un débarquement, plusieurs centaines d'entre eux se précipitèrent de nouveau, avec un courage digne de louanges, sur leurs adversaires ; la trompette sonna la halte, et une dernière décharge jeta par terre bon nombre de ces guerriers. Tous s'enfuirent définitivement ; l'œuvre de châtiment était accomplie.

On a beaucoup blâmé Stanley de cette rigoureuse exécution. Certes, au point de vue de l'humanité, il est regrettable que le voyageur ait cru devoir se livrer à ces actes sanglants ; mais il faut aussi faire la part de la situation, et , avant de juger, il est bon de se demander si la sécurité de l'expédition dans l'avenir ne nécessitait pas une aussi terrible punition. On compta quarante-deux cadavres sur le terrain, et on vit plus d'une centaine de blessés se retirer dans l'intérieur. Deux hommes de Stanley seulement furent légèrement contusionnés d'un coup de pierre.

Le lendemain, l'expédition tout entière quitta l'île de Mahyiga. En passant devant Bambireh, on vit, à l'attitude des naturels, que

la leçon avait porté, et Stanley, s'approchànt à portée de voix de
la côte, leur dit qu'ils avaient attiré le mal sur leurs propres têtes
en attaquant de paisibles étrangers. Le soir, on campa chez le roi
de Kattaoua, qui traita royalement l'expédition, enchanté qu'elle
eût ainsi vengé le meurtre d'un de ses chefs sur le peuple de
Bambireh. Le récit de cette affaire se répandit avec rapidité. Les
gens de Makongo, qui avaient menacé la *Lady Alice*, s'empres-
sèrent d'apporter à Stanley cinq bœufs, quatre chèvres, cent régimes de bananes, du lait, du miel, des œufs, en offrandes expia-
toires. Le roi de l'Ouzongora, Kayozza, offrit jusqu'à cent têtes de
bétail. Stanley les refusa, mais lui demanda de lui prêter dix
canots pour aller dans l'Ouganda, et il les eut aussitôt.

Cinq jours après avoir quitté Bambireh, l'expédition débarquait
à Doumo dans l'Ouganda. C'est un port qui est à deux jours de
marche au nord de l'embouchure de la Kadjera et à deux jours de
marche au sud de celle de la Katonga.

De là, d'après les dernières nouvelles, Stanley doit gagner
l'Albert-Nyanza, l'autre grand lac appartenant au bassin du Nil,
et ensuite, en passant par le Tanganyika, aller explorer la grande
région lacustre de l'Afrique centrale, découverte par l'illustre
Livingstone. Nous souhaitons bien vivement que le sympathique
voyageur-journaliste anglo-américain mène son expédition à
bonne fin, et que son entrain exceptionnel vienne à bout des obstacles formidables, des difficultés sans nombre qui hérissent la
route de tout explorateur de l'Afrique inconnue.

CHAPITRE XIII

La question d'un grand continent austral. — Premières découvertes. —
Explorations de la zone antarctique. — Expéditions de Dumont d'Urville,
de Wilkes, de James Ross.

Lorsqu'on jette les yeux sur le globe terrestre, on est frappé par
la grandeur du vide qui occupe la zone antarctique ou australe,
ainsi que tous ses alentours. Buffon avait remarqué, dès longtemps, que les grands continents de l'Afrique et de l'Amérique
méridionale se terminent en pointe vers le sud, et laissent ainsi
aux mers une place de plus en plus étendue. L'Amérique ne
dépasse point le cinquante-deuxième cercle de latitude, ni l'Afrique
le trente-troisième. Le continent de l'Australie diffère complète-
ment des deux précédents par l'ensemble de sa configuration,
mais ne s'étend pas à de très-grandes distances de l'équateur.
Aux latitudes inférieures à celles de la Nouvelle-Zélande et dans
l'immensité des mers australes, qui servent en quelque sorte de
confluent au grand océan Pacifique, à l'océan Indien et à l'océan
Atlantique, on ne trouve plus que des points isolés, de rares îles,
quelques côtes peu connues, quelques petits archipels, qui se
dessinent sur nos cartes comme des constellations dans le ciel.
Ainsi, considérée dans son ensemble, cette portion de notre
planète est essentiellement océanique ; et si les saillies des continents dominent presque tout l'hémisphère boréal, l'hémisphère

austral est, au contraire, dans sa partie la plus étendue, recouvert par l'immense et monotone plaine des eaux.

Nulle région de la terre n'est demeurée aussi inconnue que la zone antarctique proprement dite, comprise à l'intérieur du cercle polaire austral. Aucune des raisons, pour un temps si puissantes, aucun des entraînements qui, à différentes reprises, poussèrent les navigateurs vers les côtes du Nord, n'ont jamais dirigé sur ce point leurs tentatives et leurs recherches. Pourtant, après la grande découverte de Magellan (détroit de Magellan au sud du continent américain), les nations commerçantes commencèrent à se préoccuper de ces parties de la terre qui, jusque-là, n'avaient jamais attiré l'attention publique et avaient seulement exercé les spéculations de quelques géographes ; mais les régions qui, à de courts intervalles, avaient été successivement ouvertes aux entreprises des peuples de l'ancien continent étaient si nouvelles et si immenses, que l'activité même la plus aventureuse eut pour long-temps de quoi s'y satisfaire, et il se passa de longues années avant qu'on résolût d'aller explorerles parages mystérieux du Sud, si entièrement inconnus, pour y chercher le grand continent austral, que les géographes d'alors, guidés par des inductions vagues et théoriques sur l'équilibre de la planète, s'accordaient généralement à y placer.

La croyance à ce continent semble avoir été assez accréditée parmi les navigateurs. En 1772, un lieutenant de la marine française, M. de Kerguelen, avait aperçu l'île qui porte aujourd'hui son nom. En 1774, un autre officier français, M. de Resnevet, réussit à toucher terre et prit possession de l'île au nom de la France. C'est vers la même époque que le capitaine Cook explora les mers du Sud et pénétra aux plus hautes latitudes qu'on eût jamais atteintes dans l'hémisphère austral. L'horreur de ces régions, jusque-là si inconnues, la rigueur excessive du climat, les montagnes de glace aux formes et aux dimensions colossales, les hautes et longues falaises recouvertes d'un épais manteau de neige, la mer semée de débris qui s'agitent et se heurtent sans repos, frappèrent fortement la vive imagination de Cook. Sa relation n'était pas faite pour échauffer le zèle des explorateurs ; aussi, jusqu'à ces dernières années, la plupart des découvertes furent-elles en quelque sorte accidentelles, et dues presque toujours à des pêcheurs de baleines égarés dans ces latitudes éloignées.

C'est ainsi que le groupe des îles Auckland, situées au sud de la terre de Van-Diémen, fut découvert en 1806 par un baleinier nommé Abraham Bristol. En 1810, l'île Campbell, située un peu au sud de l'archipel des Auckland, fut découverte par Hazlebourg. En 1821, le Russe Bellinghausen s'avança jusqu'à une latitude presque aussi élevée que celle où était parvenu Cook, jusqu'à 70° ; il vit et nomma deux petites îles Alexandre Iᵉʳ et Pierre Iᵉʳ. Deux pêcheurs de phoques, Palmer et Powell, découvrirent, le premier la terre de Palmer, le second celle de Powell. Ce fut encore un capitaine marchand, James Weddell, qui le premier dépassa la latitude extrême que Cook avait atteinte ; son voyage, exécuté en 1823, fit à cette époque un grand bruit et exerça une sorte de réaction contre les idées du capitaine Cook ; mais elle ne fut que momentanée. En janvier 1831, Biscoë découvrit la terre d'Enderby, au sud de l'océan Indien, entre le 60° et le 70° de latitude ; il reconnut aussi l'île Adélaïde, placée en avant de la terre de Graham, et, deux ans après, la terre de Kenys, qui semble être le prolongement de celle d'Enderby. Enfin, en 1839, Balleny découvrit cinq îles qui portent aujourd'hui son nom et qui sont les sentinelles avancées des terres qui furent depuis reconnues par Ross, Dumont d'Urville et Wilkes.

L'attention des hydrographes avait été vivement éveillée par cette suite de découvertes, qui ramenait dans le champ de la spéculation scientifique la question depuis longtemps oubliée d'un continent austral. C'est aux États-Unis que se fit jour la première pensée d'une reprise sérieuse des recherches de Cook dans la région polaire du Sud; cette investigation fut comprise dans le plan qui s'élaborait alors d'une grande expédition hydrographique sous le commandement du lieutenant Wilkes. L'annonce de cette expédition américaine excita en même temps l'ardeur de la marine anglaise. Une expédition spéciale fut résolue, et la conduite en fut confiée au capitaine James Ross, le neveu du vétéran des mers arctiques. Enfin la marine française se trouva également amenée, par cette préoccupation devenue générale, à prendre part à ces explorations de la zone antarctique. La seconde expédition du capitaine Dumont d'Urville aux archipels océaniens venait d'être décidée ; on fit entrer dans les instructions la vérification de la route de Weddel.

C'est à Dumont d'Urville qu'il fut donné de se trouver le premier sur le champ des recherches. Les deux corvettes françaises *la Zélée* et *l'Astrolabe* quittèrent les eaux du détroit de Magellan le 9 janvier 1838, et se dirigèrent vers le sud, parvenant, avec de grands efforts, à se frayer un chemin à travers les glaces. Deux mois après, l'expédition se trouva en présence de terres nouvelles qui furent nommées terre de Louis-Philippe et terre Joinville. Ces terres sont recouvertes par d'immenses glaciers qui descendent de cimes élevées de 6 à 800 mètres au-dessus de la mer, et sont sur le prolongement de la terre de la Trinité et de celle de Graham.

Ross, qui a visité depuis les mêmes régions, découvrit dans la partie méridionale de la terre de Louis-Philippe des pitons extrêmement élevés ; il les contourna entièrement et vérifia que cette terre est seulement une grande île. On ignore encore aujourd'hui

si cet archipel, le plus grand de toute la zone antarctique, est isolé ou forme la portion avancée d'une région continentale.

Ici s'arrête la première campagne de Dumont d'Urville. Son équipage était malade et extrêmement fatigué, et il fallut reprendre le chemin du nord. L'année suivante, les corvettes françaises quittèrent Hobart-Town dès le commencement de janvier. Dumont d'Urville chercha à pénétrer cette fois dans la zone antarctique par un point diamétralement opposé au premier. Il se retrouva bientôt au milieu des glaces; mais, sous la latitude même du cercle antarctique, il découvrit la terre.

De hautes montagnes de glace étaient accumulées, comme des défenses naturelles, devant la longue côte d'une terre élevée de 400 à 600 mètres. Les officiers purent s'avancer sur un canot, à travers l'effrayant labyrinthe des glaces, jusqu'à un petit îlot placé en face de la côte. Ils touchèrent terre, plantèrent le pavillon aux trois couleurs et prirent possession au nom de la France. Cette nouvelle région, que le commandant français nomma terre Adélie, est morte et désolée; elle ne porte aucune trace de végétation. Obligé de remonter un peu vers le nord, d'Urville retrouva une banquise impénétrable, étendue sur une très-grande longueur, et qu'il jugea devoir s'appliquer contre une côte; il crut même reconnaître la terre dans les lignes blanches de l'horizon, et la nomma côte Clarie. Après ces importantes découvertes, d'Urville revint en France.

Cependant l'expédition américaine avait commencé, elle aussi, ses investigations australes. Le capitaine Wilkes partit de Sydney au commencement de janvier 1840 et parvint rapidement, avec des vents très-favorables, à une haute latitude. Il rencontra bientôt et contourna un cap qu'il nomma Caër et qui n'était autre que la côte Clarie de Dumont d'Urville. Au delà de ce vaste promontoire, entouré d'une multitude de montagnes de glace, il trouva une banquise dirigée de l'est à l'ouest, et la suivit sur une très-

grande longueur : il apercevait partout derrière elle le haut pays,
formé par une chaîne de montagnes moyennement élevées de
1,000 mètres et recouvertes par des neiges éternelles. Pendant un
mois environ, Wilkes continua de marcher vers l'ouest ; mais la
saison ne lui permit pas de prolonger plus longtemps sa campagne.

James Ross n'arriva au seuil des mers australes qu'en 1841. Il
avait appris, à l'île de Van-Diémen, où il avait fait relâche, la découverte de la terre Adélie et de la côte Clarie, et Wilkes lui avait
envoyé une carte de celles qu'il avait faites. Ross dut bientôt se
frayer un chemin à travers des montagnes de glace très-puis-
santes. Ses navires subissaient parfois des chocs terribles, mais
ils avaient été construits pour les glaces : ils pouvaient résister à
de très-fortes pressions et avancer là où les corvettes de Dumont
d'Urville et les vaisseaux de Wilkes n'auraient sans doute jamais
pu se risquer.

Bientôt, comme autrefois Weddell, Ross vit la mer de plus en
plus dégagée et enfin complétement libre. Le 11 janvier 1841, il
aperçut la terre, formée par des pics entièrement recouverts de
neige, et qu'un champ de glace très-haut rendait complétement
inabordable. A mesure qu'il s'avança, il vit se développer à
l'horizon deux rangées montagneuses élevées. Il apercevait les
grands glaciers qui remplissaient les vallées et descendaient
jusqu'aux falaises grandioses qui formaient leur pied. En quelques
points, les rochers perçaient le blanc manteau de la neige; les
pics qui se profilaient les uns derrière les autres atteignaient la
hauteur de 2,500 à 3,000 mètres. Ross donna à cette suite de
pitons alignés le nom de chaîne de l'Amirauté et à la terre nouvelle celui de terre Victoria. Il prit possession sur un petit îlot où
il put arriver en bateau, et où il ne trouva aucune trace de végétation, pas même le plus maigre lichen.

Pénétrant toujours plus avant vers le sud, il continua à voir à sa droite de hautes collines auxquelles il distribua les noms de Herschell, Whewell, Wheatstone, Murchison et Melbourne ; mais bientôt, la banquise s'élargissant de plus en plus, il se trouva trop éloigné pour apercevoir nettement la ligne des côtes. On dépassa rapidement la latitude de 74 degrés, la plus haute qu'on eût jamais atteinte du côté du pôle sud. On aborda dans une petite île qui reçut le nom de Franklin, et peu après l'on aperçut à l'horizon une montagne colossale qui s'élevait en pentes régulières à plus de 4,000 mètres et qui dominait une terre très-étendue. On reconnut bientôt que c'était un volcan, et qu'il était en éruption.

D'heure en heure, des jets violents d'une fumée épaisse sortaient du cône gigantesque ; elle retombait en nuages suspendus qui peu à peu s'éclaircissaient et se coloraient des reflets rouges du cratère en feu. La colonne de fumée, au moment où elle s'échappait du cratère, n'avait pas moins de 100 mètres de diamètre. Tout le monde sait que l'activité volcanique est indépendante des latitudes et des températures qui règnent à la surface du sol ; il semble pourtant qu'un pareil spectacle, en de pareils lieux, emprunte encore quelque chose de plus étrange et de plus grandiose au contraste entre le calme d'une nature glacée et les violences du feu souterrain.

On donna le nom de l'un des deux navires, l'*Erèbe*, à ce colosse volcanique. A peu de distance s'élevait le cône presque aussi élevé d'un autre volcan éteint ou du moins endormi, qui reçut le nom du second navire, la *Terreur*.

Après la découverte du mont Erèbe et du mont Terreur, Ross ne put franchir la haute barrière de glace qui l'empêchait d'examiner si ces volcans faisaient partie d'une île ou s'élevaient sur la côte d'une terre continentale. La falaise de glace ne reposait pas

sur la terre ; elle y était seulement attachée par un de ses côtés, et
s'élevait à une hauteur de 60 mètres environ. Ross suivit sur une
longue distance vers l'est cette immense banquise. Il aperçut des
apparences de terre sous le 150° méridien et vers le 79° de latitude ; mais il fallut abandonner l'idée d'avancer davantage, et on
retourna vers l'ouest afin de chercher un endroit pour hiverner. Il
fut malheureusement impossible d'aborder dans la terre Victoria,
à cause des glaces qui en remplissaient toutes les indentations.
Partout on apercevait des falaises d'une hauteur vraiment effrayante
qui coupaient l'extrémité des glaciers au point où ils descendaient
dans la mer.

Ross fut contraint de revenir vers le nord ; il aperçut sur sa
route les cinq îlots que Balleny avait découverts. On approchait
d'un point où, sur la carte que Wilkes avait communiquée au
commandant anglais, étaient dessinées une ligne de côtes et une
chaîne de montagnes ; mais Ross, à son grand étonnement, n'apercevait aucune terre à l'horizon. Il emporta la conviction que
Wilkes avait été victime d'une illusion pareille à celle qui avait,
bien longtemps auparavant, fait voir à son propre oncle, sir
John Ross, les chimériques monts Croker dans le détroit de
Lancastre.

Les deux autres campagnes de Ross ne furent pas aussi
heureuses que la première. Il ne trouva aucune terre nouvelle
dans la seconde, et resta prisonnier pendant plusieurs semaines
dans les glaces. L'année suivante (1843), il alla, des îles Falkland,
visiter les Nouvelles-Shetlands, et compléta l'étude que Dumont
d'Urville avait faite des terres Louis-Philippe et Joinville ; c'est lui
qui aperçut et nomma le mont Haddington et le mont Penny ; il
s'assura que la terre Louis-Philippe n'était qu'une grande île,
parcourut tout le détroit de Bransfield, qui la sépare des Shet-

lands du Sud et visita cet archipel. Il avait déterminé et atteint le pôle magnétique boréal, dans ses campagnes à la zone arctique ; il avait aussi espéré arriver au pôle magnétique austral, et il aurait eu ainsi la gloire d'avoir reconnu ces deux points remarquables, placés dans des régions antipodes du globe ; mais le pôle magnétique central est placé à une très-grande distance dans l'intérieur de l'inabordable terre Victoria.

Si l'on voulait, en résumé, faire la part qui revient à chacune des trois expéditions française, américaine et anglaise, on dirait que, dans ces campagnes, Dumont d'Urville a reconnu le premier le continent antarctique, que Wilkes l'a exploré sur la plus grande étendue, et que Ross a visité la partie de ses côtes la plus rapprochée du pôle.

L'existence d'un continent antarctique n'est pas encore, comme on le voit, hors de toute discussion. Si ce continent existe, on peut dire qu'il n'y a sur aucun autre point du globe une aussi vaste région entièrement fermée à l'homme. Des caravanes traversent les déserts brûlants de l'Afrique centrale ; l'Australie s'entoure d'une ceinture de riches colonies qui envahiront un jour l'intérieur des terres ; mais il y a sans doute auprès du pôle sud des solitudes immenses où l'homme ne pénétrera jamais, des déserts de neige assez grands peut-être pour qu'un œil perdu dans les profondeurs du ciel aperçoive à leur place une tache blanchâtre pareille à celle que nous découvrons sur les pôles de Mars (1).

---

(1) Aug. LAUGEL, *le Pôle austral et les Expéditions antarctiques*, dans la *Revue des Deux-Mondes*, février 1856.

FIN.

TABLE.

—

CHAPITRE III

RECHERCHE DE FRANKLIN : VOYAGE DE MAC-CLURE

(1850-1854)

CHAPITRE IV

RECHERCHE DE FRANKLIN : VOYAGES DE BELLOT

(1851-1853)

CHAPITRE V

RECHERCHE DE FRANKLIN : VOYAGE DU DOCTEUR E. KANE

(1853-1855)

CHAPITRE VI

DÉCOUVERTE DES RESTES DE FRANKLIN : VOYAGE DE MAC-CLINTOCK

(1857-1859)

CHAPITRE VII

VOYAGE DE SIR SAMUEL WHITE BAKER DANS L'AFRIQUE ORIENTALE

(1861-1865)

CHAPITRE VIII

VOYAGE DU DOCTEUR SCHWEINFURTH A L'OUEST DU NIL BLANC

(1868-1871)

CHAPITRE IX.

VOYAGE DU NAVIRE *le Challenger* AUTOUR DU MONDE

(1872-1876)

CHAPITRE X

LES EXPÉDITIONS POLAIRES D'AUJOURD'HUI

CHAPITRE XI

LES TERRES ARCTIQUES

CHAPITRE XII

VOYAGE DE HENRI STANLEY AUX GRANDS LACS DE L'AFRIQUE

CHAPITRE XIII

LES TERRES ANTARCTIQUES

FIN DE LA TABLE.

Rouen. — Imprimerie MÉGARD et Cie, rue Saint-Hilaire, 136.

ROUEN. — IMPRIMERIE MÉGARD ET Cⁱᵉ.

www.ingramcontent.com/pod-product-compliance
Lightning Source LLC
LaVergne TN
LVHW012329060726
842524LV00017B/290